塔湖·書
TOWER LAKE BOOK

好书这么多 一辈子的时间怎么够

主　编　潞　潞　孙俊峰

编　著　孙俊峰

编　委　潞　潞　孙俊峰　朱晋平　刘新华　孙铭浛　赵　锋　全十一妹　骆冰兰　韩沛奇
苏　婧　何　欢　杜　萌　张　霞　张　璇　张芳莲　张建军　张　月　董　娟
董　霞　董树萍　董润泽　陈继东　范永慧　刘　昕　刘一豪　刘　颖　刘明星
刘　芳　钱　芳　韩　炜　王　沅　王娜娜　王永清　王玉萍　高　燕　翟惟一
赵春梅　杨霞芬　杨秀萍　李彦琪　李春花　李文荣　许艳秋　黄瑞霞　贾杨玉
李媛媛　宋献惠　王少霞　王桂平　裴志彬　焦天兰　孙素斌　冯素红　李　静

15

Reading plan

一生读书计划

小学生书架

主　编－潞　潞　孙俊峰

编　著－孙俊峰

山西出版传媒集团　山西教育出版社

目　录

人生启蒙

童话寓言

自然科幻

成长励志

文学欣赏

再 序

阅读，感受喜悦

潞潞

听编辑说这套丛书即将再版，这真是一个好消息，甚至多少让我有些意外。四年前，《一生读书计划》问世之际，正是电子书及各种线上阅读对传统纸媒大举倾覆之时，形势不可谓不严峻。作为主编，我知道这套丛书的编撰和运行已然跨过四个寒暑，团队集中了各个学科的优秀学者和编辑，他们日复一日为这套丛书贡献着思想和体力。我担心这么好的一个选题能否实现，更隐隐担忧它问世以后的命运。幸运的是出版者毅然决然坚守初衷，这套丛书如期和读者们见了面。

编辑当初，我们即预想到这套书不会“大红大紫”，因为这不是为市场流行制作的，并不企图为此赚个“盆满钵满”，这应该是为读书人和爱书人准备的一份礼品，符合他们的心意就好，是他们心头一条长久流淌的清澈的溪水。让人欣慰的是，尽管互联网时代大潮凶猛，阅读平台和阅读方式呈现种种演变，但万变不离其宗，纸媒阅读说到底还是阅读的“根儿”，不可能被不断翻新的花样所取代。《一生读书计划》能够再版，表明了读者的认可，表明了这套丛书的生命力。读者的不离不弃，是对我们最大的厚爱和奖赏。

《一生读书计划》到读者手里已经四年了，其间不断有一些反馈，比如，一些重要的作家或作品漏选了，一些新的更有时代感的作品需要补充，一些观点不够严谨需要商榷，等等。为此，再版时梳理了这些反馈，并做了补充和修订，以便尽可能使其完美，尽可能让读者满意。

既是作者又是读者的最著名爱书人博尔赫斯说：“身为读者的喜悦是超乎作者之上的，因为读者不需要体验种种烦恼焦虑：读者只要感受喜悦就好了。”作为编者，此时，我们的喜悦也是不言而喻。

2016 年 5 月

总　序

阅读，一种可能的生活?

潞潞

四年前，这套书的策划者孙铁女士跟我探讨是否有这种可能，像搞一个图书超市或图书馆那样，里面分门别类摆放着若干书架，读者可以根据自己的需求想看什么看什么，广告语似乎可以是：只要抽出你想看的，其余由我们来做。当然这是戏说，后来的广告语那要精彩得多。

开始，我觉得这个想法有点像读书指南，好像别人有搞过的。但是孙女士坚持她的想法，且让我听来和以往那些读书指南很是不同，尤其她把这套丛书命名为“一生读书计划”，不仅仅是读书，还涉及人生、涉及人的一生该如何度过。这可不是一个读书范畴的问题了。

想想，人生和读书还真是一个越来越掰不开的事儿。现代人如果从七岁读书算起，这是晚的，许多孩子两三岁读书都不稀奇。幼儿园、小学、中学、大学、硕士、博士、博士后，成人教育，个人爱好，一直到七老八十老眼昏花、皓首穷经、手不释卷，人之一生何其短暂，而读书生涯又何其漫长。说一生读书，一点都不夸张，孙女士要把一生读书做个规划，不是件容易的事。

转眼间，这套丛书已然堂皇矗之，付梓而出。对此让人不禁肃然起敬。当初孙女士热情邀请我做主编，我很是惶然，因为我只是个褊狭的读者，最多能在有限范围内说点话。好在有诸位学者和专家的参与，他们以专业眼光和判断力遴选出各类佳作，毫不吝惜贡献出自己的学识和睿见。

这是一个庞大的工程，大致分为两大系列，纵向看有“小学生书架”“中学生书架”“大学生书架”“女性书架”等，横向看有“经济书架”“国学书架”“法律书架”“文学书架”等，且可以一直繁衍下去。其纵横交错，编织细密，既像一张大网，把茫茫书海里有价值的真金白银捞取上来，又像一张巨细无遗的地图，古今中外、东西南北无不覆盖，给读书人以路标和方向，亦使胃口不同的读者拥有了可选择的佳肴。

中国古代有成语曰：“汗牛充栋”“学富五车”，以谓书之多，其实就是一堆刻了字的竹片儿，放到现在，大概连一个小芯片也存不满。多即是少，少即是多，少有少的难处，多有多的麻烦。“文化大革命”期间书遭劫难，我曾连夜手抄一本借来的诗集，不知东方之既白。现在多少人却在书市中四顾茫然，面对滚滚书海不知所措。套用莎士比亚的话，选择，还是选择，是个问题。

我是一个褊狭的读者，谁都可能是褊狭的读者，这是人的个性使然。书也有书的个性。把这么多的个性统一起来，然后各取所需其乐融融，难于蜀道之难。比如有人喜欢“经典”、有人为了“实用”、有人贪图“好看”，怎样在三者上找到平衡点，始终让编者们颇费踟蹰。有本书给了编者很好的启示，这本书叫《苏菲的世界》，你可以说它是小说，也可以说是哲学。人们想象中，哲学该是多么枯燥乏味，许多读者为此却步。但这本书里，从古希腊哲学到西方的中世纪、文艺复兴、浪漫主义、弗洛伊德等等，都通过一个小女孩爱丽丝漫游仙境般的故事娓娓道来。作者乔斯坦·贾德是挪威一个高中哲学教师，大概他对中学生讲授哲学之难有深切体会，所以写出这样一部融艺术与哲学、通俗与深奥为一体的书来，他也因此成为一位知名作家。此书自 1986 年出版以来，销量达几百万册，成为全世界的畅销书。

比如，在“文学书架”里，人们耳熟能详的《红楼梦》等未选入，而入选了一些不那么艰深、名气也不够大的书，它们可能是一般读者更感兴趣的。按照法国符号学家罗兰·巴特的观点，供市场消费的通俗小说应该排除文学之列，我个人同意罗兰·巴特的说法，但在编这本书的过程中，我还是赞同那种更宽泛的做法，即很多通俗小说之类也摆进了文学书架。我们最终还是要相信读者，经典不会因为通俗而消失，阳春白雪和市场并非不能共存。

我的一位朋友曾在文章里问：阅读是一种生活吗？他说不知道。其实很多人愿意在书斋里度过一生，只是没有这种幸运而已。阿根廷作家博尔赫斯八岁时写出第一篇神话故事，此后一生都在读书和写书中度过，当他成为国家图书馆馆长时已经双目失明，这是他的宿命。尽管如此，他仍然继续买书，充实他的私人书架。他甚至断言：世界就是一本书。

我个人觉得，阅读起码是一种生活方式。人生虽然短暂，但消磨起来，也有许多空虚，读书不失为一种好的选择。再者，中国人一向注重传统，书本中尽是前人的经验和智慧；中国人注重人际关系，读书恰恰可以调整和疏离过于亲密和庸俗的人际来往；中国人向往城市化和现代化，岂不知在行囊里夹带一本书正是一个现代人和都市人所必备的。读书往小里说是一种个人生活方式，但连锁起来就可能成为一个民族的生活方式，而且可能内化为民族性格和精神。

阅读为什么不能成为一种生活呢？虽然它可能是奢侈的。

2011 年 8 月

前　言

各位望子成龙的父母们，当你打开此书时，意味着你和我们都意识到一点，那就是：一个爱读书的孩子，一个会读书的孩子，必将是一个在成长道路上领先他人许多步的孩子！

读书，真的是一件美好的事情。亲爱的家长们，尽管我们早已长大，早已为人父母，可是我们怎能忘记小时候在新华书店，父母为我们买了一本自己喜欢多天的图书而欢呼雀跃的情形，我们怎能忘记图书馆少儿阅读室里那一个个埋头读书的小小身影……回忆让我们无比温馨，回忆让我们更加急迫地想把阅读的快乐传递给我们的孩子。

然而，时代早已变迁，当前我们面临的是一个书籍浩如烟海的时代，而孩子的天性决定了孩子的阅读习惯是需要家长培养的，孩子的阅读书目是需要家长引导的。为孩子选择什么样的图书成了许多家长头疼的问题。

经验告诉我们，当我们不知如何选择的时候，我们不妨听听那些成功人士如何选择。不久前刚刚获得有“儿童文学的诺贝尔奖”之称——“国际安徒生奖”的我国著名作家曹文轩先生曾经说过一句话：“如果真的要对孩子负责，就让孩子去读经典的东西。”

读书，读适合孩子阅读的经典图书，对孩子的成长太重要了。

基于这样的理念，我们针对小学生的心理特点，精心为小读者们挑选了一批适合他们阅读的古今中外经典书籍，特别是人生启蒙类、童话寓言类的书籍，《安徒生童话》《尼尔斯骑鹅旅行记》《八十天环游地球》《爱的教育》《小王子》……可谓篇篇精华，字字珠玑。我们为每本书精心编辑了书目提要，既有作者介绍，又有推荐理由，还有原文节选、同类书推荐，特别适合父母和孩子一起阅读。

亲爱的家长朋友，你还等什么，快点把书带回家，和你的宝贝一起阅读吧！还有什么比和自己的孩子一起阅读更美好的事情呢？

编　者

2016 年 5 月

人生启蒙

《千字文》

周兴嗣　著

1000 个不重复的字通过排列组合，便成了构思精巧、千古流传的绝妙文章，成为古代儿童识字和学习百科知识的必读启蒙读物。

关于作者

《千字文》是中国古代少年儿童识字和学习百科知识的必读启蒙读物。有人为了写这篇《千字文》，一夜之间就白了头发，你信不信？

在一千五百年前的南朝时期，后梁国的武帝为了让儿子们认字，想了一个好办法。他让一个叫殷铁石的人从大书法家王羲之的作品中选了 1000 个不重复的字，然后再把这 1000 个字交给大臣周兴嗣（约 469—521）。他对周兴嗣说："你很有才华，请你为我把这些字编成一段话。"为了完成皇帝的任务，周兴嗣用了一晚上的时间，就把这杂碎散乱的 1000 个字组合成了一篇文章，这就是《千字文》，周兴嗣也因此一夜之间白了头发。

当年周兴嗣编写《千字文》只是为了让皇子们更加方便地识字，可是一不小心把这 1000 个字组织得太精妙了，以至于失去了它本来的意义，成了一篇构思精巧、千古流传的绝妙文章，周兴嗣也因此流芳后世。

荐读理由

《千字文》四言一韵，共250句，从自然现象的描述开始，先后谈到道德规范、宫廷事物、历史、地理、动物、植物、处世之道等，俨然是一本生动的小百科全书，使学童在识字的同时又学到了不少知识。毛泽东就很看重《千字文》，对其评价甚高。该书问世以后，历朝历代都有人想模仿周兴嗣，把那1000个字重新排列组合，再写一篇文采斐然的文章，但众多仿文中，没有一篇能超过原文的成就。历代大书法家也爱书写它，使得《千字文》成为学习各种书法的范本。多种原因的汇集，使得《千字文》一直传诵到今天，成为蒙学读物中流传最为久远的一部。该书不仅在国内风行，而且声名远扬，流传到了日本等国。

《千字文》因为字不重复，文章的字序还被广泛用作坊舍、簿册的编号，在国内外有着深远的影响。

先睹为快

天地玄黄，宇宙洪荒①。

释义：盘古刚开天辟地的时候，天是黑色的，地是黄色的，宇宙辽阔无边。

①洪荒：辽阔、空旷的意思。

日月盈昃（zè）①，辰宿（xiù）列张。

释义：太阳从东边升起，又从西边落下去，月亮有时圆有时缺不断变化，星辰布满了天空。

①盈昃：日月圆满或亏缺的意思。

寒来暑往，秋收冬藏。

释义：一年四季寒冷和炎热循环往复，人们把在秋天收获的东西收藏起来，到了冬天食用。

闰余成岁，律吕调阳。

释义：日差积累上几年，就成为一个闰年，人们还用律和吕来校正乐器。

延展阅读

《智永千字文》

众所周知，《千字文》不论作为孩童启蒙的教材还是书法家创作书法的题材，都有着深远影响。很多书法家都写过《千字文》，可以说，能否写好《千字文》也是对书法家的一个考验。历史上有些书法家甚至用毕生的精力来创作一本能流传千古的《千字文》。其中王羲之的第七代孙智永大师的“千字文”书法是最有名的，真迹至今保留在日本。读者在阅读本书的同时，还可欣赏、临摹大家真迹，可谓一举两得。

《百家姓》

古人教育孩子，首先要让他知道自己姓甚名谁，了解自己的根脉，然后他才能爱家、爱国。

关于作者

每一个人都有一个姓，一般情况下，一个人的姓一辈子是不会变的。“姓”到底是什么呢？它是怎么来的？它有什么作用？

中国人在三皇五帝以前（距今约5000年）就有了姓。那时是母系社会，人们只知道母亲是谁，不知道父亲是谁。“姓”字是“女”字旁，表示的是母系血统关系，父系社会以后才表示父系血统关系。所以，姓的主要作用在于“明血缘”，也就是表明一个人的血缘关系。

夏、商、周的时候，人们有姓也有氏。氏在后来的奴隶社会中成为贵族男子用以表示身份的专称，所以，氏的主要作用在于“别贵贱”，也就是表明一个人身份的高低贵贱。

战国时，社会剧烈变动，旧贵族没落了，有的还沦为奴隶，姓、氏慢慢就没有区别了，成了一回事。

“赵钱孙李，周吴郑王”，这就是大家熟悉的《百家姓》的开头。原书作者已无法找到，但据考证，《百家姓》成书于宋朝初期的吴越钱塘地区，所以宋朝皇帝赵氏、吴越国王钱氏、吴越国王钱俶正妃孙氏以及南唐国王李氏才成为百家姓前四位。《百家姓》原收集中文姓氏411个，后增补到504个，其中单姓444个，复姓60个。在很多版本的《百家姓》中，每个姓后面还附有该姓的郡望，有的姓还有好几个郡望。所谓郡望，取自每个姓的祖先受封之地的地名，或是显赫祖先住过的地名。

中华文明能够流传至今，得益于其强大的传统伦理文明，即氏族宗法血亲文化。维系血缘亲属纽带的表现之一，就是姓氏文化。姓不仅代表一个人，还承载着浓重的家族、地域内涵。通过简单的一个姓氏，我们能看到历史上政治、文化、民俗的许多东西。所以，古人教育孩子，首先要让他知道自己姓甚名谁，了解自己的根脉，然后他才能爱家、爱国。小学生们了解了这一点，就会理解为什么这样一本毫无文采的书能与《三字经》《千字文》并称“三百千”，成为中国古代幼儿的启蒙读物。

荐读理由

《百家姓》是我国流行时间最长、流传最广的蒙学教材之一。南宋著名诗人陆游在《秋日郊居》一诗中有“授罢村书闭门睡”一句，并注明“村书”为“《杂字》《百家姓》之类”。由此我们可以看出，《百家姓》早在陆游生活的南宋就已经广为人知了。民间用来形容物体又焦又黑的俗语“乌焦巴弓”也是来自《百家姓》的四个姓氏，由此也可看出《百家姓》在民间的影响力。

《百家姓》的成书和普及要早于《三字经》。它将常见的姓氏编成四字韵文，虽乏文理，但编排巧妙，读来顺口，便于记诵，因此流传至今影响极深。《百家姓》问世以后，广受欢迎，成了古代儿童的必备启蒙读物，渐渐家喻户晓，一代代流传下来。其后又出现各种改编本，如明吴沉、刘仲质编的《皇明千家姓》，清代康熙时编的《御制百家姓》，元明以来还出现了《女真百家姓》《蒙古字母百家姓》的课本，也有将杂乱无章的赵钱孙李，编成各种略有文意的新编，但其数百年来都不能取代旧本的地位。古人读百家姓，是为了在较短的时间内快速认识四五百字，今人再读，更多的是为了寻根溯源。

读《百家姓》，学生们不仅能集中认识许多字，还能熟悉传统文化和历史知识，并为姓氏文化中所包含的民族凝聚力所感染。

先睹为快

赵钱孙李　周吴郑王　冯陈诸卫　蒋沈韩杨　朱秦尤许

何吕施张　孔曹严华　金魏陶姜　戚谢邹喻　柏水窦章

云苏潘葛　奚范彭郎　鲁韦昌马　苗凤花方　俞任袁柳

酆鲍史唐　费廉岑薛　雷贺倪汤　滕殷罗毕　郝邬安常

乐于时傅　皮卞齐康　伍余元卜　顾孟平黄　和穆萧尹

姚邵湛汪　祁毛禹狄　米贝明臧　计伏成戴　谈宋茅庞

延展阅读

《钱文忠解读百家姓》

本书由复旦大学历史学系教授钱文忠在央视《百家讲坛》的同名讲座演讲稿整理而成，四字一讲，共 21 讲。涉及《百家姓》前 80 个姓的起源和演变、迁徙路线，以及关于各个姓的文史典故、名人轶事等等。内容信息量大，知识面广，语言风趣幽默，通俗易懂。

《百家姓精解》

作者刘清滢，人民文学出版社出版。本书选用《百家姓》中 156 个比较常见、内容丰富的大姓，用“姓氏来源”“历史名人”“故事与典故”三个栏目来演说它们的历史和名人故事，一定会让生活在现代社会的孩子有所收获。

#《三字经》

王应麟　著

影响最为广泛的中国古代儿童启蒙读物，被联合国教科文组织选入“儿童道德丛书”，加以世界范围的推广。

关于作者

《三字经》《百家姓》《千字文》是中国古代启蒙教育的著名教材，被人们统称为“三百千”。其中，《三字经》作为古代儿童启蒙的必读书，影响最为广泛。

《三字经》的原作者是南宋学者王应麟。王应麟，字伯厚，号深宁居士，是南宋著名的学者、教育家、政治家，也是一位高尚的爱国主义者，一位古代精神文明的倡导者。他祖籍河南开封，后迁居浙江鄞县，曾做过吏部尚书。他博学多才，对经史子集、天文地理都有研究。南宋灭亡以后，他隐居乡里，闭门谢客，著书立说。他一生著作甚丰，但是知名度最高的是这部《三字经》。

王应麟是一位杰出的教育家，十分重视儿童启蒙教育，并著有很多蒙学读物，如《小学讽咏》《蒙训》《小学绀珠》《姓氏急就篇》等。晚年时为教育本族子弟读书，他又编写了一本融汇中国文化精粹的“三字歌诀”，三字一句，共1000多字，读起来朗朗上口，易诵易记，内容包括了中国传统的教育、历史、天文、地理、伦理和道德以及一些民间传说，广泛生动而又言简意赅，起名《三字经》。《三字经》用典多，知识性强，是一部在儒家思想指导下编成的读物，非常符合当时儿童的启蒙教育，问世以来一直是儿童启蒙的必读书，被称为“千古一奇书”“袖里通鉴纲目”。几百年来，不断有学者对它进行续补、仿作和修订，这也反映了该书在中国社会文化中的广泛影响。民国时期，大学者章太炎对此书重新修订，形成现在较为通行的版本。

《三字经》的影响波及海外，目前有英文、法文、俄文等译本。1990年该书的英文新译本更是被联合国教科文组织选入“儿童道德丛书”，加以世界范围的推广。

荐读理由

《三字经》全书仅千余字，但内容极其丰富，涵盖面极广。作者在书中先讲学习和教育的重要性，接着讲伦理道德规范、名物常识、经史诸子、历史知识、勤勉好学的范例，相互衔接又各有侧重。《三字经》内容的排列顺序极有章法，体现了作者的教育思想。

开篇从“人之初，性本善”到“人不学，不知义”，阐述的是教育和学习对儿童成长的重要性，强调后天教育要及时，方法要正确，这样才能使儿童成为有用之才。

从“为人子，方少时”至“首孝弟，次见闻”，是向儿童普及一些社会礼仪，教导孩子们要孝敬父母、尊敬兄长，并举了黄香和孔融的例子。

从“知某数，识某文”到“此十义，人所同”，向儿童介绍了生活中的一些名物常识，有数字、三才、三光、三纲、四时、四方、五行、五常、六谷、六畜、七情、八音、九族、十义，方方面面，一应俱全，而且简单明了。

从“凡训蒙，须讲究”到“文中子，及老庄”，介绍中国古代的重要典籍和儿童读书的程序，并列举了具体书籍，有四书、六经、三易、四诗、三传、五子，基本涵盖了儒家的典籍和部分先秦诸子的著作。

从“经子通，读诸史”到“通古今，若亲目”，讲述的是中国历史，用两三百字就概括了中华五千年历史变迁、朝代更迭、帝王兴废的历史，言简意赅，条理清晰，不愧为“袖里通鉴纲目”。需要说明的是，《三字经》原本的历史部分只截至宋朝，随着历史的发展，各朝代都有人对《三字经》不断地加以补充，中国的正史是二十四正史，加上清史稿是二十五史，所以《三字经》的历史部分也就到清朝为止。

从“口而诵，心而维”至“戒之哉，宜勉力”，劝诫儿童学习要勤奋刻苦、孜孜不倦，只有树立正确的学习态度，养成良好的学习习惯，长大才能有所作为，“上致君，下泽民”。

《三字经》最后强调学习的态度和目的。可以说，它既是一部儿童识字课本，同时也是作者论述启蒙教育的著作。

《三字经》影响广泛，意义深远，书中的许多语句，如：“养不教，父之过；教不严，师之惰”“玉不琢，不成器；人不学，不知义”，成为家喻户晓、妇孺皆知、代代传颂的名言警句。《三字经》在流传过程中，不断有人增补，更有人仿效而作各类“三字经”，如《历史三字经》《地理三字经》《医学三字经》等。

先睹为快

昔仲尼　师项橐　古圣贤　尚勤学
赵中令　读鲁论　彼既仕　学且勤
披蒲编　削竹简　彼无书　且知勉
头悬梁　锥刺股　彼不教　自勤苦
如囊萤　如映雪　家虽贫　学不辍

如负薪　如挂角　身虽劳　犹苦卓
苏老泉　二十七　始发愤　读书籍
彼既老　犹悔迟　尔小生　宜早思
若梁灏　八十二　对大廷　魁多士
彼既成　众称异　尔小生　宜立志
莹八岁　能咏诗　泌七岁　能赋棋
彼颖悟　人称奇　尔幼学　当效之
蔡文姬　能辨琴　谢道韫　能咏吟
彼女子　且聪敏　尔男子　当自警
唐刘晏　方七岁　举神童　作正字
彼虽幼　身已仕　尔幼学　勉而致
有为者　亦若是

延展阅读

《新三字经》

《新三字经》是文化部原副部长高占祥针对当代小学生特点编写的弘扬传统文化、服务和谐社会建设的千字韵文。全书既讲辩证关系，又富时代气息；既生动活泼，又合辙压韵；既讲通俗性，又含哲理性。该书浓缩人生哲理、社会经验，兼具德育读本和语文课外读物的功能，堪称文化启蒙、人生励志、传授人生经验、进行思想教育的新经典。

《千家诗》

谢枋得　著

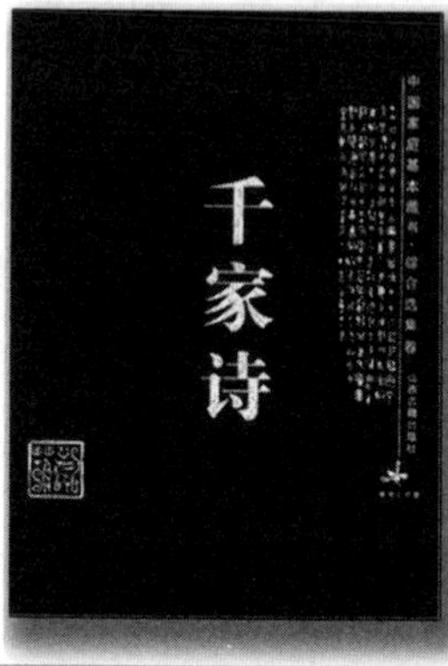

中国古代儿童学诗的启蒙读物，所选诗篇易读易记，令人回味无穷，充分激发儿童读诗、写诗的兴趣。

关于作者

《千家诗》是中国古代儿童学诗的启蒙读物，明清以来流传甚广，在社会上产生了极大的影响。中国古时一般人所接受的早期诗歌教育，多数来自《千家诗》。《千家诗》版本很多，现在多采用南宋诗人谢枋得（1226—1289）编选、清代王相补注的版本。

谢枋得，字君直，号叠山，南宋信州弋阳（今上饶弋阳县）人。谢枋得的诗文豪迈奇绝，自成一家。他性格豪爽，蔑视权贵，疾恶如仇，爱国爱民，用生命和行动谱写了一曲爱国的壮丽诗篇。

《宋史列传》对谢枋得是这样描绘的："为人豪爽，每观书五行俱下，一览终身不忘。性好直言，一与人论古今治乱国家事，必掀髯抵几，跳跃自奋，以忠义自任。"

荐读理由

《千家诗》选有七言绝句94首、七言律诗48首、五言绝句39首、五言律诗45首，共计226首，多为唐宋两代著名诗人的名篇佳作，如李白的《静夜思》、孟浩然的《春晓》、王之涣的《登鹳雀楼》、杜牧的《清明》、苏轼的《饮湖上初晴后雨》等名诗。所选诗篇均语言流畅，词句浅近，易读易记，读来朗朗上口，令人回味无穷，让儿童初步领略了我国古典诗歌的魅力，激发其读诗、写诗的兴趣。该书选材范围极广，从帝王将相到和尚、牧童、无名氏，不分名气大小、门第高低，只要内容符合标准，统统纳入书中。

《千家诗》的编排也很有特点，无论七绝七律还是五绝五律，每部分都按时间规律排列。有立春、初春、晚春、初夏、盛夏、初秋、晚秋、寒冬，还有节气、节庆，如立春、七夕、中秋、春节、元宵，或是清晨、黄昏、傍晚等。书中所选的诗以描绘四季景色的居多，咏物的较少。

书中的很多诗被选入语文课本，除了那些饱含忧国忧民、怀才不遇、离愁别绪情感的诗作外，还有很多轻快简单、只谈风月的诗篇，读来令人心情愉快。

先睹为快

移舟泊烟渚，日暮客愁新。
野旷天低树，江清月近人。

（孟浩然《宿建德江》）

功盖三分国，名成八阵图。
江流石不转，遗恨失吞吴。

（杜甫《八阵图》）

独怜幽草涧边生，上有黄鹂深树鸣。

春潮带雨晚来急，野渡无人舟自横。

（韦应物《滁州西涧》）

飞来山上千寻塔，闻说鸡鸣见日升。
不畏浮云遮望眼，自缘身在最高层。

（王安石《登飞来峰》）

黄梅时节家家雨，青草池塘处处蛙。
有约不来过夜半，闲敲棋子落灯花。

（赵师秀《约客》）

延展阅读

《小学生诗文赏析（注音版）》

《小学生诗文赏析（注音版）》作为小学生的必读书，本着精品精选的编选原则，尽力编选内涵深刻、意存高远而又适合小学生阅读、理解的传世佳作。为便于学生阅读、背诵和欣赏，便于老师和学生家长指导，且不加重学生的课业负担，编者将近300篇诗文按年级学期编排，每个学期读20～30篇。

《增广贤文》

依托不太多的文字，以格言的形式讲述了中国人的为人处世之道，反映中国古代百姓的生活心理。

关于作者

《增广贤文》又名《昔时贤文》，最早出现于明代万历年间，作者已无从查找，后来经过明、清两代文人的修改，最终成书于清代中期，说它是我国古代全体知识分子的智慧结晶也不为过。此书是有韵的格言谚语与文献佳句的选编，属于古代训示类的启蒙读物。其内容有的取自古代文献，有的直接取自民间，这些经典格言经常挂在人们的嘴边，说者言简意赅，文采斐然；听者耳熟能详，欣然会意，无须再多费唇舌加以解释，这正是《增广贤文》的魅力所在。故自问世以来，流传很广。特别是自清后期以来，风靡全国，影响所及，几乎家喻户晓、人人皆知。其中的许多格言至今仍广为流传，显示出强大的生命力。

该书主要讲述为人处世、待人接物、治学修德等方面的道理。书中有文言，有俗语；有直言，有婉言；有劝善言，有诫勉言；有在家出家言，有仕宦治世言，有隐逸出世言；士农工商，无一不备。正因为该书不拘一格，采录广泛，所以导致所采内容良莠不齐，高下不一，甚至相互矛盾，如文中既有“人无横财不富，马无夜草不肥”，也有

“有田不耕仓廪虚，有书不读子孙愚”，也正因为如此，才典型地反映了中国人的人生态度和处世原则。中国传统文化本来就是以封建文化为主体的复合体，而封建文化中自然也存在着大量的糟粕，这些是我们在阅读过程中需要注意和筛选的。

荐读理由

现在国家大力倡导建设学习型社会，提倡国人读点国学，而国学经典浩如烟海，从何入门？依编者看来，《增广贤文》就是读国学最好的入门之书。

《增广贤文》的内容十分精彩，它依托并不太多的文字，以格言的形式讲述了为人处世之道，阐发了深刻的人生哲理，是对中国人处世经验和智慧的完美总结，读起来抑扬顿挫，朗朗上口，比较接近口语，易于为人们接受，值得现代人借鉴。

《增广贤文》的内容能大致反映中国古代百姓的生活心理，如儒家学说、佛教思想、道教思想的内容在书中均有体现。由于该书成书于明清，所以必然受到时代的影响，包含一定的封建文化糟粕，如“多一事不如少一事”“人的命天注定”之类的消极迷信思想很多，在阅读时应该有所分辨。不过，《增广贤文》中劝人向善的内容还是占了很大篇幅。它告诫人们要行善、扬善，始终怀抱善心、善意，善待所有的人，那么这个世界就会少了很多假、丑、恶，多了很多真、善、美，人们生活的这个世界才能真正称得上是一个美好的世界。

《增广贤文》是一本励志书。读者可以用“根深不怕树摇动，树正何愁月影斜”“知足常乐，终身不辱”来自勉；可以用“责人之心责己，恕己之心恕人”“宁可直中取，不可曲中求”来提高自身素养；可以从“画虎画皮难画骨，知人知面不知心”里去体会谨慎处世之道；可以从“假缎染就真红色，总会被人说是非”“牡丹花好空入目，枣花虽小结实多”里学习去伪存真、务求实效之理；可以从“得宠思辱，居安思危”“相逢好似初相识，到老终无怨恨心”里得到满足并找到快乐。

《增广贤文》还阐述了许多人生哲理。比如用“山中自有千年树，世上难逢百岁人”“人见白头嗔，我见白头喜”，以唤醒人们尊老敬老、感恩报德的良知；“远水难救近火，远亲不如近邻”，则是表述了和睦相处的重要性；“三人一条心，黄土变成金”，肯定了团结出智慧、出力量、出成果；“是非终日有，不信自然无”，就是说遇事不必争高低；“百世修来同船渡，千年换来共枕眠”，则是夫妻恩爱的催化剂。此外，谈勤学惜时的“一寸光阴一寸金，寸金难买寸光阴”“少壮不努力，老大徒伤悲”，谈师友关系的“听君一席话，胜读十年书”“酒逢知己饮，诗向会人吟”，谈处世修养的“岂能尽如人意，但求不愧我心”“君子爱财，取之有道”等等，类似这样的格言在《增广贤文》中俯拾皆是。

这样一本好书，我们怎能错过，那就让我们赶快走进《增广贤文》吧。

先睹为快

知己知彼，将心比心。

酒逢知己饮，诗向会人吟。

相识满天下，知心能几人。

相逢好似初相识，到老终无怨恨心。

近水知鱼性，近山识鸟音。

易涨易退山溪水，易反易覆小人心。

运去金成铁，时来铁似金，读书须用意，一字值千金。

逢人且说三分话，未可全抛一片心。

有意栽花花不发，无心插柳柳成阴。
画虎画皮难画骨，知人知面不知心。
钱财如粪土，仁义值千金。
流水下滩非有意，白云出岫本无心。
当时若不登高望，谁信东流海洋深。
路遥知马力，日久见人心。
两人一般心，无钱堪买金，一人一般心，有钱难买针。
相见易得好，久住难为人。
马行无力皆因瘦，人不风流只为贫。
饶人不是痴汉，痴汉不会饶人。
是亲不是亲，非亲却是亲。
美不美，乡中水，亲不亲，故乡人。

延展阅读

《健康增广贤文》

张纪源编著。本书是作者在长期广泛收集中国保健养生名言警句、格言谚语的基础上，摘其精华，重新创作编排，并借鉴《增广贤文》的格式，将这些经典名句运用韵文格式巧妙地串联在一起，编写成的一部系统连贯、自成一体的长篇养生格言谚语集。以最通俗经典的语言和最便捷的方式，向大众提供快餐式的保健养生经验。该书内容十分生动，如：“人有四百病，药有八百方。病对方，一口汤；不对方，一水缸”“渴时一滴如甘露，药到真方病即除”“禾靠肥料长，人靠五谷养。牛不择草肥，人不择食壮”“冬吃萝卜夏吃姜，不劳医生开药方”等，易学易记，非常适合普通大众口口相传。

《幼学琼林》

程登吉　著

阅读此书后，学生们在言谈举止方面的传统修养定会有较大的提高。

关于作者

“读了《增广》会说话，读了《幼学》走天下。”此中的《增广》即前面所介绍的《增广贤文》，《幼学》即《幼学琼林》。作为一本流传甚广的儿童启蒙必读物，《幼学琼林》的内容也随着时代在不停地删减增补，严格说来，目前的《幼学琼林》已属于集体创作。

这本书的最初编著者，大多数出版社标注的是明朝人程登吉。程登吉，字允升，明朝末期西昌（今江西新建）人。关于此人的存世资料并不多，但从《幼学琼林》的内容来看，程登吉显然是一位学识渊博又极懂少儿心理的启蒙教育家。他一改以往蒙学读物重在道德说教的形式，把一些中国典故贯穿在天文地理、人情世故、衣食住行、生老病死、制作技艺、鸟兽花木等知识中，汇编成一本专供幼儿学习的中国传统知识百科全书。《幼学琼林》最初名为《幼学须知》，由于该书内容丰富，编排得当，而且偶对成句、适合朗读，深受学童喜爱，在整个清代及民国时期风行全国各地，对普及中华传统文化发挥了巨大的作用。古代有人评论此书说：“令天下之童熟读之，即不读六经亦可，不读诸史诸记亦可也。”此言虽未免有夸大之嫌，但也正反映了此书能广为流传、脍炙人口的原因。

有很多名流学士针对本地学童实际情况对本书作了修订增补，因此《幼学琼林》版本甚多，名称也不尽一致，如《故事寻源》《幼学求源》《幼学故事珠玑》《幼学须知句解》等。现在流行的版本主要是清朝嘉靖年间的进士邹圣脉作的增补注释本，他当时给这本书起的名字是《幼学故事琼林》。

荐读理由

在林林总总的古代儿童启蒙读物中，在向学童介绍百科常识方面，《幼学琼林》是编排得最好的一本书。

《幼学琼林》称得上是中国文化常识的小百科，其内容涉及天文、地理、岁时、朝廷、文臣、武职、婚姻、人事、饮食、宫室、器用、文事、科第、制作、释道鬼神、鸟兽、花木等33个类目，所介绍的知识十分丰富，可以说是应有尽有。其资料来源没有局限于群经正史、诸子百家，稗官野史、方志异闻和俗语俚谚在书中也有体现。

《幼学琼林》也是一本很不错的字典或是词典，书里有上千个成语典故，而且与其他蒙学读本不同，它的正文本身就有适当的释典解义，读者可以直接领会，阅读起来毫不晦涩。像这样的词句在全书中比比皆是：“竣”者做事已毕之谓，“醵”者敛财饮食之名。彼此不合曰“龃龉”，欲进不前曰“趑趄”。同恶相帮，谓之“助纣为虐”；贪心无厌，谓之“得陇望蜀”。作者对字、词、成语的释文简练而恰当，用语不多却解释得十分清楚。另外，本书还非常注意对近义词的辨析。如：“微笑曰莞尔，掩口笑曰胡卢。大笑曰绝倒，众笑曰哄堂。”作者用非常平易简练的语言，就把几个词语的含义辨析得明明白白。如果学生们借助这样一本实用的工具书来学习汉语中的词语和典故，可谓事半功倍。

《幼学琼林》还是一本礼仪实用大全。书中不仅对一般传统生活常识多有介绍，还讲解了不少日常生活中的传统礼仪，特别是关于家庭成员关系、婚丧嫁娶、寿诞祝语以及社交中的敬语尊称等非常有用的知识。阅读此书，学生们在举止言谈方面的传统修养定会有较大的提高。即使是中青年、老年人读此书，也能从中受到教益。

《幼学琼林》的特别之处还在于它组织的精妙，它不求文句的整齐一律，打破了四言、五言或七言的限制，而是从内容出发，当长则长，当短则短，只求偶句成对，形式活泼，便于诵读。

先睹为快

旋风名为羊角，闪电号曰雷鞭。
青女乃霜之神，素娥即月之号。（天文类）

帝都曰京师，故乡曰梓里。
水神曰冯夷，又曰阳侯；火神曰祝融，又曰回禄。（地舆类）

寒食节是清明前一日，初伏日是夏至第三庚。
上弦谓月圆其半，系初八、九；下弦谓月缺其半，系廿二、三。（岁时类）

弟子称师之善教，曰如坐春风之中；
学业感师之造成，曰仰沾时雨之化。（师生）

上服曰衣，下服曰裳；衣前曰襟，衣后曰裾。（衣服类）

父死何谓考，考者成也，已成事业也；

母死何谓妣，妣者媲也，克媲父美也。（疾病死丧类）

延展阅读

《幼学琼林故事》

徐国普编著。这本《幼学琼林故事》精选了《幼学琼林》中的七十余个对句，并根据这些对句精心编写了七十则相关故事。这些故事多数讲述的是成语、熟语、典故的来历，也有一些故事是阐发经典原文所包含的道理。

《名物蒙求》

本书是古代自然常识教学中值得称道的一本常识教材，宋代方逢辰编。该书介绍了自然和社会的各种名物知识，包含天文、地理、鸟兽、花木、日用器物、耕种操作，以及当时社会上的亲属、家庭等关系之称谓种种，广而不繁，共 2720 字。四言一韵，通顺易懂。华夏出版社出版的《启蒙图说 · 启蒙巧对 · 历代蒙求 · 名物蒙求》收录有此书。

《龙文鞭影》

萧良有 著

一本让诺贝尔物理学奖获得者杨振宁博士受益终生的启蒙读物。

关于作者

《龙文鞭影》是成书于明朝时期的一本少儿启蒙读物。优美的韵律、丰富多彩的内容、工整的对偶、通俗的行文，使《龙文鞭影》这部书一问世就成为广大蒙学师生争相购阅的读物。该书的书名也很有寓意，龙文是指骏马，鞭影是指皮鞭之影，概括起来就是说不需要扬鞭，骏马就能快速奔跑，意在勉励儿童勤奋学习。

这本书由明朝万历年间的大学问家萧良有编撰，当时的名字是《蒙养故事》。萧良有，字以占，号汉冲，他自幼就非常聪明，有“神童”之称，参加科举时中过榜眼（仅次于状元），后来任国子监祭酒（国家最高学府的校长）。一个国家最高学府的校长亲自编修儿童蒙学书籍，可见当时中国社会对于幼儿教育是相当重视的。后来这本书又经过多次修改、校注，其中比较有影响的是清朝初年，一个叫作杨臣诤的私塾先生对该书进行的校注、增补，并且正式将《蒙养故事》更名为《龙文鞭影》。

荐读理由

诺贝尔物理学奖获得者、美籍华裔杨振宁博士 6 岁时开始上学。有一天，他父亲从美国回来，一见面就问他最近读了什么书，小振宁就把他刚刚读过的一本书给父亲完完整整地背了出来。父亲听了非常高兴，立即奖给小振宁一支钢笔，这可是当时十分少见的东西。70 多年过去了，一提起这件事，杨博士仍然记忆犹新，这本让他受益终生的书就是《龙文鞭影》。

《龙文鞭影》全书共上下两卷，按韵部分类，每类一章，上卷、下卷各 15 章，内容主要来自二十四史中的人物典故，同时又从古人诗文集和古代寓言、神话、小说、笔记，如《搜神记》《列仙传》《世说新语》《酉阳杂俎》《辍耕录》《鹤林玉露》等书中广泛汲取资料，内容涉及政治、军事、德行、儒林、文艺、方术、怪异等诸多方面，全书共辑录了包括孟母断机、毛遂自荐、荆轲刺秦、鹬蚌相争、红叶题诗等2000 多个典故，历史跨度达2000 年之长，可以说是我国历史的一个缩写本。

该书在编写上采用了四字为一句、两句为一对的写法，读起来朗朗上口。文字简明扼要，内容生动有趣，易于儿童诵读，同时又兼具故事性，颇受儿童喜爱。该书虽然偶有掺杂封建礼教的思想，但不影响阅读的认知和乐趣。

从研究中国传统文化来说，这本书也是一本研究中国文化史、教育史特别是蒙学教育的重要资料，即使是一些属于神仙鬼怪的典故，对于我们研究传统思想文化以至理解某些古典著作，亦有其参考价值。

先睹为快

占风令尹（yǐn）　辩日儿童

释义：春秋时期，有一个县令叫尹喜，一天他望见紫气东来，占卜了风向后，知道有圣人将要从此处经过。不久果然道家创始人老子骑着青牛来到关前。

孔子东游，看见两个小孩在争论。一个小孩说太阳早晨离地面近，中午离地面远，因为太阳早晨大，中午小。另一个小孩认为太阳中午离地面近，早晨离地面远，因为中午热，早晨冷。他们请孔子作判断，孔子也难以说清楚。两个小孩笑着说："人们不是都说你的学问大吗?"

温公警枕　董子下帷（wéi）

释义：温公是指北宋政治家、史学家司马光，被封为温国公。早年曾发奋读书，怕自己贪睡耽误学习，便用圆木作枕头，叫作"警枕"。睡不多久枕头就会滚动，马上醒来继续用功。

董子是西汉儒学大师董仲舒。年轻时攻读《春秋》，在书房中拉起帷幕，三年时间都没有看过窗外景色。

苏耽橘井　董奉杏林

释义：南北朝时的苏耽，非常孝敬母亲。传说他将要成仙的时候，预知家乡两年后要流行瘟疫，就在家中种了橘树，又挖了一口井，告诉母亲吃一片橘叶，喝一口井水，就能治病。两年后，家乡果然出现了瘟疫，按他的方法救活了不少人。

晋代董奉，精通医术，为人治病从不收钱，而是让病人种杏树。几年后，杏树成林，他又把杏拿去换来谷米，接济穷人。后人就用"杏林"来歌颂医生。

延展阅读

《不可不知的400条成语典故》

刘晓树编著。成语和典故一般都有出处，其中相当一部分出自唐宋以前的典籍。本书编者从浩如烟海的中国成语中，精选400条经典的成语及其相关的故事，使读者了解其产生的来龙去脉，从而加深对每条成语的理解。在条目方面，编者着重选取了实用性强、对读者具有启发教育意义的成语故事；在内容方面，则力求做到深入浅出，语言通俗易懂，便于读者理解与记忆。读者阅读此书，不仅可以丰富思想，而且还可以使自己的日常语言更加精练。

《小儿语》

吕得胜　著

通过儿童喜闻乐见的童谣，教儿童如何为人处世。书中对教育儿童的见解，今天的家长读后也会产生共鸣。

关于作者

吕得胜，号近溪，河南宁陵人。他是明代著名学者吕坤的父亲。吕德胜对儿童的启蒙教育非常重视，他认为儿童在学说话的时候，就应该接受正确的思想引导，而当时民间流传的童谣，像"东屋点灯西屋明，西屋无灯似有灯"之类，虽然能逗得孩子一时之乐，但对于孩子的成长是没有帮助的。为了改变这一局面，吕得胜专门把培养儿童修身处世方面的知识编成歌谣，间杂有方言俗语，汇集成一本书，起名叫《小儿语》。这本书内容浅显，易于理解，便于传诵，编者的目的在于要使儿童在欢乐嬉笑之间，学得所谓的义理，天长日久，就会按照书中的内容去约束自己的行为，去修身养性，从而淳化民风。

《小儿语》问世后，很快就在社会上流传开来，为了进一步扩大它的影响，吕得胜的儿子吕坤又给这本书写了续集，对书中的内容进行了补充。此后，又有很多人仿照这本书的体例编写了很多这方面的著作。

荐读理由

在伦理性的古代启蒙读物中，有一种类型是用歌谣形式编写的。本文所介绍的《小儿语》就是此类启蒙读物的开山鼻祖。

《小儿语》选取当时流行的格言谚语，以整齐有韵的白话编成儿童喜闻乐见的童谣，全书按照编写体例分成四言、六言、杂言三个部分，主要是向儿童灌输一些较浅显的中华传统伦理道德文化，教儿童如何为人处世。书中的很多道理，直到今天都有着教育意义。如教导儿童要谦虚，不要一知半解：“能有几句，见人胡讲，洪钟无声，满瓶不响。”直到现在，老师也经常用“满瓶不响，半瓶晃荡”来教育学生要谦虚谨慎。

《小儿语》中对如何教育儿童有着深刻的见解，今天的家长读后也会产生共鸣，比如：“儿小任情娇惯，大来负了亲心，费尽千辛万苦，分明养个仇人。”话语直白，但代表了不同时代父母的同一心情。同时，编者对家长也提出了要求，要求家长要起好表率作用，如：“老子终日浮水，儿子做了溺鬼，老子偷瓜盗果，儿子杀人放火。”通过阐述“有其父必有其子”这个道理，来告诫家长为人父母不可开为恶之端。

文中劝人积德行善的言辞也有很多，如：“世间第一好事，莫如救难怜贫，人若不遭天祸，舍施能费几文?”仔细想想，确实如此。

当今的家长和孩子如能共读此书，取其精华，去其糟粕，从中体味中华文化的博大精深，必能在今后的工作或学习中收到良好的效果。

先睹为快

一切言动，都要安详，十差九错，只为慌张。

沉静立身，从容说话，不要轻薄，惹人笑骂。

先学耐烦，快休使气，性躁心粗，一生不济。

能有几句，见人胡讲，洪钟无声，满瓶不响。
自家过失，不须遮掩，遮掩不得，又添一短。
无心之失，说开罢手，一差半错，哪个没有。
须好认错，休要说谎，教人识破，谁肯作养。
要成好人，须寻好友，引酵若酸，哪得甜酒。
与人讲话，看人面色，意不相投，不须强说。
当面破人，惹祸最大，是与不是，尽他说罢。
造言生事，谁不怕你，也要提防，王法天理。
我打人还，自打几下，我骂人还，换口自骂。
既做生人，便有生理，个个安贤，谁养活你。
世间艺业，要会一件，有时贫穷，救你患难。
饱食足衣，乱说闲耍，终日昏昏，不如牛马。
担头车尾，穷汉营生，日求升合，休与相争。
强取巧图，只嫌不够，横来之物，要你承受。

延展阅读

《续小儿语》

此书系《小儿语》作者吕得胜的儿子吕坤所著，体例与《小儿语》相同，内容也大同小异。

《老学究语》

由清代学者李惺编撰，系模仿《小儿语》体例而作。只是《小儿语》托名小儿，语言刻意近似儿语，而本书语言只求平白明朗。书中作者以老学究自称，文中语句也多是老生常谈。

《女儿经》

女孩子们不妨读读此书，看看古人如何教女孩子修养德行、谨慎言语、勤劳工作。

关于作者

在传统的蒙学读物中，有一类是专门为女孩子编写的，目的在于培养女孩子成为贤妻良母、孝女节妇。这类书籍中最出名的就是《女儿经》。

《女儿经》系何人所写，已无法得知。该书大约成书于明朝年间，经过历代文人的不断增删修订，出现了很多版本，各个版本的内容也不太一致，此外还有大量的传抄本。由此可见这本书在当时的影响力。《女儿经》开启了为女童编写蒙书的先河，意义深远。继《女儿经》之后，清朝又有《女千字文》《改良女儿经》等。

《女儿经》中有很多是封建社会伦理道德中有关男尊女卑、三从四德、贞操节烈之类的内容，也正因为如此，在“文化大革命”时期，《女儿经》曾作为旧社会压迫妇女的典型遭到比较广泛的批判。不过，除去这些封建糟粕，《女儿经》中的有些内容还是值得肯定和赞扬的，比如在待人接物、治家等方面，它提倡敬老爱幼、勤俭节约、珍惜粮食、讲究卫生、严于律己、宽以待人、举止得体、注意礼貌等等，这些东西在今天还是值得学习和提倡的。

荐读理由

既然是专为女孩子编写的启蒙读物，《女儿经》的编写者自然会考虑到当时女孩子的受教育情况，无论在体例还是在文字的运用上都有它的独到之处。相比较其他蒙学读物，它的内容更加通俗直白，文字更加简单易懂。尽管由于版本不同，在文字上会有较大的不同，但内容都是教女孩子怎样修养德行、谨慎言语、勤劳工作，以成为一个勤劳贤惠、大方得体的持家女性，在今天仍有很大的教育意义。

现代女性其实都应该看看这本书，因为现在的女孩子所处的环境和以前相比是十分优越的，而且她们大多数是独生子女，在父母无微不至的呵护下成长，她们表面上好像什么也不缺，但很多时候她们缺少作为“女儿”应有的礼仪，缺乏中华传统伦理道德，也就是当代文明社会中所要求的对别人的关心和尊重。读读《女儿经》，对促进和谐社会的建设益处多多。

比如，现在很多女孩子缺乏基本的“孝道”常识，不知道体谅父母，不懂得设身处地理解父母的良苦用心。事实上，这些做起来并不复杂，《女儿经》的开篇就讲得清清楚楚：“早早起，出闺门。烧茶汤，敬双亲。”“父母骂，莫作声。”为父母做一些力所能及的事，在父母生气时能心平气和地面对，这不就是对父母最大的“孝”吗？类似内容还有很多，比如关于待客的一些基本礼仪：“客进门，缓缓行。急趋走，恐跌倾。”关于教育孩子的常识：“孩童闹，规己子。是与非，甚勿理。”在为人处世方面：“些小利，莫见尽。论彼此，俗了人。学大方，人自称。”这些内容通俗易懂，浅显明了，句句在理，是中华民族礼仪文化的具体表象，应该为每一个中国人所熟知并付诸实践。

想成为名媛淑女的女孩子们，心动不如行动，现在就捧起《女儿经》一睹为快吧。

先睹为快

他家富，莫眼热。行嫉妒，损了心。
勤治家，过光阴，不伶俐，被人论。
若行路，姊在前，妹在后。
若饮酒，姆居左，妯居右。
公婆在，侧边从。慢开口，勿胡言。
齐捧杯，勿先尝。即能饮，莫尽量。
沉醉后，恐颠狂。一失礼，便被谈。
肴面物，先奉上。骨投地，礼所严。
动匙箸，忌声响。
出席时，随尊长。客进门，缓缓行。
急趋走，恐跌倾。遇生人，就转身。
洗钟盏，轻轻顿。坛和罐，紧紧封。
公姑病，当殷勤，丈夫病，要温存。
爷娘病，时时问。姑儿小，莫见尽。
叔儿幼，莫理论。里有言，莫外说。
外有言，莫内传。

延展阅读

《闺门女儿经》

这也是一部以女性为对象、传授封建伦理，向广大妇女提出各种清规戒律的蒙学读物。其四字一句，故又名《四字女儿经》。

《女小儿语》

吕得胜在编撰《小儿语》的同时，又编撰了一本《女小儿语》。此书专为小女孩所写，其内容不外乎男尊女卑、三从四德、三纲五常和忠孝节义之类，以把她们训诫成未来的贤妻良母、孝女节妇。《女小儿语》问世后，受到人们的高度评价，它往往和《小儿语》等一同刊行，在社会上广为流传。

《名贤集》

与《增广贤文》齐名之作，其目的在于追求社会关系之和谐，其中诸多理念在当今中国社会仍然存在。

关于作者

《名贤集》与《增广贤文》是同一类型的蒙学读物，内容相近，体例也相同，同样是选辑名人贤士的名言警句汇编而成，同时兼收流传于民间的俗语；同样是关于为人处世的哲理名言，有雅有俗，有精华也有糟粕。其流传之广，影响力之大，堪比《增广贤文》。由于辗转传抄，民间刊刻印制又不署名，因此它的作者和成书年代均已无从考证。

荐读理由

《名贤集》是古代启蒙读物中和《增广贤文》齐名的代表之作，汇集了历代名人贤士的佳言善行，以及民间流传的为人处世、待人接物、治学修德等方面的格言、谚语。这些格言和谚语有其历史局限性，有很多封建糟粕和消极落后的思想，但如果我们能剔除糟粕，取其精华，耐心领会，也会从中受益。书中许多内容依然是今天中国社会现象言简意赅的描述，古人对此早有点评，如果人们能早些明了这些看似简单的道理，也许会少走许多弯路，在为人处世、待人接物、治学修德等方面拥有较高的素质，在日常生活中与周围的人和谐相处，得到人们尊敬。

《名贤集》深受儒家思想的影响，以积极入世情怀强调人在现实世界的努力，要求人在为人处世时多行善事，淡泊名利，且善于应变以适应社会环境。追求社会关系之和谐是《名贤集》思考的重要主题，其中诸多理念在当今中国社会中仍然存在。

人生在世，有许许多多的生活智慧需要掌握。这些生活智慧凝结着前人的生活经验，它可能和道德修养关系不大，但有利于人们立身处世和应对社会生存中的竞争，因而也是学生教育的重要内容。《名贤集》在这方面的着墨很多。如："与人方便，与己方便。""人无千日好，花无百日红。""临崖勒马收缰晚，船到江心补漏迟。""休争三寸气，白了少年头。""百年随时过，万事转头空。"这些内容，在价值观上往往是中立的，是属于中国人所说的人情世故。这些说教，有助于人们保身、处世和理解世事，是人人必须具备的经验知识。我们可以把它们称为世俗生活智慧。学习这些，对涉世不深的青少年来说，也是十分重要的。

先睹为快

我见几家贫了富，几家富了又还贫。
三寸气在千般用，一旦无常万事休。
人见利而不见害，鱼见食而不见钩。

长江一去无回浪，人老何曾再少年。
大道劝人三件事，戒酒除花莫赌钱。

劝君莫做亏心事，古往今来放过谁。
山寺日高僧未起，算来名利不如闲。
言多语失皆因酒，义断亲疏只为钱。
有事但逢君子说，是非莫听小人言。

侵人田土骗人钱，荣华富贵不多年。
莫道眼前无报应，分明折在子孙边。
酒逢知己千杯少，话不投机半句多。
衣服破时宾客少，识人多处是非多。
草怕严霜霜怕日，恶人自有恶人磨。
月过十五光明少，人过中年万事和。
良言一句三冬暖，恶语伤人六月寒。

延展阅读

《做人与做事》

这是少年儿童的“知心姐姐”卢勤为小朋友、家长和老师献上的一份精美的礼物，是卢勤继《写给年轻妈妈》之后推出的又一部力作。作者以贴近儿童、贴近生活、贴近实际的写作风格，针对大家十分关心的少年儿童教育的重大课题，娓娓动听地讲述了自己独到的见解。本书是少年儿童的良师益友，也受到了少年儿童工作者和家长们的热烈欢迎。

《弟子规》

李毓秀　著

书中的内容就是教孩子做一个有修养之人所必须遵守的“规矩”。孩子如能依此行事，那带给父母的欢欣快乐，不是物质上的东西可以代替的。

关于作者

在三字一句编成的古代启蒙读物中，除了《三字经》之外，就数这篇《弟子规》影响大了。该书的作者是清朝康熙年间的秀才李毓秀，字子潜，山西绛州人，是个普通的秀才，但由于他在教书的过程中结合教学实践编写了《弟子规》，影响甚大，死后他的牌位被供奉在绛州先贤祠。

本书原名为《训蒙文》，经后人修改，定为此名。全书以《论语·学而》中的“弟子入则孝，出则弟，谨而信，泛爱众，而亲仁。行有余力，则以学文”开篇，以三字韵语的文字形式对儿童言语行为提出要求，告诉弟子在家、出外、待人、接物与学习上应该恪守的守则规范，其核心思想是孝悌仁爱。全书浅显易懂，押韵顺口，内容又符合传统伦理，故极有影响，在清代后期成为广为流传的蒙学读本。

荐读理由

在《弟子规》中，“规”就是做人的道理、行为的规范；“弟子”

即学生、子弟之义，人人都为人子女，人人都为人弟子，所以，“弟子”涉及所有的人。《弟子规》的内容就是教我们做一个有修养之人所必须遵守的“规矩”。在传统伦理道德教育在中国越来越受到重视的大背景下，《弟子规》的教育意义也日益明显。

《弟子规》基本为三字一句，每句押韵，12 字表达一个相对完整的意思，全文共 1080 字，分别列出 113 件事情，其中“孝（入则孝）”4 则，“弟（出则弟）”3 则，“谨”24 则，“信”15 则，“泛爱众”21 则，“亲仁”4 则，“学文（余力学文）”12 则。

《弟子规》是选取《论语》《孟子》《礼记》《孝经》和朱熹语录编辑而成的。这些义理历经宋、元、明、清四个朝代八百多年的锤炼，已成为圣学之精髓。中华民族传统的国学文化中，一向是注重把德育放在首位。首孝悌，次谨信，泛爱众，而亲仁，有余力，则学文，意思是说，在学好了孝、悌、谨、信、泛爱众、亲仁的前提下，再进行智力、知识和技能的学习。圣贤告诉我们，有德行的人掌握了知识，知识就会为人类社会谋幸福，发挥出知识的最大威力；缺乏道德修养的人掌握了知识，他就会给人类制造灾难。另一方面，有正确的思想，才会有正确的学习态度和学习方法，才能取得好的学习效果。

孝悌（弟）是中国文化的基础，古人云：“百善孝为先。”一个人能够孝顺，他就有一颗善良仁慈的心，有了这份仁心，就可以帮助许许多多的人。如何才能做到“孝”呢？《弟子规》里讲得很明白，比如其中一段写道：“父母呼，应勿缓，父母命，行勿懒。父母教，须敬听，父母责，须顺承。”这个意思并不难理解，就是说，在家中，父母叫我们时，应该一听到就立刻回答，不要慢吞吞地答应；父母有事要我们去做，要赶快行动，不要借故拖延，或者懒得去做；父母要我们学好而教导我们时，必须恭敬而不可随便，要将话听到心里；我们犯了错，父母责备我们，应当顺从并且承担过失，不可忤逆他们，让他们伤心。

本书从生活小细节入手，教会孩子如何才能有良好健康的行为习惯、儒雅大方的仪容举止、稳重服人的话语言谈，以培养他们严谨、诚信的生活态度。书中循循善诱，让孩子懂得读书要专心、用功，要坚持到底、勤做笔记、不懂就问，不要见异思迁，同时还要保持学习环境的干净与整洁，培养良好的学习习惯等。

《弟子规》这些规矩，看似平常无奇，但是，如果孩子认真去实行，那带给父母亲的欢欣快乐，不是物质上的东西可以代替的。如果现在孩子在家中就能培养出这么好的言行举止，将来自然会有意想不到的收获。因此，如果你想成为一个有教养、有内涵的人，《弟子规》绝对是必备读物。

先睹为快

兄道友，弟道恭，兄弟睦，孝在中。
财物亲，怨何生？言语忍，忿自泯。
或饮食，或坐走，长者先，幼者后。
长呼人，即代叫，人不在，己即到。
称尊长，勿呼名，对尊长，勿见能。
路遇长，疾趋揖，长无言，退恭立。
骑下马，乘下车，过犹待，百步余。
长者立，幼勿坐，长者坐，命乃坐。
尊长前，声要低，低不闻，却非宜。
进必趋，退必迟，问起对，视勿移。
事诸父，如事父，事诸兄，如事兄。

延展阅读

《善的教育》

本书是中国当代著名作家刘心武专门为少年儿童创作的作品。作者希望现在的少年儿童，能够从小懂得爱和善，珍爱自己，更珍爱别人；予人以善，并从别人那里得到善报。这本书由一系列动人的小故事串连而成，书中以奇奇为主人公，通过他和他的同学铜娃到奶奶家去玩将各个小故事展开，每一个小故事就是一篇讲善扬善的文章，让读者感到真善美。这一作品的特点是语言规范、讲究、周到、细腻。无论是作品的思想还是内容、技巧，都不失为非常值得向青少年推荐的力作。

《小学生礼仪》

作者是中国人民大学国际关系学院外交学系主任、礼仪与公共研究中心主任金正昆。本书是专为小学生量身打造的礼仪规范书籍，精选了常用的个人礼仪、校园礼仪、家庭礼仪等内容，教导学生要尊敬长辈、友爱同辈、严于律己、彬彬有礼，重在培养学生养成良好的文明习惯。让学生掌握基本的礼貌、礼节规范，在学习、生活实践中初步养成讲文明、讲卫生、讲秩序、讲公德的良好习惯。

童话寓言

《安徒生童话》

〔丹麦〕安徒生　著

《安徒生童话》犹如一朵鲜花，绽放在每个人的心里。

关于作者

1805 年 4 月 2 日，在丹麦的一个穷苦鞋匠的家里，一个男婴诞生了。照理说，和许许多多鞋匠的儿子一样，今后他也会在穷困、琐碎的环境里度过一生，可是这个孩子却拥有一颗充满幻想的心灵和一个文学理想，并一生为之奋斗，终于成为世界著名的童话作家。他留给了我们大量耳熟能详的童话故事，比如《卖火柴的小女孩》《皇帝的新衣》《丑小鸭》《海的女儿》……他就是童话家安徒生（1805—1875），19 世纪第一个赢得世界声誉的丹麦作家。

出身贫寒的安徒生最初的梦想是成为一名演员，虽然十分努力，费尽周折，但还是没有成功，于是他转到写作的道路上来，最终在“童话的王国”里找到属于自己的天地。在安徒生以前，大多数作家所写的童话基本上是民间故事的复述，如德国的格林兄弟就是这样。安徒生没有延续这条道路，他创作的童话不拘泥于根据民间传说整理和改编，而是在原有题材基础上进行艺术再创造，融入作家个人的生活情感与生命体验，把民间故事、神仙故事、神话寓言、诗歌甚至短篇小说都融合到童话中来，拓宽了童话的取材范围，加深了童话的内涵，立意新颖，表现手法奇特，富有独到的创造性和求新意识，从而把童话提高到一个划时代的高度，赋予童话以全新的面貌，使童话成为文学中一个重要的种类。

安徒生的童话获得了意想不到的成功，给他带来了名声、尊敬、荣誉……丹麦国王对他礼遇有加，欧洲王室也以结交他为荣，人们为他举行火炬游行，热烈欢呼。然而头衔与勋章并没完全改变他卑微的地位，在别人的眼里他仍然是鞋匠的儿子，甚至他的爱情也因他的出身而屡遭夭折，他经历的挫折打击远远多于享受的幸福，但他对美好事物的信念使他始终怀着无限善意和柔情注视人世间。为了教育勉励未来的一代，他决心以毕生的精力为孩子们写作，自 19 世纪 30 年代初出版第一本童话故事集《讲给孩子们听的故事》起，此后数年，每年圣诞节安徒生都出版一本这样的童话集，直到 1872 年他因患癌症才逐渐搁笔。近 40 年间，安徒生写了 200 部左右童话，使他登上了世界文坛的顶峰。此外，他还写了 6 部长篇小说、6 部游记、5 部诗集、25 部剧本、3 部自传。

1912 年，安徒生童话被著名作家、翻译家叶君健首次介绍到中国，从此安徒生在中国成了家喻户晓的外国作家。他的《海的女儿》《卖火柴的小女孩》《皇帝的新衣》等名篇更是中国人心目中童话的代名词。2010 年 5 月，全球第一个以安徒生名字命名的童话公园在上海市杨浦区新江湾城建成开园。公园原汁原味地再现了安徒生雕塑广场、安徒生城堡、欧登塞小镇、美人鱼港湾等景观。前去参观的少年儿童们可以亲身体验磨坊、马车、邮局等安徒生童话中描写到的中世纪风情。

安徒生童话有着普遍而永久的艺术魅力，是全人类共同的精神财富。目前，几乎所有的国家都有安徒生童话的译本，安徒生的童话故事是全世界孩子的必备读物。鉴于安徒生在世界儿童文学领域所作出的杰出贡献，1954 年国际儿童读书联盟第三次大会上设立了以安徒生的名字命名的世界儿童文学大奖——国际安徒生奖。这个奖项至今仍是世界儿童文学界最高的奖项。1967 年，国际儿童图书评议会又确定以安徒生的诞生日 4 月 2 日作为每年的国际儿童图书日。安徒生在人类精神史上所作出的杰出贡献早已得到全世界人们的认同，他因颂扬童心和人类善美的情感而成为全世界人们亲切而恒久的记忆。

荐读理由

《安徒生童话》的艺术魅力震撼了世界文坛，揭开了世界文学史上童话创作的新篇章。《安徒生童话》犹如一朵鲜花，绽放在每个人的心里。安徒生在他的作品中表现出一种天真与朴素的特有气质。书中的天堂是那么“美”，是每个人都向往的地方。

《安徒生童话》立足于现实生活，充满对人类美好的愿望。例如《丑小鸭》中，那只可怜的小家伙一生下来，因为长得很丑，人们和其他动物都不喜欢它。寒冷的冬天，它在森林里受尽了折磨。后来它靠自己的努力，终于飞起来。它成了一只美丽的天鹅。丑小鸭变天鹅靠的正是它自己的努力。它告诉我们无论做什么事，不要怕自己笨，只要用心去做，就一定能成功。

安徒生一生创作了 200 篇左右的童话，创立了童话王国。然而，给安徒生带来终身荣誉的童话，却没有给他的人生带来真正的幸福，就是童话本身的命运也和它的主人一样不平静——几乎每一篇童话都受到不同程度的质疑，即便是《卖火柴的小女孩》《海的女儿》《丑小鸭》《皇帝的新衣》这样经典中的经典，也在所难免。这也许是安徒生童话特有的一种荣耀。树大招风，安徒生童话当仁不让地成为童话批评最好的靶心。

譬如《卖火柴的小女孩》，安徒生以小女孩冻死街头结束全篇，就被当时的人指控为借童话来恶毒中伤诽谤教会慈善事业，闹得沸沸扬扬。很多读者认为，小女孩在漫天大雪中死去的结局写出了那个贫富不均的时代，体现了安徒生对社会不公平现象的控诉和对贫苦民众的同情，有强烈的批判现实主义的悲剧色彩和温暖的人道主义力量。安徒生是否也有此用意，不得而知。但更多的研究者认为，这个过分凄惨的结尾将使儿童读者的幼小心灵遭受毒害，所以，有位美国作家自作主张地改写了结尾，让小女孩的祖母移民到大洋彼岸的“人间天堂”，再回国探亲，把外孙女接到美国去享受有烤鹅、有壁炉的天堂生活。

《安徒生童话》对中国儿童也产生了深刻影响，直到今天《安徒生童话》依旧是亿万中国孩子精神家园的一笔宝贵财富。

先睹为快

“现在花儿一定在那儿跳起舞来了！”她说，“哦，上帝，我是多么想瞧瞧它们啊！”可是她不敢起床，因为她怕惊醒了她的爸爸和妈妈。

“我只希望它们到这儿来！”她说。可是花儿并不走进来。音乐还是继续在演奏着，非常悦耳。她再也忍不住了，因为这一切是太美了。她爬出小床，静静地走到门那儿去，朝着外边那个房间偷偷地望。啊，她所瞧见的那幅景象是多么有趣啊！

那个房间里没有点灯，但是仍然很亮，因为月光射进窗子，正照在地板的中央。房间里亮得差不多像白天一样。所有的风信子和番红花排成两行在地板上站着。窗台上现在一朵花儿也没有了，只有一些空空的花盆。各种花儿在地板上团团地舞起来，它们是那么娇美。它们形成一条整齐的、长长的舞链；它们把绿色的长叶子连接起来，扭动着腰肢；钢琴旁边坐着一朵高大的黄百合花。无疑地，小意达在夏天看到过它一次，因为她记得很清楚，那个学生曾经说过：“这朵花儿多么像莉妮小姐啊！”那时大家都笑他。不过现在小意达的确觉得这朵高大的黄花像那位小姐。她弹钢琴的样子跟她一模一样——把她那鹅蛋形的黄脸庞一忽儿偏向这边，一忽儿又偏向那边，同时还不时点点头，合着这美妙音乐打拍子！

任何花都没有注意到小意达。她看到一朵很大的蓝色早春花跳到桌子的中央来。玩具就放在那上面。它一直走到那个玩偶的床旁边去，把窗帘向两边拉开。那些生病的花儿正躺在床上，但是它们马上站起来，向一些别的花儿点着头，表示它们也想参加跳舞。那个年老的扫烟囱的玩偶站了起来，它的下嘴唇有一个缺口，它对这些美丽的花儿打了一个恭。这些花儿一点也不像害病的样子。它们跳下床来，跟其他的花儿混在一起，非常快乐。

（摘自《小意达的花儿》叶君健译）

延展阅读

《绿野仙踪》

小说《绿野仙踪》问世于1900年，是美国最伟大的儿童文学作品之一，被称为美国的《西游记》，作者是美国著名作家鲍姆。该书一经出版立即闻名遐迩，后又被改编为音乐剧、电影剧本并搬上银幕。

故事讲述了堪萨斯州的小姑娘多萝西和她的小狗托托被一阵威力无比的龙卷风吹到了奥兹国，为了回到家乡，她遇到种种惊险，经历了千辛万苦，并与旅途中的许多新伙伴患难与共，一起度过了那些不可思议的奇特经历，最终如愿以偿的故事。

《格林童话》

〔德〕格林兄弟　著

在每一个有儿童且有书的家庭中，几乎必有一本《格林童话》或根据它改编的故事。

关于作者

大名鼎鼎的格林兄弟，哥哥叫雅科布·格林（1785—1863），弟弟叫威廉·格林（1786—1859）。兄弟二人出身官员家庭，在同一所大学学法律，又同在一家图书馆工作，1841年同时成为格林科学院院士，是德国的两位博学多识的学者——民间文学研究家、语言学家、历史学家。他们最卓越的成就，是作为世界著名的童话故事搜集家，耗费几十年时间完成的《儿童和家庭童话集》，即现在俗称的《格林童话》。它包括200多篇童话和600多篇故事，其中的代表作如《青蛙王子》《灰姑娘》《白雪公主》《小红帽》等均脍炙人口。

《格林童话》不是格林兄弟的原创作品，他们二人所做的工作是努力搜集整理民间的童话、神话、传记，很忠实地把搜集到的东西整理成为文字，然后再非常严谨地考证这些文字的出处，这一切充分展示了日耳曼民族严谨细致的处世风格。为了搜集这些童话，两兄弟可谓费尽心血。从1806年开始，他们凭着为子孙后代恢复和保存民间文学遗产的信念，前后经过8年的努力，才完成了搜集整理的计划，共搜集整理了200多篇童话故事。他们一方面恪守保持作品原汁原味的搜集和记录的原则，另一方面又有条件地对语言作了必要的清理、加工，以实现整部作品的完整和统一。

格林兄弟搜集整理的童话，在1812年至1815年期间陆续出版。孩子们看到这本书，立刻着迷不已，他们把编者烦琐的考证部分统统扔掉，只读里面的故事，而且读得津津有味。后来这本书再版的时候就只有童话故事了，也就是我们今天看到的样子。出版至今，《格林童话》创造了一个世界性的奇迹：它的实际阅读群体无以计数，在每一个有儿童且有书的家庭中，几乎必有一本格林童话或根据它改编的故事。在中国，至少有100种以上的译本和译改本，几乎每一个会讲故事的孩子，都会讲出一个源于《格林童话》的故事。

荐读理由

《格林童话》里的作品可以说篇篇都是精品，脍炙人口而又百读不厌。除了前面提到的《青蛙王子》《灰姑娘》《白雪公主》《小红帽》，还有《汉塞尔和格蕾特尔》《勇敢的小裁缝》《纺锤、梭子和缝衣针》《兔子和刺猬》《小矮人的礼物》等等。

简单的情节和文字，是格林童话的特点。我们从书中看到，王子总会和公主在一起，好人最终会有好的结局。格林童话，让人读后心中总是充满爱的回忆。这些童话给孩子们无穷的想象世界增添了丰富的素材，而在伦理观念上非常简单直接地满足了孩子们朴素的善与正义观。他让人相信世间的美好总会帮助人走出困境，相信幸福总会在历经艰难险阻之后到来。它可以帮助人们在浑浊的世界里保持原来的童心。恐怕连格林兄弟自己也没想到，他们辛苦整理来的这些原始故事素材，不但征服了德国的孩子们，也让全世界的孩子们如此长久地为之着迷。不是格林童话选择了孩子，而是孩子选择了格林童话。

对中国小读者来说，格林童话中关于后妈的情节，给他们的印象也是十分深刻的。童话里的后妈似乎都对跟自己没有血缘关系的孩子有各种各样恶劣的行为，如将他们赶出家门，或者毒打，甚至杀死。这样的情节在书中经常出现，比如在《灰姑娘》里，灰姑娘悲惨的命运就是因为继母的虐待，还有《白雪公主》等故事中也塑造了恶劣的继母形象。在现代的现实生活中，全世界大部分的继母都是善良的。可为什么书中会有这么多的恶毒继母呢？这恰恰是因为格林兄弟忠实地反映了当时德国的历史。故事中反映的那个时代的德国有一个规定：只有一个孩子可以继承家庭的财产，所以有些继母就要想方设法赶走不是自己亲生的孩子。现在当然不会发生这样的情况了，所以小读者在看这些故事时一定要对继母和孩子的关系有一个正确的认识。

先睹为快

这一来公主真气坏了，一把抓起青蛙，狠命朝墙上摔去："这下你该老实啦，你这讨厌的家伙！"

谁知它一落到地上，已经不是只青蛙，而变成了一位王子，一位长着又美丽又善良的眼睛的王子。于是，遵照国王的旨意，他做了公主亲密的伴侣和丈夫。

这时候，他才告诉她，他原来被一个狠毒的妖婆施了魔法，除了公主一个人，谁也不能救他出那水井。明天，他们就要一道回他的王国去。说完，他俩便睡着了。

第二天早上，太阳唤醒了他们，门外已驶来一辆八匹白马拉的马车，马头上都插着白色的鸵鸟毛，马身上套的链子金光闪闪。车后边站着王子的仆人，他就是忠诚的亨利。在他的主人被变成一只青蛙的时候，这位忠诚的亨利真叫伤心极了，他让人在自己胸口上箍了三道铁箍，免得他的心难过痛苦得破碎掉。这会儿，马车来接王子回他的王国去。忠诚的亨利扶王子夫妇上了车，自己又站到车后边，心中因为王子获救而充满了喜悦。

他们走了一段路，王子听见后面发出咔啦咔啦的响声，像是有什么东西破了。他于是调过头，大声说："亨利，车子破了。"

"不，主人，不是车子，
是我心口上的铁箍；
我的心啊，
当你变成青蛙，
困在井里，
真是非常非常痛苦。"

路上，一会儿咔啦响一声又咔啦响一声，每次王子都以为是车裂了；其实哩，只是因为主人获得了拯救和幸福，忠诚的亨利一高兴，心口上的三道铁箍全崩掉喽。

延展阅读

《英国童话》

本书由英国作家约瑟夫·雅各布斯编辑整理。全书收集了 87 篇童话，有的是故事情节引人入胜的散文体，有的是朗朗上口的诗歌和歌谣体。书中内容惩恶扬善，强调理性、韧性、耐性和机会，和欧洲大陆其他各国的童话形成鲜明对比，成为英国童话的特色之作。

《毛毛》

〔德〕米切尔·恩德 著

《毛毛》是一个流畅易读的童话故事，更是现代人诠释时间的最佳读物，是一本对现代物质社会进行尖锐批判的奇书。

关于作者

在德国慕尼黑森林公园里，有一座名叫布鲁腾堡的古堡，历史上曾是巴伐利亚国王的行宫，目前全欧洲唯一的国际青少年图书馆就设在这里，馆里收藏有用120种语言写成的60万册青少年图书。这里环境幽雅，古木参天，让读者流连忘返，置身于此仿佛来到了童话王国的宫殿。它之所以声名赫赫，还有一个非常重要的原因——这里建有大名鼎鼎的儿童文学大师米切尔·恩德的博物馆。从白发苍苍的老者到笑靥如花的孩子，都络绎不绝来到这里参观，为的就是寻找自己的梦境。

米切尔·恩德（1929—1995）是当代德国最优秀的幻想文学作家和儿童文学作家，1929年出生于德国南部巴伐利亚州，曾当过话剧演员，后从事剧本创作。从20世纪40年代起恩德开始从事儿童文学创作，1960年因发表《小纽扣杰姆和火车司机卢卡斯》而一举成名。1962年他又出版了《小不点儿杰姆和多余数字13》，获德国少年儿童文学奖金。1974年发表轰动全球的中篇幻想小说《毛毛》，1979年出版的《永远讲不完的故事》行销几百万册，但艺术成就远不及《毛毛》。《毛毛》和《永远讲不完的故事》都被拍成电影。这两部童话小说，是德国少年儿童最喜爱的文学作品，也是家长给孩子讲述最多的故事。

与从前的童话相比，恩德的童话小说在形式和内容上，完成了新的突破，因此他的小说被称为“现代童话”。从前的童话大都篇幅短小，内容简单，人物也很少，而恩德的童话小说规模宏大，内容复杂，情节跌宕起伏，人物众多。他所触及的问题，大都被当代人忽视。因此他的小说具有强烈的时代感和社会批判意义，具有深刻的哲学内涵。他在作品中塑造了毛毛、巴斯蒂安等深受孩子们喜爱的女孩、男孩艺术形象，但他本人却压根就不承认自己的作品是儿童文学，他甚至根本反对“为了孩子而存在一种特别的文学的说法”。

事实上，恩德作品的主要对象虽然是青少年，但它们同样也吸引了许多成年读者，日本评论家小官彰就曾经说过：“《毛毛》之所以获得举世瞩目的成功，一个特征就是和儿童读者站在一起的还有众多的成人读者……《毛毛》在日本已经成为了论述现代的‘时间’的最基本的底本。”德国报纸上的一篇评论文章也提到，他的作品既适宜于10岁的儿童，也同样适宜于100岁的老人。恩德的作品在德国几乎家喻户晓，受到各阶层、各年龄段的人的喜爱。据统计，他的作品共获得包括“德国青少年书籍图书奖”“欧洲青年书籍图书大奖”“意大利文化奖基瓦尼斯文学奖”“荷兰银笔文学奖”等在内的本国和国际上的40余种奖项。

恩德去世后，为纪念和表彰他为人类文学事业作出的贡献，慕尼黑国际青少年图书馆专门在馆内为他设立了一个博物馆。这是德国第一个为少年儿童作家所设立的博物馆。博物馆内所陈列的东西除了作家遗留下来的家具、用品以及博大的工作藏书之外，还有恩德的通信、手稿、绘画、照片等。这些东西使人们能更好地了解恩德的文学创作活动。

荐读理由

《毛毛》的故事在中国读者中已经流传了 20 多年。该书在中国第一次出版时用的书名是《时间之谜》，后来有的版本取名《莫莫》。

《毛毛》的故事发生在一个城市里，那里的人因受时间窃贼——灰先生们的诱惑而把时间存入储蓄所从而领取利息，结果人们除了发疯地工作外再无别的想法，人变得越来越冷漠。而实际上那些灰先生是一群靠窃取他人的时间以换取自己生存的窃贼。他们用一套套谎言欺骗人们拼命节省时间，省去与朋友、亲人、恋人相处沟通的时间，省去人与人之间表达温情的一切步骤，使人们在追求效率、节省时间的观念中生活得冷冰冰而百无聊赖。

有一天，城里来了一个叫“毛毛”的小姑娘。毛毛是一个不知道从哪里来的女孩子，住在城市郊外的圆形剧场废墟下面的小屋中，长着一头蓬乱的头发，穿着一件又肥又大的男式夹克，光着脚，艰难度日。然而这个女孩有着火热的心肠，乐于帮别人排忧解难。她善于倾听，以她特殊的倾听方式使得人们乐意找她倾诉，人们在有事没事的时候，总会说：“找毛毛去。”毛毛也因此有了很多的朋友。男女老少都爱和她交朋友。她有着敏锐的洞察力，注意到城市里无处不在的灰先生正在偷窃人们的时间。为了揭露灰先生的真面目，毛毛冒着生命危险前往时间王国，见到了时间管理者侯拉师傅。毛毛弄懂了时间的真谛，和侯拉师傅一道，经过惊心动魄的斗争，打垮了灰先生，终于把时间夺了回来，还给了城里的居民，也把美好的生活还给了居民。

此书自发表以来一直反响强烈，引起国际儿童文学界的极大兴趣，被迅速译介，全世界许多儿童都读过这部哲理意味和儿童情趣高度统一的名作。人们乐于接受此书“童真、幼稚”包含着“纯洁、善良”的道德理想和“人道主义必将胜利”的审美思想。德国一位文学评论家说，恩德“这类‘童话式小说’并不完全针对儿童，而是针对每个具有童心的人所写……恩德书中真实与幻想的世界、童话式的人物，以及充满臆想的描述足以构成所谓的‘现代的神话’”。

《毛毛》是一个流畅易读的童话故事，更是现代人诠释时间的最佳读物，是一本对现代物质社会进行尖锐批判的奇书。书中表达了对人类的无限挚爱，对人性回归的强烈渴望，是一本能同时感动大人和孩子的幻想文学的经典之作。读完这个故事，会令人幡然醒悟，审视自己的生活。

在现代社会，人们高喊着“时间就是效率，时间就是金钱”，把大把的时间投入到无休止的工作中，忽略了人与人之间的温情。作者只是借用童话的形式，讲述了一件真实的寓言，只要把毛毛、时间老人、灰先生看做每个人内心中的人物就行了。作者想告诉读者的是，时间并不会像书中描述的那样消失，他指的时间被偷窃的意思是时间被很多人用在毫无意义的事情上去了。他警示人们，赚钱是为了活着，但活着是为了赚钱就没有意义了，应该拿出更多的时间去陪伴家人，去和朋友交流沟通。作者是在对处于日益物化的世界中的我们进行善意的提醒，无论如何，人和人的情感交流才是最重要的，物质上的满足只能是过眼即空。

先睹为快

灰先生们一动不动地站着，像平时一样，每人头上戴一顶硬邦邦的圆礼帽，手里拿着公文包，嘴上叼着一支细长的雪茄。这种烟产生的雾和别的雾不一样，不消不散。那里没有一丝微风，在那玻璃般透明的空气中，那种变得像蜘蛛网一般轻柔的烟幕飘动着，从街上升起，在白色楼房的前面慢慢地上升，组成一条长长的烟柱，忽而又变成讨厌的蓝绿色雾团，缓缓地上升，一团比一团高，在无处楼的周围形成了一堵不断升高的屏障。

……

毛毛不知所措地凝视着侯拉师傅。她轻轻地问：“这是一种什么样的病呢?”

“得了这种病，起初还看不出什么。但有一天，他会忽然犯懒，什么都不想干，对一切都失去兴趣，心中变成一片荒漠。这种厌世情绪不但不消失，而且长期存在，慢慢地与日俱增。日复一日、周复一周，越来越严重。他会感到自己的情绪变得越来越忧郁，内心也越来越空虚，对自己、对世界都越来越不满意。然后，连这种感觉也渐渐地消失，变得麻木不仁，什么都感觉不到了。他会变得完全心灰意懒，对什么都不在乎，整个世界从此变得陌生了，觉得任何事情都与自己无关。他不再愤怒，也不再有热情，不再感到快乐，也不再感到悲哀，不再会笑，也不再会哭。那时候，他的心将变得冰冷，不再爱人，也不再爱任何事物。如果一个人病到了那种地步，那他的病也就完全不可救药了。那就再也无法挽回了。那时候，他会来去匆匆，脸上老是冷冰冰的，毫无表情，就会变得像灰先生们一模一样。是的，到了那时候，他就会变成灰先生当中的一员。这种病就叫作：百无聊赖。”

延展阅读

《小纽扣杰姆和火车司机卢卡斯》

本书是恩德的成名作。故事讲述的是一个只有四个人的卢默尔国小岛，这个国家小得离谱，它的宽度只有两间房子大小，有一座山、几条环山路及一条弯弯曲曲的铁路、一个小小的火车站、一栋房子、一家店铺和一座城堡。生活在那里的四个不同身份的人分别是：十一点三刻阿尔方斯国王、火车司机卢卡斯、店主瓦斯太太和很有学问的埃梅尔先生。突然有一天，他们收到了一个来历不明的包裹，里面是一个黑皮肤婴儿，从此，卢默尔国的平静生活被打破了。就因为发生了这件事，故事也就开始了……

《尼尔斯骑鹅旅行记》

〔瑞典〕塞尔玛·拉格洛夫　著

奇妙的构思、生动的文笔、精彩的内容使得本书不仅是一部极富教育意义的优秀儿童读物，也是成年人爱不释手的世界文学名著。

关于作者

塞尔玛·拉格洛夫（1858—1940），一位创造多项前无古人奇迹的瑞典作家：第一位获得诺贝尔文学奖的女性，第一位获得诺贝尔文学奖的瑞典作家，第一位也是截至目前仅有的一位凭借一部长篇童话就获得诺贝尔文学奖的作家，第一位瑞典学院中的女院士（1914 年入选）……

获得如此荣耀的作家却有着坎坷的遭遇，拉格洛夫出生后不久左脚就不幸残废，几年后两只脚完全麻痹不能行动（后来尽管她的双腿经过多次治疗后痊愈，但仍不是很灵便），因此她少年时期的大部分时间都是坐在轮椅上听祖母讲各种民间传说和故事。这些故事和传说对她走上创作道路产生了很大的影响，激励她长大后要成为一名作家。

1885 年从斯德哥尔摩女子师范学校毕业后，拉格洛夫到一座小城里当了十年的中学地理教师。在任教期间，她开始文学创作。她的文笔十分优美，善于把幻想与现实融为一体，作品富有诗意，成为瑞典 19 世纪 90 年代浪漫派文学的代表。她创作了许多优秀的小说，如描写

19 世纪 20 年代寄居在乡村地主庄园的一群食客的《古斯泰·贝林的故事》、以意大利现实生活为题材的《假基督的奇迹》、描述瑞典达拉那省农民去圣地朝拜的《耶路撒冷》（该书使她成为瑞典最为优秀的小说家）、自传体小说《莫尔巴卡》《一个孩子的回忆》《日记》，以及代表作长篇童话《尼尔斯骑鹅旅行记》。她凭借《尼尔斯骑鹅旅行记》于 1909 年获诺贝尔文学奖，获奖的理由是“她作品中特有的高贵的理想主义、丰饶的想象力、平易而优美的风格”。

鉴于拉格洛夫的巨大成就，1914 年瑞典皇家学会将她选为会员。现在，瑞典最重要的儿童文学奖，就是用拉格洛夫童话作品中的主人公“尼尔斯”的名字命名的。此外，挪威、芬兰、比利时和法国等国家也把本国的最高勋章授予她，使她赢得了与丹麦童话作家安徒生齐名的声誉。从 1991 年开始，她的肖像出现在瑞典货币 20 克朗钞票上。

拉格洛夫深爱着自己的国家。第二次世界大战爆发后，拉格洛夫把自己的诺贝尔奖章送给政府，并为保卫祖国而筹款。就在去世前不久，这位女作家还凭借她个人的影响力，通过瑞典皇室与德国纳粹政权交涉，从集中营里救出了一位犹太女作家及她的母亲。这位女作家就是 1966 年获得诺贝尔文学奖的奈莉·萨克斯女士。

荐读理由

《尼尔斯骑鹅旅行记》是拉格洛夫众多作品中唯一为少年儿童创作的长篇童话。20 世纪初期，当时已是知名作家的拉格洛夫已经快 50 岁了，一位小学校长请求她写一本适合孩子们读的学校地理教育读物。为了创作这部作品，拉格洛夫投入了绝大部分的时间和精力，为写这本“富有效益、严肃认真和没有一句假话的书”做了大量的前期工作。她拖着残疾的双腿，忍受着巨大的痛苦，跋山涉水，在全国进行实地考察，了解当地的地理地貌、风土人情、动植物资料，收集当地的民间神话传说。通过不懈努力，她终于完成了举世闻名的童话小说《尼尔斯骑鹅旅行记》的创作。这部作品故事情节曲折动人，将童话世界和现实生活有机地结合在一起，用生动活泼的语言介绍了瑞典的历史文物、自然风光，深受瑞典乃至世界各地一代又一代小读者的喜爱，成为世界儿童文学艺术宝库中的珍品，也给拉格洛夫本人和她的国家带来了世界荣誉。

该童话刻画了一个不爱学习、喜欢恶作剧的顽皮小男孩尼尔斯历险的故事：尼尔斯是瑞典南部乡村的一个14岁男孩，他的父母都是善良、勤劳的普通农民，但尼尔斯生性粗野，非常顽皮，对读书毫无兴趣，专爱恶作剧，捉弄小动物。一天，父母上教堂去了，把尼尔斯一个人留在家里。这个顽皮的男孩闲着无聊，开始欺负一个小精灵，结果反被小精灵施了魔法，变成了一个能听懂动物语言的拇指大的小人儿，而且这时，一群大雁从空中飞过，家里的一只名叫莫顿的雄鹅想跟随大雁一起飞翔，尼尔斯为了不让它飞走，紧紧抱住它的脖子，不料被鹅带上了高空。他骑在鹅背上，跟随大雁走南闯北，周游各地，从南方一直飞到最北部的拉普兰省……历时一年才返回家乡。

在这次奇异的旅行中，尼尔斯饱览了祖国的大好河山，增长了许多见识，沿途结识了许多朋友，听到了许多故事和传说，也经历了种种危险和磨难，从旅伴和其他动物身上学到了不少优点，懂得了什么是善、什么是恶，学会了同情和爱。在旅途中尼尔斯逐步改正了淘气调皮的缺点，用行动证明了自己悔过改正的决心。由于尼尔斯的心地变得善良了，当他重返家乡时，不仅恢复了原形，而且变成了一个善良勇敢、乐于助人、富于责任感且勤快的大男孩。

综观此书，作者想象力极其丰富，把人类世界发生的事情搬到动植物世界中，使整部作品情节生动，富有浪漫色彩，充满生活气息。她在书中运用形象而生动的比喻，穿插了大量的本土童话、传说和民间故事，有的是为了向读者叙述历史事实，有的是为了讲述地形地貌，有的是为了介绍动植物的生活和生长规律，有的则是为了赞扬扶助弱者的优良品德，歌颂善良战胜邪恶，纯真的爱战胜自私、冷酷和残暴。奇妙的构思、生动的文笔、精彩的内容使得本书不仅是一部极富教育意义的优秀儿童读物，也是成年人爱不释手的世界文学名篇。

先睹为快

有一天大清早，露宿在湖面的浮冰上的大雁们被来自半空中的大声喧哗所惊醒，“呱呱，呱呱，呱呱”，叫声在空中回荡。“大鹤特里亚努特要我们向大雁阿卡致敬。明天在库拉山举行鹤之舞表演大会，欢迎诸位光临！”

大雁们听到这个消息非常高兴。“你真是好运气，”他们对白雄鹅说道，“竟然可以亲眼看到鹤之舞表演大会了。”

“看鹤跳跳舞有那么不得了吗？”白雄鹅不解地问道。

“哦，这是你做梦也难想得出来的呀。”大雁们回答说。

库拉山并不高，峰峦低矮而地形狭长，它朝大海之中突兀地伸展得很远很远。自古以来，各种动物每年都要在这里举行一次游艺大会。他们都分别按族类聚在一起。任何一只动物都用不着担心会遭到袭击。在这一天里，一只幼山兔可以大模大样地走到狐狸聚集的山丘而照样平安无事，不会被咬掉一只耳朵。

男孩子举目四顾，目光从这个山丘转向那个山丘。他看到，在一个山丘上全是七枝八杈的马鹿头上的角，而在另一个山丘上则挤满了苍鹭的脖颈。狐狸围聚的那个山丘是火红色的，海鸟密集的山丘是黑白两色相间的。

游艺大会开始了。红嘴松鸡鼓起了羽毛，垂下了翅膀，还翘起了尾巴，这样，贴身的雪白羽绒也让大家看得清楚了。随后他便闭起双目，悄声细气地叫道：“嘻嘻！嘻嘻！嘻嘻！多么好听啊！嘻嘻！嘻嘻！”几百只松鸡放开喉咙啼鸣不止，血液开始猛烈冲动和滚热发烫起来。“冬天的严寒总算熬过去啦！”各种动物都在心里呼喊着，“春天的野火正在燃遍整个大地。”

黑琴鸟也不甘示弱，他们出来齐声歌唱。正当黑琴鸟和红嘴松鸡的较量如火如荼地进行的时候，一件非常不得了的意外事情发生了。有一只狐狸趁所有动物都在聚精会神地欣赏黑琴鸟和松鸡歌唱的机会，偷偷地溜到大雁们聚集的山丘。

延展阅读

《婚变》

本书是拉格洛夫的一部中篇小说集，也是一部神话故事集，包含了 9 个短篇小说和 2 个中篇小说。作品深深根植于瑞典民间传说、逸事、历史事件，以及瑞典社会的现实生活，偏离于当时占主导地位的现实主义文学潮流，而以浪漫和虚构的方式来讲述瑞典北部的自然环境以及乡下人的生活。

《长袜子皮皮》

〔瑞典〕阿斯特丽德·林格伦　著

皮皮的童年是快乐、幸福、充满自信的童年，她具备所有让儿童着迷的东西：不用上学、远离父母、力大无穷、糖果遍地、零钱无限……

关于作者

在2010年上海世博会上，瑞典馆的主题是“创意之光”，该国家喻户晓的童话人物“长袜子皮皮”作为展馆导游之一，会带领参观者进行一段充满乐趣的创意之旅，共同探索来自瑞典的“创意之光”。瑞典馆表示，皮皮是代表瑞典创新精神的最佳形象，创新精神的实质就在于要像皮皮那样不畏惧失败，敢于尝试。瑞典馆外的儿童游戏区就是根据童话中皮皮的家来建造的，充满童话色彩的游乐设施吸引了众多的小朋友来此游玩。

皮皮是被誉为“童话外婆”的瑞典著名儿童文学大师阿斯特丽德·林格伦（1907—2002）女士创作的享誉世界的童话作品《长袜子皮皮》里的主人公。在中国，对当代儿童文学影响最大的外国作家，除了丹麦的安徒生，就数瑞典的林格伦了。林格伦出生于瑞典南部城镇维默比，曾是一位单身母亲，在成名之前经历过一段艰难的岁月。

林格伦在瑞典的声望非常高，1957年她获瑞典“高级文学标准作家”国家奖，1958年获“安徒生金质奖章”，1971年获瑞典文学院

“金质大奖章”。瑞典文学院一位院士在授奖仪式上说：“尊敬的夫人，在目前从事文艺活动的瑞典人中，大概除了英格玛·伯格曼（世界著名导演——编者注）之外，没有一个人像您那样蜚声世界。”在这个国家，有以她的名字命名的学校，有以她的名字命名的文学奖，有政府为她树立的塑像，还有两所大学设立了林格伦荣誉博士学位。她受到上至国王、公主、王子，下至普通百姓的爱戴。她的讲话可以直接影响社会舆论的发展方向……这一切荣誉都源于《长袜子皮皮》。

像许多著名的儿童文学作品一样，林格伦创作《长袜子皮皮》的缘由很简单：她要给患病的女儿卡琳讲故事。皮皮的名字是女儿顺口说出来的，这个力大无穷、无拘无束、喜欢冒险的小女孩不仅有一只脚穿黑袜子、一只脚穿棕袜子的奇怪嗜好，而且有一个冗长奇怪的全名：皮皮露达·维多利亚·鲁尔加迪娅·克鲁斯蒙达·埃弗拉伊姆·长袜子。

1944年，林格伦在女儿10岁的时候把自己当年讲给女儿听的皮皮的故事写了出来，作为赠给女儿的生日礼物。1945年，林格伦将它作了些修改后参加一家出版公司举办的儿童书籍比赛，获得一等奖。该书取名《长袜子皮皮》出版，并且获得巨大成功，成为瑞典60多年来最受欢迎的儿童故事。林格伦共写了三本关于皮皮的书，均多次再版，成为瑞典有史以来儿童书籍中最畅销的作品。目前该系列丛书已被译成30多种文字，总发行量超过1000万册。

林格伦的童话代表作还有《小飞人卡尔松》《米欧，我的米欧》《狮心兄弟》《绿林女儿》《淘气包埃米尔》等，她为孩子们写了87部文学作品。她的作品被译为80多种文字在全世界广为发行，发行量已经超过1.3亿册，不少作品还被改编成电影和电视剧。多年以来，林格伦的主要作品被陆续译成了中文，成为无数小读者心目中的宝书，也成为无数成年人难忘的阅读记忆。

荐读理由

《长袜子皮皮》于1945年出版，这部作品的问世标志着世纪儿童的诞生。

书中的主人公皮皮是个奇怪而有趣的小姑娘。她满头红发，脸上布满了雀斑，长着大大的嘴巴，牙齿整齐洁白，小辫子翘向两边。她脚上穿的长袜子，一只是棕色的，另一只却是黑色的。她的鞋子比她的脚大一倍。她力大无比，能轻而易举地把一匹马、一头牛举过头顶，能降服倔强的公牛和食人的大鲨鱼，对付那些身强力壮的小偷和强盗更是绰绰有余。她有取之不尽的金币，常用它买糖果和玩具分送给孩子们。她十分善良，对人热情、体贴入微。她好开玩笑、喜欢冒险，很淘气，常想出许许多多奇妙的鬼主意，创造了一个又一个的奇迹……

可以说，《长袜子皮皮》中具备所有让儿童着迷的东西：不用上学、远离父母、力大无穷、糖果遍地、零钱无限……皮皮做的都是她同龄的孩子不敢做的事情：撒谎、抗拒大人的威严。她是社会规则的捣乱者，她献给初识的小伙伴杜米和阿妮卡的见面礼是一顿暴打。这样一个传统意义上的“坏”女孩形象确实是对传统儿童文学叙事的一个颠覆，小说出版后一度在瑞典引起一场关于教育的讨论。

当时第二次世界大战刚刚结束，人们对纳粹和法西斯在青年当中推行的绝对权威和盲从的教育进行了深刻的反思，也对瑞典本国古老的专制主义的教育方法提出了疑问。报刊上广泛争论着自由教育学、体罚、有保障的家庭环境、儿童阅读以及战争与危机对儿童的影响等。很多人提出，对儿童进行严厉无条件服从的教育会使儿童产生压抑和自卑感。关于长袜子皮皮的辩论进行了好几年。人们渐渐认同，皮皮这一形象是儿童被压抑着的最狂野的幻想的化身，体现了儿童的自主、力量、自由和快乐的梦想。“长袜子皮皮这个人物形象在某种程度上把儿童和儿童文学从传统、迷信权威和道德主义中解放出来……皮皮变成了自由人类的象征。”与“永远长不大”的彼得·潘相比，长袜子皮皮走得更远，她是一个“不需要长大”的、完美的、具有独立人格的人。

现在，越来越多的人相信，一个快乐、幸福、充满自信的童年，是一个人获得健康成熟发展的保证，而像《长袜子皮皮》和与它类似的那些让孩子们获得无尽快乐的精神食粮，是美好童年生活的重要组成部分。

先睹为快

这时一个警察又说，皮皮不要以为她可以为所欲为，她必须得去儿童之家，现在就得去。他走过去抓皮皮的手。但是皮皮很快躲过去，她轻轻地拍了一下这个警察说：“拍！”警察还没来得及眨眼，她早跳到前廊的栏杆上去了。没一会儿工夫，她就跑到前廊上面的阳台上去了。两个警察不愿意按相同的路线爬上去，因此他们跑进房子，冲上二楼。谁知他们刚刚到达阳台上，皮皮早已爬到房顶的半路上了。她在房顶的瓦上爬着，就像一只猴子，转眼就到了屋脊，轻轻一跳，上了烟囱。下边阳台上两个警察站着直搔头，杜米和阿妮卡站在草地上仰起头看着皮皮。

“玩拍人的游戏太有意思了，”皮皮喊道，“你们到这里来真好。很清楚，今天又是我愉快的一天。”

警察想了一会儿以后，搬来一个梯子立在山墙上，他们一前一后地爬上房去抓皮皮。但是当他们在屋脊上朝皮皮爬过去的时候，他们显得很害怕。

“别害怕，”皮皮喊着，“一点儿也不危险。真是太有意思了。”

当警察离皮皮还有两步远的时候，皮皮从烟囱上直接跳下来，又叫又笑沿着屋脊朝另一面的山墙跑去。离房一两米远的地方有一棵树。

“现在我要跳啦！”皮皮喊着跳到了绿色的树冠上，抓住一根树枝荡来荡去，过了一会儿才落到地上。随后她跑到另一面山墙跟前，把梯子搬走了。

皮皮跳下去的时候，警察有些失望，可是他们晃晃悠悠从屋脊上往回爬，想从梯子上爬下来时，不料皮皮搬走了梯子，这下他们更加失望了，也真的生了气，朝下面看他们出洋相的皮皮喊道，她必须把梯子放好，否则就等着瞧吧。

“你们为什么生这么大的气？”皮皮用责备的口气说，“我们在玩拍人的游戏，大家都是朋友嘛！”

两个警察想了一会儿，最后其中一个尴尬地说：

“喂，你能不能客气一点，把梯子放回，好让我们下去？”

“当然行，”皮皮说，她马上把梯子放回原处，“下来我们喝点咖啡，一块儿玩一会儿。”

可是警察说话根本不算数，一到地上就朝皮皮冲去，大声喊道：

“你这个讨厌的小东西，非给你点颜色看看不可！”

这时皮皮说道：

“不玩了，我没有时间再玩啦。尽管我觉得这个游戏很有趣。”

说着她用力抓住两个警察的皮带把他们举了起来，她穿过院子里的甬道走出大门到了马路上，然后把他们放在地上。过了很久，两个警察才缓过劲来。

延展阅读

作者还有下列精品：

《小飞人卡尔松》

小飞人卡尔松在一个偶然的机会飞进了小弟的房间，从此进入了小弟的中产阶级家庭生活。极富个性、爱说大话、自私自利、不诚实还喜欢翻人东西的卡尔松总是不停地给小弟惹麻烦，尽管这样，小弟还是很喜欢他。这一对小朋友始终过着开心的生活。

《狮心兄弟》

本书描写的是善与恶的矛盾。故事中有一对兄弟，哥哥约拿旦为了安慰自己病重的弟弟卡尔（昵称斯科尔班），对他描述了一个叫作“南极亚拉”的地方，在那里，所有死去的人都重新相聚在一起。后来，为了从大火中救出弟弟，约拿旦在火中丧生，可是卡尔相信哥哥并不是真的离开了自己，而是到了“南极亚拉”。有一天，他真的见到了哥哥，并且和他一起来到了樱桃谷。然而，这里的生活并不像表面那样平静和安乐，不久，兄弟俩就又一次不得不面对战争和死亡的考验……

《绿林女儿》

林格伦在写《绿林女儿》时，已经是 74 岁高龄了，在这之前，她已经有相当多的儿童文学作品为世人广为流传。而《绿林女儿》这本书中的罗妮娅，与之前的长袜子皮皮、小飞人卡尔松生活环境和人物塑造上有很大不同。这本书主要写了绿林首领马堤斯的女儿罗妮娅诞生的时候，马堤斯的世仇、另一位绿林首领波尔卡的儿子毕尔克也来到了这个世界上。他们非常反对父亲们的打斗行为，并结成了同生共死的好朋友。最后，罗妮娅不想再看到马堤斯和波尔卡两个家族之间的打杀，便和好友毕尔克一同离家出走，到马堤斯森林里的洞里过着艰苦的日子。后来，两个父亲受到了罗妮娅和毕尔克的教育，两家握手言和，过上了和平的生活，《绿林女儿》是一部适合小学中高年级自主阅读的作品。

《意大利童话》

〔意〕伊塔洛·卡尔维诺　收集改写

如果说《安徒生童话》《格林童话》给全世界的人们带来了精神上的食粮，《意大利童话》所展示的则是属于意大利口味的独特风格。

关于作者

有人说，阅读卡尔维诺的作品，其实是进行一次旅行。因为在阅读中，从他的一部小说到另一部小说，一个章节到另一个章节，都可以勾画出奇妙的旅行线路。追寻着卡尔维诺的笔端，我们或是走进古朴的童话世界(《意大利童话》)，或是感受祖辈生活的岁月(《我们的祖先》三部曲)，甚而迈入遥远的隐形城市(《看不见的城市》)，也可能闯入神奇的古堡(《命运交叉的城堡》)……总有足够的未知等待着读者去探寻，去发现，去感受这一次次旅行中的快乐。

伊塔洛·卡尔维诺（1923—1985）是意大利当代最具世界性影响的作家。卡尔维诺生于古巴，父亲是个出色的园艺师，母亲是个植物学家。母亲为了让他不忘故乡，特地给他取名伊塔洛（“意大利”的意思)，寄托自己身在异国他乡却对故乡的无限思念。他从父母那里学到了很多自然科学知识，也与大自然和动植物结下了不解之缘，后来踏上了创作道路。就像他在自传中所言：“我双亲所拥有的知识全集中于蔬菜王国，他们关心着其中的奇迹和特征。而我，被另一种蔬菜——

文字所诱惑，没能去学会他们的知识，因此我和人性化的知识总有隔膜。”丰富而别致的童年生活给他后来的文学创作带来了深远的影响，也令他的作品披上了一层奇幻美丽的童话色彩，因而显得更加别具一格。

卡尔维诺的作品独具特色，既具有“寓言式的现实主义色彩”，又是“带有现实主义色彩的寓言”。现实主义的因素和奇异的、魔幻的因素的交替和融合，构成他的小说创作的重要特征。在他的小说中，现实不是以直接的方式，而是通过文化、智力等中介，借助各种艺术手段（嘲讽、奇遇、科幻）来予以展示。了解卡尔维诺成为一种社会风潮，然而有谁可以确切了解他呢？他的作品提出的问题总是多于答案。读者顺着他的思路，便可以实现对小说的解构和重组。

卡尔维诺在创作实践的过程中不断探索和创新，力求以最贴切的方法和形式表现当今社会和现代人的精神，以及他对人生的感悟和信念。而他的作品风格多样，既表现了时代性，又仿佛超越了当时的时代，留给人们无限的遐思。1985 年，卡尔维诺猝然逝世，与当年的诺贝尔文学奖失之交臂，然而他却在世界文坛上更加受瞩目，他的作品受到越来越多人的关注。

荐读理由

《意大利童话》发表于 1956 年，被人誉为“意大利式的格林童话”“世界文学宝库中的瑰宝”，它是卡尔维诺花费两年的心血写成的。卡尔维诺仿佛是一位遨游在童话世界里的人，经历过世事沧桑的他对战后的社会现实和政治感到失望，返回深爱的精神故里，卡尔维诺深信：“童话是真实的”。

《意大利童话》搜集了近 200 篇意大利各地的传统民间故事和童话，根据意大利各地几个世纪以来用各种方言记录的民间故事资料，筛选编写而成。例如《睡女王》所讲述的就是与阿里奥斯托的风格极其相似的故事。这本用现代通用意大利语改写而成的童话书，被认为是适合全体意大利人民阅读并且便于向全世界介绍的“全意大利的童话书”。

在童话的世界里，人们分享着人类共同的文明成果。如果说《格林童话》《安徒生童话》给全世界的人们带来了精神上的食粮，《意大利童话》所展示的则是属于意大利口味的独特风格。书中既讲述了许多流传在意大利民间的优美动人的故事，也向读者展示了那些广泛流传于欧洲各国却带有意大利风格的故事版本。很多人都知道，意大利伟大童话著作的诞生要早于其他国家。然而，这些故事的结集时间却并不早，卡尔维诺觉得这项工作很有必要。他曾说过：“我时常会有这样的感觉：我打开了魔盒，曾经统治着童话世界的逻辑逃了出来，这个遗失的逻辑又重新开始控制世界。”在他的眼中，童话是世间男男女女命运的索引，尤其对于生命中受命运支配的那一部分人而言：从出生那天起，我们的青春就一直带有某种征兆或宿命，于是我们离家出走，设法长大成人，变得成熟起来，以证实为人之道。这本书中，每一则童话末尾的括号中都有一个地方或大区的名字，但这并不表示这则童话就属于这个地方。众所周知，不管到哪里童话都是一样的。卡尔维诺在为《意大利童话》所作的前言中说：“这些罕有的童话应受到珍视，在它们之中既有自我意识，又不排斥命运的安排，既有现实的力量，又能把它完全释放于幻想世界之中。”

感受意大利的独特魅力，不妨先在童话的世界里遨游一番。

先睹为快

有个小伙子突然想要去偷东西，他把这个念头跟妈妈一说，妈妈就说：“你不觉得羞耻吗？你马上去忏悔，听听神父给你的劝告。”

小伙子去忏悔，神父说：“偷窃是罪过，但假如你偷窃的对象是贼，罪孽还不算深。”

于是，小伙子来到森林里，找到了一处贼窝，他敲开门，请贼人收下他做仆从。

贼人说：“我们偷东西，但我们并没有罪，因为我们偷的都是些收苛捐杂税的人。”一天晚上，贼人们出去偷一个收税官的家，小伙子从马厩里挑了最好的骡子，驮了一袋金币溜走了。

他把金币送给妈妈，然后进城去找活干。城里住着一个国王，养了一百只羊，但是没人愿意给他放羊。小伙子去了。国王对他说：“你听着，这里是一百只羊，明天早上你带它们到那边的草场上去放牧，但不要靠近那条小溪，那里有一条大蛇，会把羊吃掉。如果你把羊全给我带回来，我就给你赏钱；但如果你丢了羊，自己又没被蛇吃掉，我就会立即赶你走。”

要去草场，得从王宫的窗户下走过，公主正站在窗前往下边望着。她看见小伙子，顿生爱慕之心，扔给他一块蛋糕。牧羊小伙子一把接住蛋糕，收起来准备牧羊的时候吃。到了草场，他远远看见草丛中有一块白石头，心想：“我正好可以坐在上边吃公主给我的蛋糕。”可是石头在小溪对岸，牧羊小伙子没想太多就跳过小溪，羊群也跟着过来了。

草场上青草茂盛，绵羊都在安静地吃草，小伙子也坐在石头上，吃着蛋糕。突然，他感觉到被石头下的什么东西顶了一下，好像整个世界往下塌陷似的一震。小伙子往四周看看，什么也没有，就继续吃蛋糕。这时从石头下又传来一声更大的响动，牧羊小伙子假装什么也没听到。当第三次震动的时候，从石头下钻出一条长着三个头的蛇，每张嘴都衔着一朵玫瑰，三只头一齐朝着牧羊小伙子伸过来，好像要把玫瑰送给他。小伙子正要伸手去接玫瑰，蛇却张开三张嘴向他猛扑过来，它只消每张嘴咬一口就能把小伙子一下子吃了。好在牧羊小伙子比它更敏捷，他用手里的牧羊棍照每个蛇头上猛力一击，巨蛇被打死了。

（摘自《三个城堡》，马箭飞等译）

延展阅读

《看不见的城市》

这是卡尔维诺作品中很有意思的一部。讲述了威尼斯爱好幻想的旅行家马可·波罗和鞑靼国年迈忧郁的统治者忽必烈汗进行的一次对话。在马可·波罗的回忆中，可汗看到了其经过的城市的景象，那些城市都有着诱人的女性的名字。华丽的城市延展着思维，时空的穿越也带给读者不同的感受……我们在卡尔维诺制造的幻象里穿梭于中世纪与现代世界交会的神奇。“形式的清单是永无穷尽的：只要每种形式还没有找到自己的一座城市，新的城市就会不断地产生。一旦各种形式穷尽了它们的变化，孤立出来，城市的末日就开始了。”

《法国古童话》

塞居尔伯爵夫人是法国儿童小说的开创者，是法国家喻户晓的儿童文学作家。其作品情节生动，富于幽默感，充满绚丽的幻想，广为全世界孩子们所喜爱，近两百年来不断再版，成为人类文化遗产的瑰宝。

《假话国历险记》

（意）罗大里　著

阅读这部童话，能够让我们体味到真实与善良的可贵。

关于作者

姜·罗大里（1920—1980），在我国也被译作詹尼·罗大里、姜尼·罗大里，著名的意大利诗人和儿童文学家，1970 年国际安徒生儿童文学奖获得者。

罗大里当过小学老师，第二次世界大战期间参加过反法西斯斗争，战后长期担任记者和儿童副刊的编辑，办过儿童杂志。他非常了解儿童，有着丰富的生活经验。1950 年他开始在《少先队员》周刊连载长篇童话《洋葱头历险记》，引起社会很大反响。此后 20 多年又出版了长篇童话《蓝箭号列车旅行记》《假话国历险记》《电话里讲的故事》《天上的蛋糕》《圣诞树星球》《电视里的吉普》，童话集《21 加 1 个童话》《有 3 个结尾的童话》，儿童小说《3 个小流浪儿》，儿童诗《童谣儿歌集》《天上和地上的童谣》等。其中，创作于 1958 年的《假话国历险记》是罗大里的代表作。

罗大里是一位天才的童话家！他想象力丰富，现实生活中任何内容皆可被他神奇化、童话化，或俗或雅，或恶或善，或诘或谐，均不受羁绊；语言随心所欲，挥洒自如，丝毫没有给人拿架子搞创作之感，有着天然的亲和力，孩子们可以没有障碍地进入他语言叙述的节奏。这是罗大里童话最显著的一面。

荐读理由

《假话国历险记》讲的是海盗贾科蒙内为了掩盖自己的强盗历史，用武力建立了独裁专制的假话国。为了不让人们了解他们的底细，他下令修改字典。这下整个国家都乱了套，人人都得说假话，比如面包要说成是墨水，早上好要说成是晚上好，同样晚上好就得说成是早上好，橡皮指的是干酪，猫必须像狗那样汪汪叫，而狗却大喊喵喵。否则就会被抓进疯人院。于是正直、善良、美好都被压制了。后来代表被压迫人民的大嗓门小茉莉、瘸腿猫、玉米大娘、画家小香蕉等不甘沉默，说出真相，号召人们推翻了贾科蒙内的独裁统治。这样一种矛盾尖锐、冲突剧烈的社会生活内容，在天才童话家罗大里的笔下，竟酿成了十分醇美醉人的童话烈酒，陶醉了孩子们。丝毫没有孩童所讨厌的宣传说教意味。

这部童话的情节十分引人入胜，故事常常是一波未平，一波又起。故事情节的发展也是一环扣一环，十分紧凑。在故事发展的过程中，有时是单独交代不同人物各自的经历，有时又运用倒叙的手法来进行必要的背景交代。但最终这些分散的情节、线索都能汇总到一起，因而整个故事是有机统一的整体，丝毫不会有情节支离破碎、拖沓的感觉。作品中所有的线索都被安排得井井有条，这种统筹兼顾的本领着实令人钦佩。

罗大里主张孩子们应当笑着学习，在笑声中明白事理。这部童话的语言十分简洁明快，作品中运用大量的对话，拉近了读者与作品的距离，更增加了亲切感。

在《假话国历险记》中，罗大里为我们虚构了一个充斥着谎言的国家，但爱与真实、善良与正义永远都不会消失。无论假话、虚伪、丑恶的势力有多么强大，最终都会被真实与善良所打败。阅读这部童话，能够让我们体味到真实与善良的可贵。

先睹为快

小茉莉来到这个陌生国家，看见的第一样东西就是一个银币。它在众目睽睽之下，在地上靠人行道的地方闪闪发光。

小茉莉心里想："奇怪，有银币没人捡。没说的，它可逃不出我的手心啦。我那点钱昨天晚上就用完了。今天我一点东西也没进过嘴。可我还是先得问一问，是不是哪位过路人把它丢了。"

他走近一堆正在嘁嘁喳喳说话的人，看看他们，把这个银币拿给他们看看。

"先生们，你们是不是有谁丢了这个银币？"他压低嗓子问，省得自己的嗓子叫他们吃惊。

"走开，"他们回答说，"要想不倒霉，就少给人看这种硬币！"

"对不起，"小茉莉摸不着头脑，咕哝着说。他向一家铺子走过去，铺子的招牌真诱人，上面写着"食品杂货店"几个大字。

可是橱窗里摆的不是火腿和罐头果酱，却陈列着一堆堆本子、一盒盒颜料，还有一瓶瓶墨水。

"这些大概就是杂货吧。"小茉莉说着，毫不迟疑地走进铺子。

"晚上好。"店老板殷勤地招呼他。

小茉莉心里想："说真的，我甚至还没听见中午敲钟呢。算了，别管这个。"

他照旧轻声轻气，几乎是嘁嘁喳喳地问话，可这声音对于正常人的耳朵来说还是太响了。

“我能买点面包吗?”

“请买吧，亲爱的先生。您要买多少？一瓶还是两瓶？红的还是黑的?”

“不要黑的，”小荣莉回答说，“怎么，您当真把面包装在瓶子里卖吗?”

店老板哈哈大笑。

“您要我们怎么卖呢？难道贵国是把面包切成一块一块卖的吗？不，您倒瞧瞧我们的面包多好!”他说着指指架子，那上面各种颜色的墨水摆得比排着队的士兵还整齐。

再说，整个铺子里吃的东西连一点影子也没有：甚至没有一点干酪皮，也没有一点苹果皮。

小茉莉想：“他不是疯了吧？恐怕还是别跟他拌嘴好。”

“的确不错，是呱呱叫的面包。”小亲莉附和着，指指一瓶红墨水，想听听店老板怎么回答他。

“哦，要这个?”店老板说。他听到小茉莉这样称赞他的商品，满脸红光。

“不错，这是最好的绿面包。”

“绿的?”

“嗯，还用说！对不起，也许您眼睛不行吧?”小茉莉肯定面前是一瓶红墨水。

他已经打算找个借口三十六着溜为上着，另外找个脑子更清楚的店老板，一下子闪出了个好主意。

“我想，”小茉莉说，“我还是等会儿再买面包，请您先给我指点一家卖高级墨水的铺子，可以吗?”

“当然可以。”店老板还是老样子，脸上带着那种殷勤的微笑回答说。

“您瞧，对门就是全市最有名的文具店。”

对过那家铺子的橱窗真吊人胃口，陈列着各色各样的面包、蛋糕、点心、通心面，还有堆积如山的干酪，吊着的大小香肠。

“我就想到嘛，这店老板疯了，”小茉莉心里断定，“他把面包叫作墨水，把墨水叫作面包。八成是这么回事。”

他走进对门的铺子，要半公斤面包。

“面包?”售货员彬彬有礼地反问，“您看来搞错啦。面包在对门那家铺子卖，我们这里只卖文具。”

他自豪地比画了个大圆，把所有好吃的东西圈在里面。

“现在我懂了，”小茉莉心里拿定了主意，“在这个国家里得颠倒着说话。你把面包叫作面包，他们就听不懂。”

“给我半公斤墨水。”他对售货员说。

售货员给他称了半公斤面包，规矩倒跟到处一样，用纸把它包起来，递给小茉莉。

“我还想要点儿这个。”小茉莉补一句，指了指那堆干酪，不敢叫出来。

“要点儿橡皮?”售货员问。“请等一等，先生。”

他切了一大块干酪，称了称，也用纸包了起来。

小茉莉轻松地呼了口气，把刚捡到的那个银币扔在柜台上。

售货员弯下腰，把它反复看了几分钟，在柜台上扔了两扔，听听它的声音，然后用放大镜再仔细看看，甚至用牙咬了咬。最后他不高兴地把银币还给小茉莉，冷冷地说：“很抱歉，年轻人，您这个银币是真的。”

“那再好没有了。”小茉莉放心地笑笑。

“不对！我再跟您说一遍，这个银币是真的，我不能收。去您的吧。年轻人，现在我不打算出去叫警察，您可该满意了。难道您不知道，使用真币要上哪儿去吗？上监狱啊!”

“可我……”

“您别提高嗓门，我不是聋子。去吧去吧，去弄个伪币回来，我再把货物给您。瞧，我连包也不打开。它们放在一边等您，好吗？晚安。”

延展阅读

《豆蔻镇的居民和强盗》

本书作者埃格纳是挪威当代的童话家，并享有世界声誉，他的作品已被译成40多种文字。本书是他的代表作。豆蔻镇是个童话世界，人们善良，富于同情，乐于助人，生活得愉快而幸福。美中不足的是，这里还有三个强盗，好吃懒做，不守纪律，不讲卫生，最卑劣的是他们以偷窃为生。但在他们被逮捕拘留后，镇上的人们像亲人、朋友那样对待他们，使他们受了感动。一次，镇上的塔楼失火，他们爬塔救火立了功。后来人们又按照他们各人的特长，为他们安排了正当的职业。从此豆蔻镇的生活就更加安乐了。故事生动有趣，富于想象，充满了对生活和周围人们的热爱，它能感染读者做一个高尚的人，并设法帮助那些有缺点和犯了错误的人。

《彼得·潘》

〔英〕巴里　著

尽管儿童文学的创作历史久远，但从《彼得·潘》开始，出版商才真正意识到儿童读者的巨大潜力，儿童文学从此成为流行书刊中的重要门类。

关于作者

英国著名作家巴里（1860—1937）出身于工人家庭，大学毕业后在伦敦从事新闻采编工作，并开始创作小说，以轻松幽默和温情的笔调描述苏格兰农村的风土人情。1897年，他把他的畅销作品、长篇小说《小牧师》改编成剧本上演并获得了成功，于是他把主要精力投入到了戏剧创作中，他的主要成就也体现在戏剧创作方面。1928年巴里当选为英国作家协会主席，1930年受聘为爱丁堡大学名誉校长。

《彼得·潘》是巴里最著名的一部童话剧和童话故事。巴里来到伦敦工作后，每天上下班路过公园时都会看见一群孩子在草地上玩耍。孩子们用树枝盖小房子，用泥土做各式各样的点心，扮演童话中的各种人物，玩得不亦乐乎。巴里被他们的游戏所吸引，也加入到其中。这些顽皮可爱的孩子后来都成了这位作家童话故事中的人物，出现在了童话剧《彼得·潘》中。

童话剧《彼得·潘》于1904年12月27日在伦敦公演，引起了巨大轰动，观众们都为其精彩的情节所倾倒，纷纷陶醉在前所未有的奇幻和畅想中。从此，每年这一天伦敦都要上演此剧。永远长不大的彼得·潘成为家喻户晓的童话人物。后来，巴里把它改写成了童话故事，迅速被译成多种文字传到国外。以童话人物彼得·潘的故事为内容的图画故事、纪念册、版画、邮票风行欧美各国，每年圣诞节，西方许多国家都在电视上播放这个节目，作为献给孩子们的礼物。后来，人们把成年人不愿面对社会的激烈竞争，生活在自己的幻想中，拒绝长大的心理状态称为“彼得·潘综合症”。

此外，值得一提的是巴里为儿童文学的地位作出的杰出贡献。尽管儿童文学的创作历史久远，但从《彼得·潘》开始，出版商才真正意识到儿童读者的巨大潜力，儿童文学从此成为流行书刊中的重要门类。

荐读理由

本书讲述了永远长不大的孩子彼得·潘和永无岛的故事。作者将荒诞幻想、神仙故事、惊险情节，运用性格刻画、心理描写、讽刺和幽默等多种手段糅合在一个小小的故事里。它既像一场令人眼花缭乱的马戏，又像一首狂想曲，给读者以强烈的震撼力。彼得·潘——这个不肯长大的男孩，已经成为西方世界人尽皆知的人物，象征着永恒的童年和永无止境的探险精神。

永无岛是一个神奇的海岛，那里有茂密的森林、清澈的湖泊、美丽的仙女，祥和、富饶。生活在海岛上的彼得·潘是个勇敢善战的小男孩，他会飞，而且懂得魔法，敢与坏人斗争。他到处飞来飞去，有一天晚上忽然飞到一间房子的窗台上，看见了里面可爱的小女孩——温迪。温迪和她的兄弟们对永无岛非常好奇，于是彼得使用魔法带着他们飞到了永无岛。永无岛太漂亮了，温迪姐弟和彼得及许多小伙伴在这里过着无忧无虑而又冒险刺激的生活。他们学会了飞行，在永无岛上盖了房子、开舞会、去环礁湖、消灭海盗等等，玩得十分开心。在离开时，彼得答应温迪过些天再叫她一起来永无岛做游戏。温迪回家之后，一直等着彼得来接她，但是很多日子过去了，健忘的小彼得再也没有来过。许多年过去了，忽然有一天小彼得想起了和温迪的约定，赶到温迪家里，看见了温迪的女儿，以为那就是温迪，于是常常带着她去永无岛玩。一天晚上，小彼得和温迪的女儿正在玩的时候，温迪出现了。小彼得吓了一跳，他怎么也不相信温迪会变成一个那样高大的女人，他以为人类和他一样是永远年轻、永远不会长大的。从此以后，小彼得回到永无岛依旧过着他无忧无虑的美好生活，而孩子们依然在梦里执着地等着他的到来。

《彼得·潘》之所以赢得了各国大小读者的欢心，原因在于巴里在这部幻想作品中创造了一个十分诱人的童话世界——永无岛。作家极力渲染永无岛上儿童式的欢乐。岛上有孩子们早就从童话故事中熟知的仙女、海盗、红人、美人鱼，有那个用蘑菇当烟囱的地下之家，他们的生活快乐无忧。彼得与海盗、海盗与红人之间的“大战”，鲜明地烙着儿童打仗游戏的印迹。巴里正是通过奇妙的永无岛和不肯长大的男孩彼得·潘这样的童话形象，深情地告诉人们：童年是人生中最美的乐章；珍惜可贵的童年时代，让孩子们尽情地享受那仅仅属于他们的欢乐。时至今日，彼得·潘的故事依然在提醒世人，不管世事如何变幻，都要保留一颗未泯的童心。

先睹为快

达林先生和太太走了以后，有一会儿工夫，三个孩子床边的夜灯还是继续点得很明亮。那是三盏顶好顶好的小夜灯，我们巴不得它们都醒着看见彼得。可是温迪的灯眨了一下眼睛，打了一个大大的哈欠，惹得那两盏也打起哈欠来，嘴还没来得及闭上，三盏灯都灭了。

这时候，房里又有了一个光，比夜灯亮一千倍。就在我们说话的这当儿，那亮光找遍了育儿室所有的抽屉，寻找彼得的影子，它在衣柜里乱搜，把每一个衣袋都翻转过来。其实它并不是一个亮光，只因为它飞来飞去，飞得特快，才成了一道亮光。可是它只要停下来一秒钟，你就可以看见它是一位仙女，还不及你的手掌长，不过它还在往大里长。她是一个女孩，名字叫作叮叮铃，身上精精致致地裹着一片干树叶，领口裁成方的，裁得很低，恰到好处地显露出她身段的优美。她些微有点发福。

仙女进来之后，过了一会儿，窗子就被小星星的气息吹开了，彼得跳了进来。他带着叮叮铃飞了一段路程，所以他手上还沾着许多仙尘。他弄清楚孩子们确实睡着了之后，就轻轻地唤道："叮叮铃，你在哪儿?"叮叮铃这时正在一只罐子里，这地方她喜欢极了，她从来没有在一只罐子里呆过。"噢，你快从罐子里出来吧，告诉我，你知不知道他们把我的影子搁在哪儿啦?"一个最可爱的叮叮声，像金铃似的回答了他。这是仙子的语言，你们这些普通的孩子是从来听不到的；可是假如你听到了，你就会知道，你曾经听到过一次。叮叮铃说，影子在那只大箱子里，她指的是那只带抽屉的柜子。

彼得一下蹦到抽屉跟前，双手捧起里面的东西，撒在地板上，就像国王把半便士的硬币抛向人群一般。不多会儿，他就找到了他的影子，他高兴极了，就忘了他把叮叮铃关在抽屉里了。假如他有思想的话——不过我相信他从来不思想——他会想，他和他的影子一挨近，就会像两滴水似的连在一起。可是，不料竟没有连在一起，这可把他吓坏了。他试着用浴室里的肥皂来粘，也失败了。彼得浑身打了一个冷战，坐在地板上哭了起来。

延展阅读

《朗格蓝色童话》

安德鲁·朗格是英国著名的文学家、历史学家、诗人、民俗学家，以研究神话、民间传说闻名于世。由他编纂并分别以 12 种颜色命名的“世界童话集”自 1889 年问世以来，历久不衰，备受世界各国儿童的喜爱。该书共收录童话 37 篇，配有 100 多幅精美插图，所收童话主要包括法国童话作家沙尔·贝洛和法国女作家奥尔努瓦夫人创作的童话、挪威民间传说收集者阿斯布约恩森和穆所收集的民间故事以及人们耳熟能详的格林童话，如《小红帽》《睡美人》和《灰姑娘》。这些离奇曲折、妙趣横生、寓言幽深的童话故事读来令人爱不释手，获益匪浅。

《风先生和雨太太》

《风先生和雨太太》是法国最早的童话经典，作者是该国著名童话作家保罗·缪塞。故事讲的是风先生和雨太太帮助一个贫苦的磨坊主人比爱尔，使他全家获得幸福和快乐。

《列那狐传奇》

〔法〕吉罗夫人　著

书中展示的是一个别样的动物世界，你看到的只是动物界的种种事件，却不由得会联想起现实中的人间事。

关于作者

“书籍是全世界的营养品。生活里没有书籍，就好像没有阳光；智慧里没有书籍，就好像鸟儿没有翅膀。”这是英国大文豪莎士比亚的名言。我们在现实生活中也推崇那些博览群书、学识渊博之人。读书不仅要阅读本国的，还要阅读外国的，通过阅读可以了解世界其他国家和民族人们的生活习惯与人生思考。

女作家吉罗夫人生活于12—13世纪的法国。酷爱读书的她受到《伊索寓言》的影响，并且根据当时流传于法国的民间寓言故事，编写了《列那狐传奇》。关于吉罗夫人的事迹所传甚少，但是我们通过《列那狐传奇》就可以看到她对于当时法国社会的思考。虽然这些故事讲述的是一只狐狸的经历，但是反映的却是当时法国社会的种种现象。吉罗夫人用她的智慧与敏锐将民间的寓言故事作出整合，明白晓畅地让读者从字里行间读出不同的味道，从而讽刺当时法国社会中的封建贵族、僧侣和官吏。

荐读理由

很多人都听说过“狐假虎威”的故事，并且对故事中那只聪明狡猾而且胆量够大的狐狸印象深刻。狡猾，甚至成了狐狸性格的代名词。那么，中国故事里的狐狸是如此，外国故事中的狐狸又是如何的呢？

法国文学中有一只大名鼎鼎的狐狸，名字叫作列那。“狐狸列那”的故事在1170年到1250年间成形，最初是以长篇故事诗的形式在民间流传，因而作者众多，而绝大多数已经难以查考。列那狐的故事通俗易懂又充满智慧，出现了许多续篇和仿作，德国大诗人歌德就写过叙事诗《列那狐》。不过，流传最广的版本应是吉罗夫人整理改写的《列那狐传奇》。该书由一系列独立成篇而又相互衔接的故事连缀而成，描绘出一个拟人化的动物世界。其中狮王象征国王，狼、熊象征封建领主，狐狸列那象征市民阶层，鸡、兔、飞禽等一些小动物象征下层市民。

我们看到的这个动物世界，弱者受欺，愚者被役，而惹是生非、闹得鸡犬不宁的乱臣贼子，就是这只狡黠的狐狸列那。列那狐周旋其中，可爱亦可恨，他聪明而善于盘算，欺凌弱小但也敢于对付强敌，甚至戏弄不可一世的狮王，但是如果遇到比他还机敏的花猫蒂贝尔，他也只好自认倒霉。

《列那狐传奇》展示的是一个别样的动物世界，在这里，飞禽走兽皆有人情，狐狼兔羊亦通世故。你看到的也许只是动物界的种种事件，却不由得会联想起现实中的人间事。所以说这个动物世界，多少带着当时中世纪的人间韵味，说它为当时法国的社会写照也是不无道理的，甚至在今天看来也具有一定的现实意义。

先睹为快

他们三人终于来到了茂柏渡。艾莫丽娜夫人原以为她的亲爱的列那狐已经被绞死了，现在见他回来，真是喜出望外。

马尔邦什和贝尔西埃，还有小鲁赛尔看见父亲回家也都乐得手舞足蹈。大家对陪同的客人也表示热烈欢迎。

“请原谅，我——”牧师贝兰说，他不太想进列那狐的住宅，“我想在户外待一会儿。我跑了一夜路，又从树上跳下来，现在觉得有点累了。我还用头撞了普里莫，现在还感到昏昏沉沉呢。我不想进屋去了。”

“那就请便吧。”列那狐很客气地说，“我们可以在室外吃饭，叫艾莫丽娜到外面来招待我们就是了。”

“不过，你，朗普，你可以跟我来，我先把一部分你要带走的宝贝给你看。”

朗普毫不怀疑，跟着列那狐进去了。

“瞧，”他们进屋以后列那狐说，“我准备了一顿多么丰美的午餐啊！”

这句话，他其实不是说给朗普听的，而是说给孩子们听的。朗普还天真地环视着四周，想看看到底准备了什么午餐。

列那狐这时很快采取了行动：他一张嘴，就把朗普咬死了，然后割下他的头放在一边。

“行了，”他指着可怜的朗普的身体对艾莫丽娜说，“现在你可以去烹调了。”

接着，他把朗普的头放在一个袋子里，将袋口扎好封严，还打上好几个火漆印。他把这袋子扔在一个墙角里。

然后他来到贝兰身边。

“我们吃饭吧，”他说，“朗普太累了，他已经躺下睡着了。如果你同意的话，我们让他休息一会儿，把他的一份菜留出来放在一边就行了。”

午餐很丰盛，充满了亲切的气氛。贝兰舒舒服服地坐下后，为了使孩子们开心，就向他们讲了昨夜发生的事情。艾莫丽娜夫人无微不至地照料他，列那狐不断跟他风趣地交谈。好心的贝兰因而延长了逗留的时间。当他想起当夜必须返回宫廷时，他感到焦急了。

他于是带着有点不好意思的口气请列那狐交给他狮子诺勃雷所要的东西。

列那狐回到屋里，寻找贝兰期待的物品。

他拿着那只密封的口袋出来了。

延展阅读

《木偶奇遇记》

意大利作家卡洛·科罗狄的作品，出版于 1883 年。这本书出版后不久，就被译成了 80 多种文字，仅仅在意大利一个国家，《木偶奇遇记》就有 200 多个不同的版本。这个童话里的主人公是木偶匹诺曹，他被善良的老木匠制造出来，在经历过木偶剧院老板的关押、狐狸和猫的引诱，以及玩具国的历险等一系列奇遇之后，终于救出了被大鱼吞下的老木匠，并成为一个真正的男孩。

匹诺曹的那个一说谎就会变长的鼻子，给读者留下了深刻的印象。

《拉封丹寓言》

〔法〕拉封丹　著

《拉封丹寓言》以自然万物为主角，在叙述中却呈现出了人生百态，令读者看到人生智慧。

关于作者

俄国文艺批评家别林斯基说：“寓言是理智的诗。”古今中外都有寓言，寓言以其小中见大、言简意赅而为不同阶层的人们所喜爱和欣赏。在寓言的世界里，拉封丹的寓言诗与伊索寓言、克雷洛夫寓言诗一起，构成了世界寓言界最高的三座丰碑。300 多年来，拉封丹脍炙人口的寓言诗代代相传，尤为少年儿童所喜爱。凡是读过书的人，几乎都知道《乌鸦和狐狸》《狼和小羊》的故事，法国人背诵起来更是朗朗上口，法国历代名家如伏尔泰、夏多布里昂、圣伯夫、瓦莱里、塞利纳等都对它们推崇备至。

拉封丹（1621—1695）是法国著名的寓言诗人，也是古典文学代表作家之一。他出生于法国香槟省的夏托蒂埃里，父亲是湖泊森林管理处的小官吏。幼年的农村生活让他对大自然产生了无比热爱之情，而祖父家中的丰富藏书尤其是马莱伯的抒情诗，使他对诗歌产生了浓厚的兴趣。1641 年，他到巴黎学习神学，改学法律后获得巴黎最高法院律师头衔。定居巴黎后，他开始从事写作，并广交名士，其中包括莫里哀、拉辛等一些诗人和戏剧家。拉封丹的后半生一直生活在达官贵人的庇护之下。

拉封丹是个大器晚成的诗人，他在1684年当选为法兰西学院院士，但去世前两年他却表示忏悔，公开否定了自己的作品。他究竟为何有此想法，后人难以确切知晓，但是他的作品却流传下来并且受到了广泛的欢迎。他的作品除了《寓言诗》以外，还有《故事诗》和韵文小说《普叙赫和库比德的爱情》等。

拉封丹的寓言大都取材于古代希腊、罗马和印度的寓言以及中世纪和17世纪的民间故事，但是这些故事经过他的妙笔，运用诗的语言进行再创作就生出了别样的光辉。借助这些寓言诗，读者看到了17世纪法国社会的百般丑陋现象，《拉封丹寓言》也被认为是一面生动反映17世纪法国社会生活的镜子。拉封丹被法国文学评论家泰纳誉为“法国的荷马”，在法国众若繁星的优秀作家中，也占有一席之位。

荐读理由

你可能没有读过《百年孤独》，你可能还不曾翻阅《老人与海》，然而《乌鸦和狐狸》的故事你一定听过吧？其中那个聪明狡猾而得到实际利益的狐狸、喜欢听恭维话却不切实际的乌鸦是不是给你留下了很深刻的印象呢？

大千世界，芸芸众生，拉封丹用他的智慧之笔书写了《拉封丹寓言》，这是他用毕生精力写成的一部不朽之作，也是诗歌体寓言的登峰造极之作。书中塑造的角色有496个，其中动物有125个，人有123个，神话人物为85个，涵盖众多角色，天上、人间让人产生无限遐想。

寓言大致有两种基本形式，一是散文体，一是诗歌体，而散文体居多。古希腊的《伊索寓言》是散文体寓言创作的最高成就，《拉封丹寓言》则用诗歌体改造散文体寓言，是诗歌体寓言的登峰造极之作。这种改变，增强了作品的音韵感和节奏感，便于朗诵和记忆，从而更加有利于流传。拉封丹善于从流传于世的优秀作品中汲取养分，他不仅在对《伊索寓言》的学习中将其形式进行改变，创造出自由的“长短句”诗体，而且在创作中取材《伊索寓言》，在继承的基础上进行加工与再创作，堪称古为今用、推陈出新的杰作。《拉封丹寓言》以自然万物为主角，在叙述中却呈现出了人生百态，令读者看到人生智慧。寓言诗短小简洁却富含深意，或者是抒情，或者是讽刺，法兰西的景色与民间传说已然寓于其中，真切可感，非常值得一读。

先睹为快

公鸡和珍珠

一只公鸡觅食扒土，一天，扒出一颗珍珠。他一碰见个宝石匠，就立刻把珍珠献上。“我相信它很精巧，”公鸡说道，“但是一个小米粒，也比这颗珍珠好，更能解决我的问题。”

一个无知的人继承了一份手稿，觉得没用，就去找邻居书店老板，拿出这份手稿给他看。“我相信写得很好，”无知的人说道，“但是一枚最小的银币，更符合我的需要，对我也更有价值。”

橡树和芦苇

一天，橡树对芦苇说：“你有充分理由控告大自然：一只戴菊莺飞落，就会把你压弯。哪怕吹来一阵微风，刚能把水面吹皱，就会让你低下头。而我的额头像高加索的山峰，不仅能遮挡灿烂的阳光，还能顶住暴风雨的扫荡。对你什么都是风暴，对我无不是和风。你若生在我的茂叶下也好，有我的荫护照应，就不会受这么多惊扰；有我遮风挡雨，也就不必忧虑。你们这些芦苇大多生长在风王国的水泽，我就觉得对你们，大自然很不公平。”

芦苇回答说：“您的同情是出于好心，也不必担忧。风对我不如对您那么可怕，我不会折断，风大就俯下；而您呢，不管风多么凶猛，腰弯也不弯就硬顶。咱们还是等着瞧吧。”

说这番话的工夫，北风婆一直怀抱的风孩儿，这时突然从天边冲过来，那风孩儿最调皮，发狂一般撒欢儿。

橡树还挺立在那里，芦苇赶紧弯下腰去。

风力越来越大，结果连根拔起那棵伸脑袋够上青天、脚跟却踏着黄泉的橡树。

延展阅读

《伊索寓言》

伊索被誉为“希腊寓言之父”“西方寓言的开山鼻祖”。《伊索寓言》是世界上最古老、影响最大的寓言。伊索生于希腊，而千百年后，《伊索寓言》的影响力却早已波及整个世界。这些寓言故事形象生动、寓意深刻、富于哲理，在全世界流传2500余年而经久不衰。

阅读《伊索寓言》能够给人以启迪，让人更加聪明、理智、沉稳。

《王尔德童话》

〔英〕王尔德 著

王尔德的童话就像一首美丽而忧伤的曲子，带给每一位读者细腻而唯美的感触。

关于作者

王尔德（1854—1900），19 世纪英国最伟大的艺术家之一，他以小说、童话、诗歌、剧作闻名于世。他从小就用功读书，成绩优异，曾在英国牛津大学攻读古希腊的经典著作，并开始了文学创作活动。24 岁时他的诗作就荣获大奖。其代表作品有小说《道林·格雷的画像》、诗集《斯芬克斯》、剧本《温德密尔夫人的扇子》、散文集《社会主义下人的灵魂》、童话集《快乐王子和其他故事》等等。

他一生只写了 9 部童话，当他的第一部童话问世以后，他的名字便引起了世人的广泛关注。慢慢地，他的童话传播到了世界的每一个角落，感动了千千万万的读者。他和安徒生、格林兄弟一样，成为最受孩子们欢迎的童话作家。

他用华丽的辞藻，融合其至善至美的性情，以他独有的风格，将他的著作演绎成唯美的化身。

1888 年 5 月，他的第一部童话集《快乐王子及其他》（包括《快乐王子》《夜莺和玫瑰》《自私的巨人》《忠诚的朋友》和《神奇的火箭》）出版了。这本书立刻轰动一时，书的作者也成了人们注目的中心，这时人们才真正将他视为有影响的作家。英国《典雅》杂志将他和安徒生相提并论，说他的《自私的巨人》堪称“完美之作”，整本童话集更是纯正英语的结晶。1891 年 12 月，他的另一部童话集——《石榴屋》也问世了，这部书将他的事业推向了另一个高峰。《石榴屋》收有四部童话：《少年国王》《小公主的生日》《渔夫和他的灵魂》和《星孩》。这部书并未像王尔德的第一本童话那样立即大受欢迎，而是在王尔德死后，才成为家喻户晓的故事集。

1895 年，王尔德因诽谤罪而入狱，被监禁两年。出狱后，他迁居法国，郁郁不得志，最后病死在巴黎的一家小客栈里。他的早年逝世，是世界文坛上的憾事。

荐读理由

本书包含了王尔德所写的《快乐王子》《自私的巨人》《夜莺和玫瑰》《星孩》等童话故事，这些故事的语言华丽唯美，情节纯真生动，堪称完美世界的化身。细细地研读，你可以从中体会到人间的冷暖，领悟到人生的哲理。

王尔德的童话就像一首美丽而忧伤的曲子，带给每一位读者细腻而唯美的感触。他的故事中处处体现着人世间最真挚美好的情感，比如《快乐王子》讲述的是快乐王子和小燕子为帮助穷人而牺牲了自己的故事。快乐王子活着的时候，在王宫里每天都过得非常开心，从不知道忧愁和贫穷是什么。在他死后，被塑成雕像站在城市的上空时，却看到了城市中的一切丑恶与苦难。于是，他拜托小燕子把自己身上所有值钱的东西全送给了穷人。后来，小燕子被冻死了，快乐王子也因心碎死去，但他们永远地生活在天堂了。在这篇童话中，小读者会知道怎样才能拥有一颗高贵的同情心。再如小学生十分熟悉的《自私的巨人》，故事中的巨人刚开始十分自私，他不愿让孩子们去他美丽的花园中玩儿，还筑起了一堵围墙。但是，自私的巨人没想到，春天再也不到他的花园中来了，花儿也不再开放了。后来，孩子们把春天重新带回到巨人的花园中。这时，巨人明白了，于是他拆除了围墙，每天都在花园中和孩子们一起玩耍。这篇童话使我们明白，好的东西只有与别人一起分享，才能真正快乐。

王尔德的童话对情节的描写细致生动，如同娓娓动听的叙述，韵律无穷。他用非凡的想象力和像蔷薇花一样纤柔细腻的笔触给我们讲述了一个个动人的故事。同时，又在其经典、优美的语言中反映了许多深刻的哲理，寓意深刻，引人深思。王尔德童话的每一篇都有一个极美的化身。在阅读王尔德的童话时，我们需要时时刻刻去感受他所营造的那种多少带着一些忧伤的极美氛围，去感悟他所感悟到的美的力量。

王尔德的童话不仅奠定了他在世界文学界的地位，同时也成为世界文学宝库中熠熠生辉的传世佳作。他的童话故事闪耀着纯真和智慧的光芒，是值得我们大力推荐的。

先睹为快

当月亮升起的时候，小燕子又飞回快乐王子的身边。“有什么事要我在埃及代办吗？”他喊道，“我这就出发。”

“燕子，燕子，小燕子，”王子说，“你能不能再和我一起待一夜？”

“朋友们正在埃及等我呢，”燕子回答，“明天我的朋友们将飞往尼罗河第二大瀑布。在那里，河马在芦苇丛中趴着。巨大的大理石宝座上坐着农牧神。他整夜注视着星星。当启明星闪亮时，他会发出一声快乐的喊叫，然后安静下来。中午，金黄色的狮子会来到河边喝水。他们有绿玉般的眼睛，那吼声比瀑布声更响。”

“燕子，燕子，小燕子，”王子说，“我看到在这城市的那一头有个青年在阁楼上。他正俯身在摆满稿纸的桌子上，身旁的平底玻璃杯中插着一束枯萎的紫罗兰。他长着棕色的鬈发，嘴唇像石榴般红，大大的眼睛里充满了幻想。他正在努力替剧院的导演写一个剧本。可是他已经冷得没法写下去了，壁炉里没有火，饥饿更使他衰弱。”

“我可以再跟你待一晚。要我再带一颗红宝石给他吗?”燕子说。他实在是个好心人。

“唉！我已经没有红宝石可给了，”王子说，“我只剩下我的双眼了，它们都是稀有的蓝宝石，一千多年以前产自印度。摘下一只带给他吧。他可以卖给珠宝商，然后买些木柴，完成他的剧本。”

“亲爱的王子，”小燕子说，“我不能这么做。”说着他哭了起来。

“燕子，燕子，小燕子，”王子说，“照我的吩咐去做吧。”

于是，小燕子取出王子的一只眼睛，飞到那个穷青年住的阁楼。那屋顶上有个破洞，所以很容易进去。小燕子猛一鼓劲，穿洞而入。那个青年正把头埋在双手中，没有听见燕子拍翅膀的声音。而当他抬起头来的时候，发现干枯的紫罗兰旁，正放着一颗美丽的蓝宝石。

“我现在被人赏识了，”他喊道，“这准是某位赏识者的恩赐，现在我能够完成我的剧本了。”他看来非常地快乐。

延展阅读

《两个意达》

日本著名儿童文学作家松谷美代子著。这是一个关于一把椅子的

“等待”与“破灭”的小小的悲剧故事。这把有生命的小椅子，不但坚信它的小主人意达总有一天会回来，还固执地认为她“昨天”才刚刚离去，可这一等，椅子就在暗无天日的废墟里孤独地等了 20 多年——就在这个“昨天”，一颗原子弹被扔在了广岛的上空，几十万人在一瞬间就变成了冤魂。从这个角度说起来，这个故事就不是一个小小的悲剧，而是一场大悲剧，是人类历史上的一场大悲剧了。本书 1969 年在日本出版，为日本全国学校图书馆协会选定图书。

《猪国里的狼》

作者是法国作家马里奥·哈默斯。这本书就是对传统故事形象的一次彻底颠覆。书中营造了一个与现实世界完全不同的环境：小猪的学校里，新来的同学是一只狼，他害羞胆怯，性格温顺得像一只羊羔……一只小猪和小狼交往后发现，他是一个很不错的朋友。后来，这只小狼在上学、放学的路上遭到三只猪肆无忌惮的欺负……最后是谁教训了这三个坏蛋呢？更多新奇有趣的情节就在书里等待孩子们去发现。

虽然作家挑战传统，把一切置于传统和经典之外，但他没有忘记歌颂美好的友情。书中的小猪方方是一个大胆而又热情的孩子。他没有任何偏见，非常坦诚地和小狼路易交朋友。在路易遭到欺负时，方方用自己的智慧和勇气赶跑了坏蛋。两个好朋友胜利时的快乐很容易感染小读者，会让他们为这种美好的友谊而感动。

《水孩子》

〔英〕查尔斯·金斯利 著

在书中我们看到了如何对一个孩子进行自我完善的教育。看完这本书，小读者的心也会随着水孩子变得清澈起来，柔和而温暖。

关于作者

查尔斯·金斯利（1819—1875）是英国剑桥大学的优秀毕业生，是英国维多利亚时期的流行小说作家，他的小说对英国早期的发展产生了深刻的影响。金斯利十分关心下层人民的教育和生活，他最初的两篇小说《动乱》和《埃尔顿·格克》就是为揭示下层人民贫苦的生活状态和社会的黑暗面而作的，表现出了他倾向于社会改革的思想立场。

出身牧师家庭的金斯利从剑桥大学马格达伦学院毕业后，继承父业做了一名牧师，曾任切斯特大教堂牧师与英国著名的西敏寺大教堂的牧师。他还应邀回剑桥大学教授历史，在此期间，他反对当时不合理的儿童教育，并强调劳动的意义，支持进化论，认为人类不劳动就要退化。

出生于英国小镇的金斯利亲近自然，对工业文明进行了深刻反思，对损害儿童身心的教育状况提出了批评，反对雇佣童工来进行清扫烟囱的繁重劳动，小说《水孩子》中便渗透着他的这种思想。

金斯利大学主修的是法律，但他本人勤勉治学、广泛涉猎，是一位博物学家，他写有历史小说《希帕蒂亚》、以海洋为题材的小说《向西去啊》和自然历史学著作《海岸的奇迹》等。热爱自然的金斯利在《水孩子》中展示了他丰富的海洋知识，他将小说中大海这一背景描述得自然而亲切，让读者感受到了生动、美丽而神奇的大海。

荐读理由

《水孩子》的诞生很偶然也很有趣，金斯利的女儿露丝叙述了这部书的创作缘起："在一个春天的早晨，我们用早餐的时候，有人提醒我父亲，说家里三个大孩子都有他们的书了（指金斯利的作品《希腊英雄传》），可是最小的弟弟，那时他才只有四岁，父亲曾经答应过给他写本书，至今还没有写出来。父亲听了并不答话，起身进了书房，把门锁上。过了一小时，他从书房里出来，手里拿的就是《水孩子》的第一章。这本书写得就是这样迅速而且轻快……"

这部美丽的童话《水孩子》后来成了世界十大著名的哲理童话之一。这部小说摒弃了中世纪儿童文学的说教传统，全文以轻快的文笔为孩子们创造了一个海的天堂。各种海底生物光彩夺目、妙趣横生，有恶毒妇老水獭、顽固高傲又爱妻心切的鲑鱼老爷、一脑袋门第观念的鲑鱼太太、勇敢善良的水中仙女，成百上千个穿着白色小泳衣乐于助人的水孩子……

这部写于1863年的儿童小说，至今读来仍觉深刻。小说的主人公汤姆本是一个扫烟囱的脏孩子，一天，他在扫烟囱时失足掉进了雇主女儿艾莉小姐的房间，艾莉受到了惊吓失声大叫。众人以为有盗贼便纷纷追赶汤姆，汤姆在逃跑过程中受到了仙女的指引，到了河边落水而成为一个水孩子，开始了他奇妙的海底之旅。在海底，汤姆受到了仙女的感化、教育，渐渐成长起来，分清了善恶，克服了自己性格的缺陷，独自面对遇到的艰难险阻，成长为一个真正的男子汉。

在小说中我们看到了如何对一个孩子进行自我完善的教育。仙女通过生动事例对小汤姆进行循循善诱的引导，使他不断向善，让他明白一个人来到世界上就要学会独闯世界，学会用自己的眼睛看，用自己的鼻子闻，为自己所做的事承担后果。书中亲切风趣的语言、生动奇特的想象、多样的海洋知识、精彩的故事情节等等，都令人回味无穷。看完这本书，我们相信，小读者的心也会随着水孩子变得清澈起来，柔和而温暖。

先睹为快

汤姆等了很长时间，直到一点声音也没有以后，才伸出头来张望。他看见了那个人躺在那儿。他终于鼓起勇气向下游去，游向那个溺水的人。“也许，”汤姆心想，“水使他睡着了，就像从前的我一样。”

他离那个人越来越近，他越来越好奇，但说不出为什么。他必须去看看他。当然，他会轻手轻脚地游过去。他绕着他游了一圈又一圈，离他越来越近。由于那人一直没有动，他终于壮起胆子游到了离他很近的地方，看清了他的脸。

月光是那么明亮，那个人的每一个特征汤姆都看得清楚。看着看着，他一点一点地回忆起来了，那是他过去的师傅格林姆。汤姆转过身，尽可能快地从他身边游开。

“哦，天哪！”他想，“他会变成水孩子，他会变成一个多么讨厌的水孩子！也许他会发现我，再打我。”

于是，他向大河的上游游了一段回头路，然后，一整夜都躺在赤杨树的树根下面。但是，当早晨来临的时候，他又急着要回到深潭去。他要看看格林姆先生有没有变成水孩子。

他非常小心。他躲在岩石后面，藏在树根下面，偷偷地张望。格林姆先生依然一动不动地躺在那儿，他没有变成水孩子。

下午汤姆又来偷看了一次。因为不弄明白格林姆先生变成什么，汤姆是不会安心的。但是这一回格林姆先生已经不见了，汤姆心想，他变成水孩子了。

他其实用不着紧张，可怜的小伙子。格林姆先生并没有变成水孩子或别的什么类似的东西。但是汤姆很紧张，有很长一段时间，他一直担心有一天会在哪一个深深的池塘突然碰上格林姆。他怎么会知道是仙女们把格林姆弄走了呢？她们把他弄到安放落水者的地方去了，那正是他应该去的地方。

延展阅读

《希腊英雄传》

本书是小读者了解希腊神话的理想阅读材料，语言浅显生动，全书分为三部分，分别以珀尔修斯、伊阿宋和忒修斯为主人公，书中还涉及了赫拉克勒斯、俄耳甫斯、米诺斯等著名的神话人物，将古希腊神话的大概轮廓展现在我们面前，是我们接近希腊神话的便捷途径。

《兰兰童话》系列

《兰兰童话》系列由中国女诗人、作家兰兰的三部长篇童话《梦想城》《坦克上尉歪帽子》《大树快跑》以及她十几年创作的短篇集《魔镜》组成。

该系列童话出版后，众多同行给予了高度评价和赞叹。作家阎连科评价说，《梦想城》的问世，是兰兰对传统童话的大胆改写和尝试，是对“新童话”的催生和实践，《梦想城》建立了新的童话的审美标准。

《黑骏马》

〔英〕安娜·西韦尔　著

《黑骏马》的问世，唤起了人类对动物的爱护与善待。

关于作者

《黑骏马》的作者安娜·西韦尔（1820—1878）一生只写过一部作品，但才华横溢的她仍然被人们认为是19世纪70年代英国的一位出色的女作家。

西韦尔在14岁时遭遇了一场车祸，年少的她便不能独立行走了。虽然架着拐杖，但她仍然想接触外面的精彩生活，于是一匹矮种马就成了她的伙伴。这匹小马拉着马车载着西韦尔到处活动，所以小西韦尔跟小马结下了几乎一生的“友谊”。在西韦尔人生的后几年里，虽然已经身患重病在床，但她没有忘记小时候的伙伴，花了大约6年的时间写成了《黑骏马》，以唤起人们对动物的爱，呼吁人们善待动物。

西韦尔生活的年代没有汽车，火车承担了远距离的出行，沟通着城镇之间的交通。但是在城镇或者乡村，马才是人们不可缺少的“交通工具”。人们可以骑着马到达任何地方，人们还可以坐着四轮马车到处行走。运送货物之类的事情更是少不了马车，马车载着煤、牛奶、面包和其他日用品送到各家各户。当时人们的生活是如此离不开马，马的贡献不容忽视，但还是有很多人虐待马。

看到这些情形依然存在，从小与马为伴、深知马儿生性善良的西韦尔便决心写一部小说来警醒人们。所以西韦尔大胆地写出了第一部“动物小说”，使《黑骏马》成了一匹马的“自传”，一匹名叫“黑骏马”的马儿成了故事的第一人称叙述者。这种大胆的尝试，不仅以形式震撼了人们，而且更震撼着人们的内心，发掘着人们心底的爱，唤起了人类对动物的爱护与善待。1877 年小说面世后，立即传到了世界各国，为小孩子和大人们所喜爱，爱护动物的意识深深地埋在了读者们的心里。在小说出版后的第二年，西韦尔就离开了人世，享年 58 岁，但她留下了在创作上取得了极大成功的《黑骏马》。

荐读理由

《黑骏马》以一匹马的口吻自述了它的经历，这样的叙述方式大大拉近了读者与马儿的距离。

黑骏马是一匹漂亮的优种黑马，他性格温和、精力旺盛。在他自己的讲述下，我们看到了一匹马儿的悲欢“人生”。出生在尊贵的庄园时，黑骏马受到了优厚的待遇，可惜好景不长，主人家遭遇变故，黑骏马被卖了。小时候，黑骏马的妈妈就告诉过他，马儿一生命运的好坏全得靠运气。于是黑骏马遭遇了各色人：有喝多了就拿马儿撒气的醉汉；也有脾气暴躁的出租马车车夫，动辄就会抽打马儿，抽得黑骏马浑身血淋淋的；还有不把马儿当回事的野蛮人。黑骏马也干过各类的“工作”：给富人当坐骑，可恶的勒马缰绳束缚着他；拉货车，不仅要消耗大量力气，还要遭受赶车人的鞭打；拉出租马车，不会拉车的车夫用错误的驾驶方式让他受尽了折磨。可贵的是，历经磨难的黑骏马始终没有改变自身，依然诚实可信、坚定勇敢、温顺友善。他的经历告诫读者，作为高等动物的人类首先要做的就是善待生命，尊重每一个“生”的权利。

饱尝了人间酸甜苦辣的黑骏马在晚年时有了一个好的归宿。历经波折的他又回了最初的主人那里，也许这就是上帝的安排。动物也是有感觉的，当你善待它时，它也会回报你。在当时的文坛，读者非常喜欢自传体小说，于是西韦尔的这部动物自传《黑骏马》吸引了无数读者的目光，看过书的人都对人与动物之间的情感有了更深的体会，而对于小朋友们，通过阅读本书，爱护动物的意识从小便根植在他们的心里了。

先睹为快

当我还是一匹小马驹的时候，常常和妈妈一起躺在马棚里，看屋外的风景。门外有一大片美丽的草地，每年春天上面都会长出各种颜色的小花，其中最多的是蔷薇，这种柔软而带刺的花儿常常会在一夜之间铺满整片草地。草地四周种满了柳树，其间星星点点地分布着各种小乔木、小灌木。中央还有一个大大的池塘，里面的水清澈见底。一到夏天，粉色的荷花、白色的睡莲，都会争先恐后地从水底冒出来，把整个池塘打扮得如水中花园一般漂亮。

每当这时，妈妈就会带着我到池塘边嬉戏、玩耍。我记得草地的围栏外边还有一条小溪，小溪旁耸立着一座小山。山上种满了各种各样高大的树木。我最喜欢农场的春、夏、秋季，因为这时我和妈妈可以睡在马棚外边，一边数着点点繁星一边相拥入眠。而在其他较冷的几个月里，我们都得住在主人家的马棚里。虽然那里也很舒服，但我更喜欢和大自然亲密接触的感觉。我是马棚里年龄最小的马，其他的马出去吃草时，我还躺在妈妈的怀里吃奶。每天清晨和傍晚，我喜欢和小伙伴们一起在草地上奔跑、玩耍。这时，妈妈总是安静地站在一边看着我们，但是只要我们的玩闹超出了她所认为的安全极限，妈妈就会毫不犹豫地过来把我从其他马中带走。我们的主人格雷，是一个心地善良的农夫，每天他都无微不至地照顾我们。妈妈是他最心爱的马，他给她取了名字叫“杜琪丝”。因为我是妈妈的孩子，慢慢地他也开始喜欢我了。出生一个月后，主人看我全身毛皮乌黑发亮，就替我取了一个非常好听的名字“小黑”。

延展阅读

《西顿动物记》

本书是加拿大著名作家、博物学家、“世界动物小说之父”西顿所写的一本关于动物的小说。书中每个角色都源自一个真正的英雄：一只血统纯正的信鸽——阿诺克斯；一只出身贫贱、鄙视贵族生活的流浪猫——咪咪，一匹不惧陷阱和猎枪、勇敢捍卫自己领土和荣誉的大黑狼……书中所有的英雄，所面对的不仅仅是环境日益恶劣的自然界，更多的是要与敌人抗争，其中也包括人类的追杀。

《我的野生动物朋友》

法国小女孩蒂皮从小跟拍摄野生动物的父母在丛林长大，本书是小蒂皮 10 岁回到巴黎后所写的她与非洲各种野生动物生活在一起的动人故事和亲身感受，同时编入她的父母——著名野生动物摄影师现场拍下的 130 多幅极为珍贵的图片，不仅可亲可赏，而且能唤起人们保护自然、保护野生动物的意识。出版后立即在小读者中风行，并为大人们所喜爱，很快被译成德、日、英等文字流传，成为全球畅销书，有的译本销量逾百万。

《猪宝弗雷迪》系列

〔美〕沃尔特·R. 布鲁克斯　著

《猪宝弗雷迪》被誉为美国儿童幻想文学的顶峰之作，影响了许多美国小读者的人生道路。

关于作者

沃尔特·R. 布鲁克斯（1886—1958）是美国著名儿童文学作家。他出身于名门世家，喜欢写作，当过出版社编辑。在40多年的写作生涯里，布鲁克斯写了200多篇故事，创造了许多儿童文学的经典。

1927年，布鲁克斯创作了一篇童话《归去来》（后来被重命名为《弗雷迪去佛罗里达》），讲的是纽约比恩农场里的一群动物长途跋涉，远行佛罗里达的冒险故事。在这群动物里，有一头“最年轻最聪明的猪”，作者给他起名叫弗雷迪，此时的弗雷迪还不是故事里的男一号。这篇童话一炮打响，很快就出了续集。布鲁克斯在续集中，有意把小猪弗雷迪打造成故事主角，在他的笔下，弗雷迪集智慧、勇敢、机灵于一身，先后成了侦探、牛仔、飞行员，甚至是诗人，在各种各样的环境中都能化险为夷，建功立业，从此名扬天下。当然，弗雷迪也有缺点，他贪睡、贪吃，爱做白日梦，时不时写一些花哨的诗句，他还有点自负，喜欢掩盖自己的短处……弗雷迪成了西方童话中最著名的猪，读者称之为“猪王子”“猪中之猪”“文艺复兴之猪”。从1927年开始，直到1958年布鲁克斯去世，“猪宝弗雷迪”系列一共出版了26部，成为美国家喻户晓的一套儿童文学经典，被誉为美国儿童幻想文学的顶峰之作，影响了几代美国读者，也造就了一大批忠实的“弗雷迪迷”，他们建有专门的网站以及旨在传承和推广《猪宝弗雷迪》系列作品的非赢利性民间组织“弗雷迪之友”。

作者在这套系列童话故事中创造了250多个动物形象，如爱演讲的公鸡查尔斯、4只活蹦乱跳的小耗子、西蒙的敌人——黑猫金克斯……他们或聪明机智，或狡诈贪婪，或优雅，或粗鲁。故事以动物的独特视角来描绘世间百态，折射出美国社会的各个层面，构成美国现代生活的一幅全景图。故事构思独特，语言生动，内容涉及诗歌、戏剧、新闻、社会研究、现代科技等诸多方面，充分展示了作者丰富的想象力和广博的知识。作者在故事中将传统的价值观和幽默风趣的语言很好地融为一体，以栩栩如生而非生硬说教的方式，为人类生活的一些永恒准则，诸如勇敢、互助、友爱、公正、同情心和牺牲精神等，树立了最佳典范，为小读者们建立了一个心灵的家园，将他们带到了一个引人入胜的世界。

《猪宝弗雷迪》系列童话故事影响了许多美国小读者的人生道路。20世纪20年代初的那批小读者长大后，有的和书中的弗雷迪一样创办了报纸，有的加入了20世纪60年代民权运动的队伍，有的成为热诚的环境保护主义者，还有的成为作家。

荐读理由

美国《校园图书月刊》称“猪宝弗雷迪是儿童文学最伟大的形象之一”，《纽约时报》将其誉为“堪与《小熊维尼》系列媲美的美国经典名著，代表了美国儿童幻想文学的最高成就”。作品将触角伸展到美国社会的各行各业，展现了美国社会的各个层面，构成美国现代生活的一幅全景图。目前该系列童话故事中文版包括5本书：《弗雷迪去佛罗里达》《侦探弗雷迪》《弗雷迪与太空飞船》《牛仔弗雷迪》和《魔术师弗雷迪》。

《弗雷迪去佛罗里达》讲述了比恩农场里的家畜们厌倦了漫长而寒冷的冬天而去佛罗里达州度假的故事。这个主意是公鸡查尔斯想出来的，因为他实在不喜欢冬天里每天天刚亮就起床。家畜们都赞同他的想法，便用抽签的方法选出了去佛罗里达的名单。一路上他们受到了热情的接待，还见到了总统。但旅途也不那么平安，总潜伏着一些危机，最后家畜们用他们的智慧和勇敢化解了危难，平安地回到了农场。

在《侦探弗雷迪》中，弗雷迪成了最引人注目的主角，和母牛威金斯太太合作开了一家侦探所。恰好农场那段时间总是发生一些怪事，把他们忙得不可开交。弗雷迪在这些大大小小的案子中大显身手，不仅判案如神，而且能言善辩，活像神探福尔摩斯。

《弗雷迪与太空飞船》讲的是在一场森林大火之后，弗雷迪和他的朋友要乘坐太空飞船去火星旅行。路上，同行的佩波康太太不小心碰到了一个阀门，使飞船回到了地球。但他们都以为上的是火星，于是，一系列可笑的事情发生了……

在《牛仔弗雷迪》里，弗雷迪接到一封信：一个自称为“恐怖十人组”的团伙要他在10天之内必须归还珠宝，否则就要结果他的小命。可是弗雷迪压根儿没偷过什么珠宝，这“恐怖十人组”究竟何许人也，弗雷迪陷入恐惧与迷惘之中……

《魔术师弗雷迪》讲的是：比恩农场来了一个马戏团，精彩的演出令动物们大饱眼福，特别是魔术师金戈的绝活，更是让弗雷迪羡慕不已。他多么希望自己也能学上几招，好成为万众瞩目的明星。结果是什么呢？机会如期而至。一场大风把金戈表演绝活儿的高顶丝帽给刮走了，金戈派他的助手兔子普雷斯托来向弗雷迪求助。弗雷迪答应了，但条件是普雷斯托教他表演魔术。事实上，那顶帽子绝不是普通的帽子，里面隐藏着金戈不可告人的秘密，而普雷斯托则是金戈为实现他的阴谋而刻意安排的一颗“棋子”。于是，围绕着这顶丝帽，业余魔术师弗雷迪和魔术师金戈之间展开了一场斗智斗勇的激烈较量。双方互有得失，但最后究竟鹿死谁手呢？

精彩内容不容错过，让我们现在就拿起书本，走进比恩农场，和弗雷迪及他的朋友们一起去探险吧！

先睹为快

让我们又回到飞船上来。乔治独自待在飞船里，感觉很孤独无助。他一看见有鬼鬼祟祟的影子在飞船周围的那片黑尖刺里移动，就立即向他的伙伴们报告，他们让他把舱门关上并锁牢。

“现在飞船被包围了，我们无法回来，”弗雷迪说，“但是我想我们可以把火星人赶走。天黑之后，我们放几声大砰砰响，把他们吓跑。”

在他们带来与火星人交换的物品中，有几只本杰明·比恩巨大爆炸型闹钟，他们叫它“大砰砰”。这种闹钟属于本大叔不太成功的发明之一，它每隔两分钟爆发出一系列噼噼啪啪的声响，而且一声比一声更响——用意是第一声轻微的响声把睡眠浅的人吵起来，而睡眠较深的人被后来更大的响声吵起来，而真正的懒人会不断被接下来的每一响声所折磨，如果他还想继续睡下去，就会被最后一声巨大的响声从床上炸起来。在这一点上，这种功能是新的创意，可唯一的缺点是，经常在最后一声闹响的时候，闹钟会炸开了花，把小铜轮儿炸得满屋都是，没有人会去买这种一次性的闹钟，因此本大叔手上有好多都卖不出去。

现在他们捡起那种“大砰砰”闹钟，让其他交换品依然留在草地上，然后小心翼翼地朝飞船方向走去。他们才走了一小段路，乔治的声音就传到耳机里来了。“沃泽伯格太太刚才打电话来了，”他说，“她说小溪——你们知道的，那条穿过树林流进池塘里的小溪——现在不再流进池塘了，而是沿着树林西边流去，把比恩先生的菜园都给淹没了，所有的蔬菜都会被淹死的。他们认为是那些飞碟上的人干的，可是他们不知道为什么，一些人认为下一步农场会遭到袭击。”

“我认为我们应该回家，”弗雷迪说，“我们不能在比恩先生处于危难境地的时候无所作为。火星人好像并不想和平交易，我们又不能用我们带的武器与他们决一胜负。”

本大叔点了点头表示赞同。“首先声明土地所有，”他说，“升旗。”

“对！”金克斯说，“我们应该为美国占领火星，朋友，这将是惊天的壮举。我敢打赌，这将会让那个叫什么名字的人感到不自在——哦，哥伦布。天哪，他只发现了世界的一部分，而我们却发现了一个完整的世界。”

（摘自《弗雷迪与太空飞船》）

延展阅读

《风与树的歌》

日本著名女性童话作家安房直子的作品，曾获日本第22届小学馆文学奖，包括《小狐狸的窗户》等8篇童话作品，曾感动了日本千万少年与成人。

《夏洛的网》

〔美〕怀特　著

这是一部能深深震撼你的心灵的童话，值得每一个孩子和大人细细品味。

关于作者

怀特（1899—1985），出生在美国弗农山区。他的父亲是一位钢琴制造商，事业有成，所以他的家庭是比较富裕的，怀特从小就受到了良好的教育。1921 年，他从科奈尔大学毕业，开始专心致志地投入创作。

早期怀特为杂志撰写专栏散文和文化评论。幽默、高雅的文风，审慎地运用文字，在字里行间中寻找讽刺、简洁与优美之间的融合，使得怀特声誉渐隆，奠定了他在文坛的地位。后来他兴之所至，开始创作儿童文学作品，而令人没想到的是，他作为儿童文学作家的名声反而更大，他的儿童文学作品被介绍到许多国家，受到各国小读者的欢迎，他也成为国际知名的儿童文学家。

怀特一共只写了三部童话，这就是《精灵鼠小弟》《夏洛的网》和《吹小号的天鹅》，三部无一不是精品，发行量都非常大，而且这三部童话全被改编拍成了电影，在国际电影市场上票房一片大好。

怀特获得了相当多的奖项和荣誉，包括 1978 年的普利策奖、美国国家图书馆儿童文学奖和马萨诸塞州童书奖。他同时还是7所美国大学和学院的名誉教授。1971年，他获得美国“国家文学奖章”。

怀特是一位语言大师，他文字中那种特有的行云流水和脉脉温情，与乡村景象融为一体，在幽默风趣的文章中，那些最简单、最直接、最容易为儿童接受的字眼充满了童趣。这与他迷恋简单朴素的乡村、热爱接近乡间田野的生活不无相关。怀特的一生，有很大一部分光阴是在乡间度过，恬静的乡野给了他无限的遐想和灵感，使他创造出了动人的童话角色。

怀特终其一生都以充满人性的视角审视着这个他深爱的世界，从生命的本质中去探求真善美的存在。他小说中的形象、他所坚持的高雅简洁的文风与他的人格魅力至今依然感动着人们，成为英语文学史上一座巍峨的丰碑。

荐读理由

一位著名的作家说：“世界上有两种人，一种是读过《夏洛的网》的人，另一种是将要读《夏洛的网》的人。”这种说法虽然夸张，但足可见《夏洛的网》对世界的影响之大。这部作品初版于1952年，至今已有20多种译文，发行近千万册，广受各国读者喜爱。

“遥远的农场里一只蜘蛛与一头小猪相遇，彼此的友情和信任似乎与生俱来。天真懒散的小猪威尔伯的性命将在冬天不保，变成肉肠或火腿。贤达人士蜘蛛夏洛天生站得高望得远，她相信自己有办法帮助威尔伯脱离险境，最后她奇迹般地成功了，以智慧为资本，以远死他乡为最后的代价……”

很少有童话让一只蜘蛛成为主角，因为蜘蛛的形象不佳，多毛而丑陋甚至带点毒性，而且它们总是默默出现在人迹罕至之处。但是怀特用柔韧无比的蜘蛛丝编织了一张理想的、温暖的、美丽的、爱的大网，将生与死、爱与恨、善良与欺诈……这些人类生活不变的主题都在谷仓中演绎得淋漓尽致，感动着世界无数的读者。

阅读此书，你会自然而然地融入故事的情节当中，文字的运用富含了许多幽默巧思，平实的语言中时时蕴藏着丰富的睿智和幽默，普通的文字仿佛就能在作者笔下流淌开来。故事生动有趣，温馨感人，幽默诙谐地赞美了生命，生命在友情的滋润下持续轮回着。乡间淳朴的气息，谷仓内聒噪的动物，处处都释放着温馨的“人”性之光。在这个故事中，生命的价值高于一切，爱则能沟通彼此、消除隔阂。当蜘蛛夏洛遇上小猪威伯，它们的友谊超越了蜘蛛与猪之间的物种差异。在这里，生命是平等的，没有高低贵贱的区别，没有生死由命的悲观，没有人类逻辑中弱肉强食的现实。爱成为永恒的主题，它穿越了所有现实的障碍，直达对方心灵的深处；它抛开了所有世俗的习惯，让生命的价值在蜘蛛网上蔓延。怀特让夏洛织就一张生命的网，使每一个渴望温情的灵魂相互交织、彼此关联。

这是一部能深深震撼你的心灵的童话，值得每一个孩子和大人细细品味。

先睹为快

“爸爸拿着那把斧子上哪儿去？”摆桌子吃早饭的时候，弗恩问她妈妈。

“上猪圈去，”阿拉布尔太太回答说，“昨天夜里下小猪了。”

“我不明白，他干吗要拿着把斧子去，”只有八岁的弗恩又说。

“这个嘛，”她妈妈说，“有一只小猪是落脚猪。它太小太弱，不会有出息。因此你爸爸拿定主意不要它。”

“不要它？”弗恩一声尖叫，“你是说要杀掉它？只为了它比别的猪小？”

阿拉布尔太太在桌子上放下奶油缸。“别嚷嚷，弗恩！”她说，“你爸爸是对的。那小猪反正活不了。”

弗恩推开挡道的一把椅子，跑出去了。青草湿湿的，泥土有一股春天气息。等到追上爸爸，弗恩的帆布鞋都湿了。

“请不要杀它！”她眼泪汪汪地说，“这不公平。”

阿拉布尔先生停下了脚步。

“弗恩，”他温和地说，“你得学会控制自己。”

“控制自己？”弗恩叫道，“这是生死攸关的事，你还说什么控制自己。”泪珠滚滚流下她的脸蛋，她一把抓住斧子，打算把它从爸爸手里抢下来。

“弗恩，”阿拉布尔先生说，“养小猪的事我比你懂。落脚猪麻烦大着呢。现在让开吧！”

“可是这不公平，”弗恩叫道，“小猪生下来小，它自己也没办法，对不对？要是我生下来的时候很小很小，你也把我给杀了吗？”

阿拉布尔先生微笑了。“当然不会，”他说着，疼爱地低头看着女儿，“不过这是两码事。女孩小是一回事，落脚猪小又是一回事。”

“我看不出有什么两样，”弗恩回答说，仍旧抓住斧头不放，“我听到过那么多不公平的事，这件事是最最不公平的。”

阿拉布尔先生脸上掠过一种古怪的表情。他觉得自己也要哭出来了。

“好吧好吧，”他说，“你先回去，我回家的时候把这落脚猪带回来，让你用奶瓶喂它奶，像喂小宝宝似的。这下子你就会看到，对付一只小猪有多么麻烦了。”

半小时后，阿拉布尔先生回家来了，胳肢窝里真夹着一个纸箱。这时候弗恩正在楼上换她的帆布鞋。厨房的桌子上，早饭已经摆好，房间里透着咖啡、熏肉、湿灰泥的气味，还有从炉子里飘出来的柴火烟味。

“把它放到她的椅子上去。”阿拉布尔太太说。阿拉布尔先生就把纸箱放在弗恩的位子上，然后他走到水池旁边洗了手，用滚筒架上的擦手毛巾擦干。

弗恩慢慢地一步一步下楼。她的眼睛哭红了。当她走近她那把椅子的时候，那纸箱摇摇晃晃地，里面发出抓扒的声音。弗恩看着她爸爸。接着她掀起纸箱盖。从里面抬头看着她的，正是刚生下来的那只小猪。是只小白猪。晨光透过它的耳朵，把它们映成了粉红色。

“它是你的了，”阿拉布尔先生说，“你让它免于一死。愿老天爷原谅我做了这傻事。”

弗恩盯着小猪看，眼睛怎么也离不开它。“噢，”她很轻很轻地说，“噢，瞧它，它棒极了。”

延展阅读

《精灵鼠小弟》

本书是怀特所著的三部童话之一。1999 年好莱坞根据此书，把它改编拍成电影，由真人和一只电脑制作的老鼠合演，让倔强而可爱的鼠小弟征服了全世界。书中讲述了美国纽约一个叫利特尔的普通家庭，他们有了一个像老鼠一样大小、长得也像老鼠的男孩斯图尔特。但是一家人没有大惊小怪，更没有唉声叹气。相反，由于鼠小弟斯图尔特的出现，一家的生活反而变得更加有趣，发生了很多好玩的事儿。故事充满了浓浓的亲情和深深的爱意。鼠小弟斯图尔特充满了冒险精神，他为了寻找自己所爱的小鸟玛加洛，驾驶着微型小汽车，向北前进，乐观地迎接挑战，百折不挠地追求自己的爱。他说：“我将一直朝北走，直到我的生命结束。”

《一千零一夜》

阿拉伯民间故事

《一千零一夜》激发了一代代文学家的创作灵感，对后世文学产生了深远的影响。

关于作者

《一千零一夜》是闻名世界的阿拉伯经典文学作品，是阿拉伯民间故事集。该书又名《天方夜谭》，书中讲述的是阿拉伯地区的古代民间传说，反映的是阿拉伯帝国的社会生活。

《一千零一夜》的故事，很早就在阿拉伯地区的民间口口相传，大约在公元八九世纪之交开始出现手抄本，可以说该书的产生是全体阿拉伯人智慧的结晶。到了12世纪，埃及人首先使用了《一千零一夜》的书名，但直到15世纪末、16世纪初这本书才基本定型。到了18世纪，该书传播至欧洲、亚洲许多国家，在欧洲掀起了"东方热"。当时中国把该书取名为《天方夜谭》，"天方"是从前中国对阿拉伯的称呼。

《一千零一夜》以其博大的内涵、高超的艺术，激发了一代代文学家的创作灵感，对后世文学产生了深远的影响，世界文学巨匠拉封丹、薄伽丘、伏尔泰、司汤达、歌德等人都曾"不止一遍"地阅读《一千零一夜》，并从中获得启迪。高尔基把它誉为民间口头创作中"最壮丽的一座纪念碑”，它将永远受到世界人民的喜爱。

荐读理由

关于《一千零一夜》产生的故事在全世界已经是妇孺皆知：古时候，萨桑王国的国王山鲁亚尔因妻子背叛了他而万分仇恨女人。因此，他每晚娶一个少女过夜，天亮后便将少女杀掉。这样的日子持续了很长时间。在全国上下都人心惶惶的时候，宰相的女儿山鲁佐德为救无辜的女孩，大胆入宫，并每晚给国王讲一个故事，在天亮讲到故事的高潮时便停下来，国王想听完故事，不忍杀她，以便她第二天接着讲。经过 1001 个夜晚，国王终于被故事中的人和事所感动，打消了杀女人的心思，与山鲁佐德白头偕老，世界名著《一千零一夜》也由此诞生。

公元八九世纪正是阿拉伯帝国的全盛时期，它横跨亚洲、欧洲和非洲，有着独特而辉煌的文化。《一千零一夜》全书共有 200 多个故事，它们把神奇的想象和当时阿拉伯的现实结合起来，读故事便可了解那个时期阿拉伯人的生活风貌。

《一千零一夜》的内容十分丰富，它最显著的特点是大故事中套着小故事，盘根错节，层层深入，情节错综复杂而又合情合理，心理描写细致入微而又感人心扉，把瑰丽的幻想和真切的描述巧妙地融为一体，构成曲折多姿、变幻莫测的艺术境界。书中常把威严的帝王将相与普通的庶民百姓、人们常见的花鸟鱼虫与想象中的神魔鬼怪，巧妙地融入一篇篇富于哲理和人情味的故事情节中，深切地表现主人公与命运抗争，与各种艰难险阻以及社会上的假丑恶现象斗争的敢于冒险、勇于抗争的大无畏精神，令人不忍释卷。

《一千零一夜》更是少儿读物中不可多得的世界名著。书中不吝笔墨，描写了不少少年英雄。他们机智勇敢，博学多才，为真理而孜孜不倦地追求，对少儿读者有着良好的启迪和鞭策作用。

《一千零一夜》这枝世界文学百花园中的奇葩，将永远盛开，并将继续推动世界文学艺术和文明不断发展。

先睹为快

与农夫逗笑了一会儿，国王马尔诺告别了农夫，快马加鞭，赶回猎场，率领下属和仆从们打道回宫。他回到王宫后，吩咐仆从说：

“等一会儿，有个农夫骑着毛驴，带着一些胡瓜来见我，你让他进来好了。”

农夫牵着毛驴，慢慢腾腾地来到京城，找到王宫，求见国王。仆从果然放他进宫，面见国王马尔诺。农夫见国王陛下穿着华丽的宫服，威严地坐在宝座上，周围是全副武装的卫士和成群的奴婢。他不敢正眼去看国王，也认不出他就是在山上遇到的那个骑马的猎手。他毕恭毕敬地向国王致敬。国王笑容可掬地、和蔼可亲地与他交谈，问他：

“农夫，你带了什么好东西进宫来了？”

农夫说：“我精选了自己种的胡瓜，特意带来请陛下尝鲜儿来了。”

国王问：“你打老远的家乡给我送新鲜胡瓜来，你希望我赏给你什么呢？”

农夫说：“陛下，您知道我们农民终年种地糊口不容易，如果您要赏我什么，不如赏我1000个金币，也好买牲口，买种子，以便开垦，种植更多的胡瓜。”

国王笑着说：“你需要钱，我是理解的，但你一张口就要1000个金币，这个数目未免太大了。”

农夫说：“那就赏500个金币，减半吧。”

国王说：“这个数目也还不小呢。”

……

农夫说："那就30个金币吧，这可是最低的限度了。"

国王说："不行，30个金币还是多了。"

农夫仰头长叹一声，说道："您作为一国之君，难道连30个金币也不肯赏给一个孤苦无靠的农夫吗？这事儿也真奇怪了，今天在半道上我碰到一个倒霉的家伙，他说的话怎么跟您说的竟然一模一样呢？"

国王听了农夫说的话，忍不住笑出声来。他这一笑不要紧，引得农夫抬头正眼看了他半天，终于认出来，面前正襟危坐的国王正是他在半道上碰到的那个人。此时他才恍然大悟，忙说：

"陛下，小农夫罪该万死！我的毛驴还留在宫外呢，我得赶快去看看，别叫人给牵走了。得了，我什么也不要了，就此告退了。"

国王马尔诺见农夫那忠厚、善良、质朴的样子，笑得前仰后合。他笑了一阵子，对管钱的官员说：

"你去我的钱库中取来1000、500、300、200、100、50、30等数额的金币各一份，拿来如数送给这个好心、善良的农夫吧。"

这样，农夫共得到2180个金币，乐呵呵地赶着毛驴回家去了。

延展阅读

《365夜故事》

365个夜晚，每个夜晚都有故事的陪伴，每个故事都带给小读者们全新的感受。翻开这本书，小读者就会被带入一个多姿多彩、奇妙变幻的故事王国中。本书收录了许多经典小故事，语言简洁明快，插图精美有趣，对陶冶小学生的性情、锻炼小学生的意志都有很大帮助。

《你看起来好像很好吃》

〔日〕宫西达也　著

每个人心里都有一颗爱的种子。小读者读了这个故事会体验到爱与被爱的快乐，人与人之间交往的真谛。

关于作者

宫西达也，1956 年生于日本的静冈县，毕业于日本大学艺术学部，是当前最活跃的日本绘本作家之一。绘本图书与其他普通图画书的区别在于绘本图书通常有独立的绘画著者，图画有个人风格，画面即情即景，可单幅成画。宫西达也在此之前从事过人偶剧的舞台美术和平面设计工作，因此在进行绘本创作时有着自己独特的优势，形成了自己的创作风格。

作为四个孩子的父亲，宫西达也从自己的童年记忆和育儿经验中获取创作灵感，他知道孩子的思维是怎么跳跃的，深谙给孩子讲故事的技巧。他的创作几乎是在进入童真童稚的状态下展开的，因此使得作品充满了儿童天真的趣味。其温馨的故事、曲折的结构和有个性又有力度的画风受到孩子和成人的广泛欢迎。其作品《今天运气怎么这么好》获讲谈社出版文化奖绘本奖，《爸爸是赛文奥特曼》《你看起来好像很好吃》均获剑渊绘本乡绘本奖大奖。在创作的同时，他还致力于绘本的推广工作，几乎走遍日本的每一个地方，为孩子和家长做绘本的演讲。

宫西达也的作品以描述父爱而著名。他说很多小孩子只看到在家劳累的母亲和休息日鼾声大作的父亲，却不知道父亲在外是怎样辛苦赚钱养家的，自己有责任通过画笔展示父亲的全貌。相比于绘本，日本很多家长更愿意让孩子去读一些教辅类图书，宫西达也认为这抹杀了孩子的天性，使孩子朝着个人主义、自私的一面走去。他认为绘本是能让孩子内心感动的书。

宫西达也的主要作品还有《我是霸王龙》《你真好》《乒乒和乓乓钓大鱼》《好饿的小蛇》等，这些书已在中国翻译出版。此外，他创作的《好想要一个娃娃》《三只饿狼想吃鸡》《逃学的老鼠》《永远永远爱你》《一只猪和一百只狼》等作品在日本也颇受欢迎。

荐读理由

《你看起来好像很好吃》通过讲述发生在恐龙时代的一只霸王龙和一只小甲龙之间的感人至深的父子亲情故事，揭示出每个人心里都有一颗爱的种子，让小读者从中体验到爱与被爱的快乐。孩子们将通过该书感受到父爱的深沉、宽厚与浓烈。

白垩纪恐龙时代，在一个晴朗的日子里，一只甲龙宝宝出生了。“嘿嘿嘿嘿，你看起来好像很好吃！”一头霸王龙流着口水，猛扑过去正要吃小甲龙的时候，甲龙宝宝叫了一声“爸爸”就抱住了霸王龙。

霸王龙吓了一跳：“你怎么知道我是你爸爸呢？”“因为你叫我的名字呀。知道我名字，就一定是我的爸爸。”甲龙宝宝告诉霸王龙，“我的名字叫‘很好吃’。”接着，“很好吃”开始吃草，一边吃还一边说：“我要多吃一些，早点长得像爸爸一样。”

为了这个突然出现的“儿子”，一向凶残的霸王龙不仅要保护它不受其他恐龙的伤害，还要为了防止自己误伤到“很好吃”而改掉了食肉的习惯，本该是水火不容的两只恐龙过上了真正的父子生活。一头吉兰泰龙要吃“很好吃”，被霸王龙挡住了，为此霸王龙身负重伤。这天晚上，“很好吃”在霸王龙的怀里睡着了。看着它，霸王龙小声说：“你想长得像我一样啊！”霸王龙心里一阵阵地疼，比身上的伤口还要疼。

第二天一早，霸王龙发现“很好吃”不见了，它急坏了，后来才发现原来“很好吃”去给它摘红果子去了。当霸王龙教会了“很好吃”各种各样的本领之后，它对“很好吃”说：“今天，我们就分开吧！”“很好吃”哭了：“我要长得像爸爸一样。我一定要和爸爸在一起！”霸王龙说：“不，你不应该长得像我一样，你也不会长得像我一样。”它骗“很好吃”说：“咱们赛跑吧，看谁先跑到那座山上。如果你赢了，我就会一直和你在一起。”为了一直和爸爸在一起，“很好吃”头也不回地朝着山上跑去。这时，它看到了两只大甲龙，那才是它真正的爸爸和妈妈。

在它身后一个远远的地方，霸王龙吃下了一个红果子，小声地说：“再见，‘很好吃’。”

每一个人心里都有一颗爱的种子。小读者读了这个故事会体验到爱与被爱的快乐，人与人之间交往的真谛。

先睹为快

就这样，日子一天一天地过去了。

有一天晚上，霸王龙说：“‘很好吃’，我已经没什么能教你的了。今天，我们就分开吧，再见！”

“不要，不要！绝对不要！”“很好吃”扑簌簌流下了眼泪。

“我要长得像爸爸一样。我一定要和爸爸在一起！”

“不，你不应该长得像我一样，你也不会长得像我一样。”

“不要，不要！绝对不要！”

“好。那么，咱们赛跑吧，看谁先跑到那座山上。如果你赢了，我就会一直和你在一起。”

“好，我不会输的。”

“很好吃”擦了擦眼泪跑起来。

他拼命地往山上跑啊跑啊。

“我要一直和爸爸在一起！”

“很好吃”头也不回地，一个劲儿地往山上跑去……

（山的那一边，是两只大大的温和的甲龙。）

“再见，‘很好吃’。”

霸王龙小声地说着，吃下一个红果子。

延展阅读

《今天运气怎么这么好》

这是作者的另一部精品。

野狼乌鲁在午睡林里发现许多小猪，它觉得自己运气好得不得了，决定去叫好朋友哇呜、嘎鲁鲁、贝罗一起分享。而他的朋友们也乐于跟乌鲁分享它们在午睡林里找到的美味。乌鲁因为健忘和分心，一再忘了小猪的事。结果，小猪们终于睡醒了，也为这一天的好运气而高兴呢。书中这只可爱又健忘的大灰狼，就像一个爱丢三落四的小孩，小读者在笑声中看到了自己的影子，同时，作者也颠覆了传统的大灰狼形象。

《大林和小林》

张天翼　著

在新奇的想象、极度的夸张中，一对孪生兄弟的截然不同的人生之旅开始了……

关于作者

每一段年华都有一段回忆，童话就是我们幼年时期的美好回忆。《白雪公主》《灰姑娘》《青蛙王子》《皮皮鲁和鲁西西》……一点一点，构成了我们充满童趣的岁月。那么，你听说过《大林和小林》的作者张天翼吗？他不仅是一位儿童文学家，还是中国现代文学史上著名的小说家，由他创作的《华威先生》《包氏父子》深受读者的欢迎和喜爱。那么，张天翼是何许人呢？

张天翼（1906—1985），现代小说家、儿童文学作家。从小热爱读书，年少时考入上海美专学习，后来考入北京大学预科，课余时间仍广泛阅读文艺书籍并从事绘画写作。他做过家庭教师、会计、记者、机关办事员、文书等，经历丰富而备尝生活艰辛。他曾与鲁迅通信，后来参加了中国左翼作家联盟，积极从事革命文艺创作和其他革命活动。新中国成立后，担任过中国作家协会理事、《人民文学》主编等职。

这样的出身与经历，让他接触到了当时中国社会真实的情况，也看到了各种耐人寻味的社会现象。他的作品多以嘲讽的笔调进行创作，文笔活泼新鲜，风格辛辣。他的儿童文学作品有《大林和小林》《罗文应的故事》《宝葫芦的秘密》《秃秃大王》等，这些作品秉承了作者描绘“真的世界”、刻画“真的人”、讲“真的道理”的儿童文学创作观，集合了中国人的幽默与中国式的智慧，充满奇思妙想，是值得每一个孩子放进书架翻开阅读的民族童话精品。

荐读理由

《大林和小林》是张天翼发表于1932年的长篇童话。大林和小林这对孪生兄弟的父母因贫苦而早早死去，两兄弟只好出外谋生，不料却走上了不同的人生之旅。故事以此展开，通过兄弟俩具有传奇色彩的不同经历，展示了不同社会层面人们的生活以及两个阶级的矛盾斗争。哥哥大林被富翁叭哈收养，改名唧唧，好吃懒做，养尊处优，在200个仆人伺候下，变得肥胖无比。弟弟小林辛辛苦苦做童工，在资本家四四格的工厂里饱受欺凌虐待，为了避免被四四格变成鸡蛋吃掉的命运，和小伙伴一起奋起反抗，打死了四四格。小林努力奋斗当上火车司机，大林与蔷薇公主结婚，坐火车去海滨。这时候，两兄弟终于相遇了……

故事在新奇的想象、极度的夸张中展开，用漫画式讽刺的戏剧手法将荒诞不经的情节、层出不穷的闹剧一一呈现在读者面前，典型地反映着张天翼20世纪30年代童话创作的基本风格。作者用滑稽、幽默、儿童化的语言，使得童话故事中的人物更加生动活泼，增强了作品的艺术表现力和感染力。此外，这一童话题材，运用儿童化的视角和语言，巧妙地反映了当时的社会面貌，在讽刺与幽默之余，也让我们看到了作者对当时社会上一些不良现象的揭露与批判。

童话故事是以儿童的兴趣和理解力为基础而进行创作的。《大林和小林》作品结构宏大，反映的社会生活面广阔，很多大人读了都觉得富有深意。无论是作者娴熟幽默的语言，还是跌宕有趣的情节，都吸引着读者想去其中品味一番。

先睹为快

从前有一个很穷很穷的农人，和他的妻子住在乡下。他们都很老了，老得连他们自己都说不上有多大岁数了。有一天，他们忽然生了两个儿子。这个老农人非常快活，叫道："我们有儿子了！我真想不到这么大年纪还能生儿子。"

他妻子也很高兴，她说："我们一定得给他们取两个好名字。"

取什么名字呢？老头儿可没了主意。他想，翻《学生字典》吧，翻到什么字就取什么。

一，二，三！一翻，是个"菜"字。大的叫"大菜"，小的叫"小菜"吗？

"哼，我们连饭都吃不上，还'菜'呢！"老头儿自言自语。

第二次翻，是个"肥"字，也不合适。

翻来翻去总找不到适当的字。老头儿就这么翻了一晚。到快天亮的时候，这老头儿拿着锄头走出门去。外面太阳照着树林，这老头儿高兴地叫："好了，就取个树林的'林'吧！"名字就给取定了：大的叫大林，小的——当然叫小林。

过了十年，老农人和他的妻子死了。临死的时候，他们对大林和小林说："家里什么也没有，你们应当到外面去做工。我们死了之后，你们可以把我们抬到后面小山上。山上的乌鸦会来给我们造坟墓。然后你们就带着东西去找活儿吧。"

大林和小林就把他们父母的尸体抬到了山上。他们刚下山，树上的乌鸦们果然一齐飞起来，一面哇哇地叫，一面去衔了土，给这两位老人堆成了一座坟。

延展阅读

作者还有下列精品：

《华威先生》

本书是张天翼的代表作，也是中国现代短篇文学史上不可多得的名作。作者并没有集中描写哪个事件，也没有多么集中的矛盾冲突，然而作者漫画式的对华威先生整天忙碌于开会、演说、吃饭的描写，却给读者留下了深刻的印象。张天翼创作中的讽刺艺术，也在这篇小说中得到了很好的体现，华威先生更是成为讽刺艺术画廊中的典型形象。

《包氏父子》

本书是张天翼的另一力作。老包是某公馆的听差，他含辛茹苦望子成龙，即使借贷也要把儿子小包送进洋学堂，幻想他有朝一日能做大官，自己当老太爷……可是儿子却不争气，不但接连留级，还跟在一帮地主阶级的阔少爷屁股后面鬼混，最终被学校开除。老包在幻想破灭、债方逼迫的境况下昏厥了。《包氏父子》影响甚大，曾被改编成电影搬上银幕。

《丰子恺童话》

丰子恺　著

丰子恺先生的作品，无论是漫画还是童话故事，都洋溢着、传播着对人类的“爱心”。

关于作者

丰子恺（1898—1975），中国现代漫画家、散文家、教育家和翻译家，新文化运动的启蒙者之一，曾用名丰润、丰仁、婴行，号子恺，字仁，浙江崇德人。1914 年考入浙江省立第一师范学校，从李叔同学习音乐、绘画。1921 年东渡日本，学西洋画。1925 开始文学创作并发表漫画，以漫画著名艺坛。新中国成立后定居上海，曾任上海中国画院院长、中国美协上海分会主席、上海对外文化协会副会长、上海市文联副主席等职。他的文学创作以散文为主，主要有《缘缘堂随笔》《缘缘堂再笔》《缘缘堂续笔》等；漫画有《子恺画全集》；译著有日本厨川白村的《苦闷的象征》、俄国屠格涅夫的《初恋》和日本古典名著《源氏物语》等，出版有《丰子恺文集》（7 卷）。

丰子恺先生笃信佛教，这影响了他的一生。抗日战争之前，在苏州缘缘堂期间，有一次，丰子恺先生从乡下携带一只鸡，乘火车到杭州放生。但是他对鸡也起了恻隐之心，不忍心像常人一样把鸡脚捆缚起来倒提着，于是撩起自己的长袍把鸡放在里面，外面用手兜着。因为他用手兜着的布长袍鼓起了一团东西，看起来很可疑，因此在火车站引起了一个便衣侦探的怀疑，便一直追踪着，同车到达杭州，一出站门便衣侦探便把他捉住了。幸亏站外早有人迎候丰子恺，说明原委，侦探才知跟错了人。丰子恺捧着要放生的母鸡，引得在场众人大笑不已。

丰子恺先生从年轻时代起，无论是他的漫画，还是他的散文、童话或生活故事，都洋溢着、传播着对人类的“爱心”。“爱心”是丰子恺先生一生追求的理想。他赞美儿童的天真，羡慕和憧憬儿童的生活，更注重儿童的图画教育，曾写过几十余篇有关儿童艺术教育的故事。在八年抗战时期，由于物质匮乏，没有儿童图画书，他便自己编故事、画图画给孩子们。丰子恺的儿童漫画，尊重儿童的思想、本性和情绪，充满了浓郁的温情和丰富的趣味，紧密联系儿童生活和故事情节，幽默风趣，反映社会现象，真正起到了启蒙教化儿童的作用。像他这样一生为儿童绘画，即使是在最艰苦的时期也从不间断的艺术家，在中国几千年的历史上寻找不到第二人！

荐读理由

丰子恺先生在完成这本书时，专门为此书写了序言。

在序言中，他说道：“我小时候要吃糕，母亲不买别的糕，专买茯苓糕给我吃。很甜，很香，很好吃。后来我年稍长，方才知道母亲专买茯苓糕给我吃的用意：原来这种糕里放着茯苓。茯苓是一种药，吃了可以使人身体健康而长寿的。后来我年纪大了，口不馋了，茯苓糕不吃了；但我作画作文，常拿茯苓糕做榜样。茯苓糕不但甜美，又有滋补作用，能使身体健康。画与文，最好也不但形式美丽，又有教育作用，能使精神健康。数十年来，我的作画作文，常以茯苓糕为标准。”

《丰子恺童话》这本册子里的十几个故事，原是对小朋友们的笑话闲谈。但笑话闲谈，作者也不愿其仅是笑话而没有意义。所以其中不少篇目仍是茯苓糕式的：一个故事背后藏着一个教训。这其中蕴涵的深刻寓意需要大家在阅读的过程中加以细细品味。

先睹为快

从前，自流井有一位寡妇。她的家境并不好，却有许多子女。她为子女打算，决定把所有财产变卖了，去请掘井专家来掘盐井。她想，如果掘得成功，子孙世世代代，吃用不尽。于是她实行了：先请专家来看地；看定了地，再请掘井工人来动手。她每天供给工人工钱和伙食。掘了数十天，掘出来的只是石屑，并没有盐水。再掘下去，仍是石屑！掘了一百多天，总是不见盐水！工人告诉寡妇：“老板娘，这工作没有成功的希望了，还是作罢，免得再白费金钱了！”老板娘不甘心，回答说：“你们再掘三天吧。如果再掘三天没有盐水，我甘心作罢。因为我还有几匹布，可以卖脱了当做三天的工本。”工人依她的话，再掘三天。但盐水仍是没有。工人们再要求老板娘罢手。老板娘说：“请你们再掘三天吧。我还有几担谷，可以卖脱了当做工本。”工人也依她的话，再掘三天。掘出来的依然是石屑，却没有盐水。

其实最后一天，老板娘卖谷的钱已经用完，伙食开不成了。但这寡妇是很仁慈而慷慨的。她觉得工人们很辛苦，最后一天非款待不可。于是她拔下头上的金钗来，典质了钱，去买酒和肉，来答谢工人们的辛苦。她说：“掘井不成功，是我的命运不好之故，与你们无关。我仍要答谢你们的辛苦。”工人们吃了她金钗换来的酒肉之后，大家觉得感激和抱歉。这晚上，工头同工人们商量：“我们替老板娘掘了几个月井，毫无成功。她白费了许多钱，又典金钗来请我们吃酒肉，实在太客气了。我的意思，我们从明天起，替她再掘三天，不要工钱，作为奉送。如果掘出盐水，大家欢喜；如果依然没有盐水，我们也对得起她了。你们意思如何?”工人们一致赞成。

……

有人说：“这是善的报应。因为老板娘良心好，待人好，所以天公给她一个好的报应。”但我不喜欢这样说，我以为这完全是科学的问题与毅力的结果。假如地下真个没有盐水，即使工人们奉献十天，也是不成功的。地下真有盐水，人们真有毅力，就自然会成功了。小朋友们大概都赞成我的话吧。人类文明的进步，全靠科学，全靠毅力!

延展阅读

《三毛流浪记》

这部不朽的连环漫画曾在我国产生过巨大的影响。三毛，一个身世凄凉，饥寒交迫，受尽欺辱，贫穷得只剩下三根头发的漫画儿童形象，于 1935 年诞生于中国著名漫画家张乐平之笔。《三毛流浪记》创作于 1947 年，当年在《大公报》上连载。作者凭着一支笔、几张画，无需一个文字甚至符号，把这个流浪儿童在旧社会被奴役、被欺负、被凌辱、被践踏的悲惨遭遇表现得淋漓尽致。它不但揭露了人间的冷酷、残忍、丑恶、欺诈与不平，更为宝贵的是，它强烈地刺激着每一个善良的同情心！喜欢三毛、同情三毛是孩子的天性使然，因为他流浪儿的身份，因为他贫穷却依然执著乐观的性格，他的喜和悲似乎都和我们息息相关！三毛是过去那个时代的历史写真，但也同样鞭策和感染着一代又一代的孩子，教会他们勇敢、善良和乐观。

《皮皮鲁总动员》系列

郑渊洁　著

《皮皮鲁总动员》保持了作者一贯的文笔风格，语言轻松幽默，又不乏思想深度，是家长进行优化家庭教育的首选图书。

关于作者

提到当代文学，就不能不说郑渊洁，这位著名作家、教育家、思想家、慈善家、散文家、社会活动家、主持人、诗人最大的特色是几十年如一日的井喷式创作状态，看到什么都能写进故事里，是一个人写一本月刊25年世界纪录保持者。他的作品，大致可分为以下几类：

第一类是儿童童话，显著特色是“万物皆活物”，无论什么东西，桌子椅子、键盘鼠标、苍蝇蜻蜓、猪马牛羊、便池马桶，都可以有生命、有思想。适合上中学前的少年儿童阅读，著名的有《十二生肖系列童话》《鲍尔历险记》《旗旗号巡洋舰》等。

第二类是成人童话，特点是篇幅长，而且不时冒出几句饱含哲理的“珠玑”，文章开头部分尤多。在成人的世界里发生的不可思议的事情，往往在开始时让人难以接受，而后带来巨大灾难，解决方法也总是相当悲壮，尤其到了故事后期，人物行为更是怪诞出乎意料。适合所有人群阅读，经典之作如《巴拉娜》《生化保姆》《金拇指》《鬼车》等等。

第三类是随笔，这是当代文学的一大奇观、一道盛宴、一剂良药，在他的所有作品中最具可读性和重读性。他的随笔以社会现实作为出发点，针砭时弊，一针见血，掷地有声，发人所不敢发。他的随笔不多，但质量相当高，思想性相当强，引申极为广泛，代表就是他的随笔集《郑渊洁的一百个第一次》。

虽说他的随笔成就最高，但他贡献最大的却是儿童童话这方面。有人说，郑渊洁一半的时间用来写作，一半的时间用来疼儿子，若不是他儿子我们也读不到这么多优秀的童话。而他的另一惊人之举便是让儿子亚旗退学，自己编了教材在家办个人学校。

而郑渊洁不入作协、不领工资，坚持稿费自养，更是实力和自信的象征。在2008年为汶川大地震的捐款中，郑渊洁却是大陆捐款最多的作家，也是获“中华慈善楷模”称号的第一位作家，这种高昂的不入俗的生活姿态实在令人佩服。

随着年龄的增长，最近几年，郑渊洁脱离往日的隐士生活，再次入世积累写作题材，尤其热衷于当现场嘉宾。他幽默的风格、敏捷的反应、精准的观点，向社会展示了一个全新的作家形象。而他的这次入世会给大家带来怎样的作品？他的写作风格会有怎样的转变？让我们一起期待。

荐读理由

《皮皮鲁总动员》是新闻出版总署向全国少年儿童推荐的图书，该系列由70本书构成，曾荣获中国图书出版物国家级最高奖项——“中华优秀出版物奖”和新世纪最受读者关注十大少儿图书。

《皮皮鲁总动员》是作者近千万字作品中皮皮鲁故事的首度汇集，同时以皮皮鲁形象为线索，串联了郑渊洁童话中其他最受读者欢迎的精彩故事，堪称“郑渊洁童话观止”。

这套丛书包括：《鲁西西和龙珠风波》《皮皮鲁保卫叛逆者》《鲁西西外传》《皮皮鲁分身记》《皮皮鲁逃往雅典娜》《皮皮鲁和红桃老K》《皮皮鲁蒙冤记》《皮皮鲁和幻影号》《皮皮鲁和魔方大厦》《皮皮鲁和魔筷》《皮皮鲁和蛇王阿奔》《罗克练摊记》《皮皮鲁和机器猴》《鲁西西和红汽车历险记》《罗克和超级警犬》《野狼歌唱家罗克》《罗克和返老还童丸》《皮皮鲁恐怖易位》《皮皮鲁和病菌老大》《皮皮鲁和梦中人》《皮皮鲁和罐头小人》《罗克和八字论文》《罗克和神圣考察》《鲁西西和大侦探乔麦皮》《皮皮鲁和大灰狼罗克》《皮皮鲁和奔腾验钞机》《皮皮鲁和超能智齿（上）》《皮皮鲁和超能智齿（下）》《皮皮鲁和巴拉娜》《克隆皮皮鲁》《皮皮鲁遥控老师》《皮皮鲁和肥皂订书机》《皮皮鲁和红沙发音乐城》《皮皮鲁和红鼻子火车》《皮皮鲁和蜘蛛表》《皮皮鲁和沙漠潜艇》《皮皮鲁和神秘汽车》《皮皮鲁和火车》《皮皮鲁和金拇指》《皮皮鲁和生化保姆》《皮皮鲁和换头软件》《舒克贝塔和老鼠报》《舒克贝塔和歌唱家》《舒克贝塔和五角飞碟》《皮皮鲁和舒克贝塔》《皮皮鲁和教室里的隐身人》《皮皮鲁和419宗罪》《皮皮鲁压缩人生7天》《舒克贝塔德国游》《舒克贝塔航空公司》《贝塔无敌软件》《皮皮鲁和车鼠李小二》。

其中，“皮皮鲁总动员·鲁西西系列”是其新创力作。本套书保持了郑渊洁一贯的文笔风格，语言轻松幽默，流畅风趣，而又不乏思想的深度，在字里行间依然闪烁着奇异深邃的思想火花。

近日，《皮皮鲁总动员》在原基础上又增加了“皮皮鲁讲堂系列”（6本），是郑渊洁当年给儿子郑亚旗编写的10部家庭教材中的写作篇，有《舒克送你一支神来笔》《大作家都有狗鼻子》《创造属于你自己的语言》《皮皮鲁的顺风耳》《神奇的方向盘》和《心中有座独木桥》。郑渊洁将其写作30年的全部经验融入书中，又用3年时间通过皮皮鲁讲堂面对面向2000名孩子1000课时授课将其完善。全套书6本共70万字，没有一篇学生习作，而以往教孩子写作文的图书都靠大量收入学生习作注水。《皮皮鲁总动员》之“皮皮鲁讲堂”系列（6本）

是中国第一部没有学生习作的用讲故事的方式教孩子写作文的指导书。

所以，读《皮皮鲁总动员》，不只是给孩子讲故事，还是家长进行优化家庭教育的首选图书。

先睹为快

你多半听说过皮皮鲁和鲁西西，对，就是那对孪生兄妹。

上小学四年级。经常碰到有趣的事情。

昨天夜里，鲁西西在睡梦中朦朦胧胧看见一个黑影子从窗户闪进她的屋里，她还没来得及喊，黑影子又从窗户飘出去了。今天早晨，她把这事告诉了皮皮鲁。皮皮鲁让妹妹先别和爸爸妈妈说，他最讨厌那些碰到屁大的事就去惊动爸爸妈妈的人。皮皮鲁决定今天晚上来看看那个黑影子是什么东西。要知道，皮皮鲁家住二层楼呀！能从窗户进来，少说也会飞檐走壁，这正是皮皮鲁梦寐以求的功夫，他正愁找不到师傅教他呢！

从晚上十点开始，皮皮鲁就躲在妹妹房间的壁柜里，他准备好一把手电，一根棍子。

鲁西西躺在床上假装睡觉，大气也不敢出。

忽然，窗帘抖了一下。皮皮鲁全身一颤，定眼看看，没动静，大概是风刮的。

皮皮鲁出了口长气，刚想闭会儿眼睛，只觉得从外边吹进来一股冷气，那冷气刮到脸上直扎骨头，凉森森的。说时迟，那时快，只见一个黑影子从窗户外边跳了进来，落在地上一点儿声音也没有。

皮皮鲁屏住呼吸，看那黑影想干什么。

只见黑影子跳到挂历跟前，默默地看挂历。

“看挂历干什么？”皮皮鲁心想。他感觉到这黑影子挺可怕，像书里描写的鬼怪一样。

越是可怕，皮皮鲁就越想看看是什么东西。

皮皮鲁运足了气，突然从壁柜里冲出来，一屁股坐在窗台上，堵死了黑影的逃路。随后，他打开了手电，一束刺眼的亮光直射黑影。

真是个怪物！牛头，人身子，还骑着一匹说不出名的走兽。

皮皮鲁吓得喘不过气来。鲁西西赶紧用被子蒙住头。

那怪物刚要自卫，一看是个男孩子，就停在原地没动。

“你……你……是谁？到……到我家……来干什么？”皮皮鲁看见怪物没有伤害他的意思，就壮着胆子问。

“你不认识我？”怪物觉得奇怪。

“我？认识你？”皮皮鲁看看怪物，还真有点儿面熟。

“我是牛魔王！”牛魔王自我介绍说。

“牛魔王！”皮皮鲁一惊。他再仔细一看，真是《西游记》里的牛魔王！“你，你还活着？”“当然活着。我听说今年是我们牛年，特来人间看看。没想到我在人间的名声不好，人们都讨厌我，连个落脚的地方也没有。唉！”牛魔王叹了口气。

皮皮鲁同情牛魔王了。是呀，人家大老远地来到地球上做客，干吗对人家冷淡呀！就因为人家几千年前没借给孙悟空芭蕉扇吗？当时人家不是已经认错了吗？皮皮鲁最讨厌总拿老眼光看别人。他在学校是深受其害。老师和大多数同学都认定他皮皮鲁长大没出息——现在考试成绩不好的人，长大能有出息吗?!

“你就在我们家歇歇吧，我们欢迎你！”皮皮鲁从窗台上跳下来，拉开电灯。

牛魔王惊讶地睁大了眼睛。看得出，他很感激皮皮鲁对他的同情。

“我叫皮皮鲁，这是我妹妹鲁西西。”皮皮鲁一边说一边把鲁西西从床上拉起来，介绍给牛魔王。鲁西西吓得不敢看牛魔王。

“你去给牛魔王拿点儿吃的，轻点儿，别把爸爸妈妈惊醒了。”皮皮鲁吩咐妹妹。

鲁西西绕着牛魔王走，去厨房拿吃的。

“你骑的这是什么呀？”皮皮鲁问牛魔王。

“这叫碧水金睛兽，是我的坐骑。”牛魔王一边说一边从碧水金睛兽身上下来，指着墙上的挂历问，“这画上全是牛？”原来牛魔王是看挂历上的牛！皮皮鲁忙告诉他，因为今年是牛年，所以到处都画了牛。

（摘自《牛魔王新传》）

延展阅读

作者还有下列精品：

《舒克和贝塔全传》

舒克和贝塔是郑渊洁笔下最著名的童话形象，舒克和贝塔伴随了几代人的成长。《舒克和贝塔全传》总共366集，悬念迭起、扣人心弦、故事精彩、想象奇特是这部巨著的特色。《舒克和贝塔全传》是成年人回到童年、未成年人享受童年的灵丹妙药，是馈赠给孩子和朋友的精神礼品大餐。

《郑渊洁童话全集》

本书囊括了郑渊洁1978至2000年写的全部童话，共33卷本，里面有《大灰狼罗克》《魔方大厦》《舒克贝塔历险记》《皮皮鲁鲁西西全集》等郑渊洁的经典童话作品。

自然科幻

《昆虫记》

〔法〕法布尔　著

作者笔下的小虫子，一个个仿佛具有灵性，伶俐可爱，让人忍俊不禁，就连一般人讨厌的食粪虫让人看了都觉得妙趣横生。

关于作者

法国杰出博物学家、文学家法布尔（1823—1915），出身寒门，一生锐意进取。通过自学，他先后取得了数学学士学位、自然科学学士学位和自然科学博士学位，并且精通拉丁语和希腊语。但是他的奋发上进并未得到当时法国教育界、科学界权威们的认可，以致他虽然一直怀揣执教大学之梦却终未能如愿，只好屈就中学的教职，以微薄的薪金维持一家七口的生活。生活虽然艰辛，却无法阻挡法布尔前行的脚步。他在认真教书之余，也利用业余时间对昆虫进行细心的观察研究。凭着对昆虫世界那份强烈的好奇与热爱，法布尔展开了一种别样的人生。出现在他笔下的那些小虫子，一个个仿佛具有灵性，伶俐可爱，让人忍俊不禁，就连一般人讨厌的食粪虫让人看了都觉得妙趣横生。

法布尔拥有“哲学家一般的思，美术家一般的看，文学家一般的感受与抒写”。在他晚年之时，《昆虫记》的成功为他赢得了“昆虫界的荷马”以及“科学界诗人”的美名，他的成就得到了社会的广泛认可。荣誉面前，他却朴实如初，依然腼腆谦逊，过着清贫的生活。法布尔的才华受到众多文人学者的仰慕：罗曼·罗兰称赞道，“他观察之热情耐心，细致入微，令我钦佩，他的书堪称艺术杰作”；英国生物学家达尔文夸奖说，他是“无与伦比的观察家”。当他居住在塞利尼昂时，不少学者、文学家们前去拜访他。

拥有多重身份的法布尔，作品种类繁多：作为博物学家，他留下了许多动植物学术论著，其中包括《茜草：专利与论文》《阿维尼翁的动物》《块菰》《橄榄树上的伞菌》《葡萄根瘤蚜》等；作为教师，他曾编写过多册化学、物理课本；作为诗人，他用法国南部的普罗旺斯语写下了许多诗歌，被当地人亲切地称为“牛虻诗人”。此外，他还将某些普罗旺斯诗人的作品翻译成法语；闲暇之余，也曾用自己的小口琴谱下一些小曲。然而，法布尔作品中篇幅最长、地位最重要、最为世人所知的仍是《昆虫记》。这部作品不但展现了他在科学观察研究方面的过人才能和文学才华，也向读者传达了他的人文精神以及对生命的无比热爱。

1910 年，法布尔获得诺贝尔文学奖的提名。

荐读理由

《昆虫记》是法布尔的传世佳作，它不仅是一部文学巨著，也是一部科学百科。作者将专业知识与其人生感悟相融，通过对各种昆虫的日常生活习性、特征的描述，展示了自己对生活与世事的独特眼光，因而法布尔不仅被称为大博物学家，也被称为大文学家。

他毕生从事昆虫研究，本书运用散文的形式记录其研究成果与经历，他被称为“动物心理学的创始人”。《昆虫记》将人文精神与自然科学的庞杂实据相结合，没有哪位昆虫学家具备如此高明的文学表达才能，没有哪位作家具备如此博大精深的昆虫学造诣。如果没有法布尔，我们也就永远读不到《昆虫记》了。

这是一部研究昆虫的科学巨著，同时也是一部讴歌生命的宏伟篇章，字里行间都洋溢着作者本人对生命的尊重与热爱。地球是丰富多彩的，人类并不是一个孤立的存在，“蜘蛛”“黄蜂”“蝎子”“象鼻虫”……它们也是地球上的生命，处在一个紧密联系的系统之中。昆虫也是地球生物链上不可缺少的一环，昆虫的生命也应当得到世界的尊重。

我们用“奇迹”来概括《昆虫记》一书。一个人耗费一生的光阴来观察、研究“虫子”，可以算得一种奇迹；一个人一生专为“虫子”写出 10 卷大部头的书，更不能不说是奇迹；而这部写“虫子”的书居然一版再版，先后被翻译成 50 多种文字，直到百年之后还会在读书界一次又一次引起轰动，更是奇迹中的奇迹。

天地有大美。该书不仅真实可信地描写了昆虫的习性、生活等各个方面，展示了一个奇妙有趣的“昆虫世界”，而且作者的妙笔带领我们走进一次绚烂多姿的心灵之旅。因此，《昆虫记》是由人类杰出的代表法布尔与自然界众多的平凡子民——昆虫，共同谱写的一部生命的乐章，一部永远解读不尽的书。

先睹为快

看啦！在那池水深处，有一团绿绿的、浓浓的水草。我轻轻拨开一束水草，看到立刻有许多水珠争先恐后地浮到水面聚成一个大大的水泡。我想在这厚厚的水草底下一定藏着什么奇怪的生物。我继续往下探索，看到了许多贝壳像豆子一样扁平，周围冒着几个涡圈；有一种小虫看上去像戴了羽毛；还有一种小生物舞动着柔软的鳍片，像穿着华丽的裙子在跳舞。我也不知道它们为什么这样不停地游来游去，也不晓得它们叫什么，我只能出神地对着这个神秘、玄妙的水池，浮想联翩。

池水通过小小的渠道缓缓地流入附近的田地，那儿长着几棵赤杨，我又在那儿发现了美丽的生物，那是一只甲虫，像核桃那么大，身上带着一些蓝色。那蓝色是如此的赏心悦目，使我联想起了那天堂里美丽的天使，她的衣服一定也是这种美丽的蓝色。我怀着虔诚的心情轻轻地捉起它，把它放进了一个空的蜗牛壳，用叶子把它塞好。我要把它带回家中，细细欣赏一番。

接着我的注意力又被别的东西吸引住了。清澈又凉爽的泉水源源不断地从岩石上流下来，不停地滋润着这个池塘。泉水先流到一个小小的潭里，然后汇成一条小溪。我看着看着就突发奇想，觉得这样让溪水默默地流过就太可惜了。可以把它看做一个小小的瀑布，去推动一个磨。于是，我就开始着手做一个小磨。我用稻草做成轴，用两个小石块支着它，不一会儿就完工了。这个磨子做得很成功，只可惜当时没有小伙伴和我一起玩，只有几只小鸭来欣赏我的杰作。

延展阅读

《法布尔传》

本书由法国人勒古洛斯著，是记录法布尔生活与重要业绩的一部科学家传记。作者运用艺术彩笔，形象地勾勒出了科学家法布尔清贫而勤奋的光辉形象。

传记在详尽记录科学家一生生活风貌的同时，也运用生动的艺术描写展现了他独特的个性特点。通过阅读，人们不仅知道了法布尔其人其事，也被激发了研究科学的兴趣，而法布尔那坚韧不拔、刻苦钻研的精神更是让读者为之动容，激励着一代又一代奋斗不止的人们。

《八十天环游地球》

〔法〕儒勒·凡尔纳　著

凡尔纳的科幻小说陪伴着一代又一代的孩子度过他们的童年，为孩子们的梦想插上了翅膀，让他们跟随作品中的主人公一起踏上考验智慧和勇气的奇幻旅程。

关于作者

2005 年 3 月 24 日，法国以及欧洲乃至世界各地都在举行各式各样的纪念活动，不同民族的“凡尔纳迷”们在纪念这位享誉全球的作家逝世 100 周年。英国的《独立报》也在这天发表了《机器时代的梦想制造者》一文以示纪念。

儒勒·凡尔纳（1828—1905），这位“机器时代的梦想制造者”，在 2005 年法国人评选的“历史上最伟大的 100 个法国人”之中位列第 15 位，而拿破仑只排在了第 16 位。在这一年，凡尔纳的出生地南特和他度过后半生的城市亚眠都把 2005 年定为“儒勒·凡尔纳年”。

凡尔纳逝世时巴黎的一家报纸评论道：“这位会讲故事的老人去世了，这就和飞驰而过的圣诞老人一样。”是的，一个多世纪以来，这位会讲故事的老人陪伴着一代又一代的孩子度过他们的童年，他的故事为孩子们的梦想插上了翅膀，让他们跟随着作品中的主人公一起踏上考验智慧和勇气的奇幻旅程。

凡尔纳科幻小说的第一个中译本《八十日环游记》（后译作《八

十天环游地球》）诞生于1900年，距今已经有一个多世纪了，最初的译者福建女诗人薛绍徽在她的丈夫、旅法学人陈寿彭的帮助下完成了译作，出版后非常受读者欢迎，译本接连再版数次。于是凡尔纳的科学小说（当时称“科幻小说”）在这一影响下陆续被译成中文。1902年译出了《海底两万里》，同年梁启超也翻译了他的《十五小豪杰》，1903年鲁迅翻译了他的《月界旅行》（《从月球到地球》）等作品，到五四运动前，凡尔纳作品的中译本已不下15种。

凡尔纳走上文学道路不得不提的一个人便是大仲马。凡尔纳18岁那年，在一个偶然的机会邂逅了大仲马，二人结下了忘年交，于是凡尔纳开始和大仲马一起创作戏剧，并从此走上了文学道路，甚至连小仲马都说道：“就文学而言，凡尔纳更应该是大仲马的儿子。”在大仲马逝去13年后，凡尔纳仍念念不忘他的良师益友，他仿照大仲马的《基督山伯爵》创作了《桑道夫伯爵》。他将这本书献给小仲马，并在扉页的题词中写道：“我将这本书献给您，同时也献给对您的父亲的回忆。在这本书中，我试图让马迪亚斯·桑道夫成为《奇妙的旅行》中的‘基督山伯爵’。我请您接受这本书，以此见证我们深厚的友情。”

凡尔纳一生笔耕不辍，仅小说就有104部，在凡尔纳创作生涯的高潮期，平均6个月就有一部小说诞生。在创作投入时，凡尔纳除了吃饭就待在书房里，这样还不够，他为了缩短吃饭时间而将餐椅腿锯短，这样他的嘴就可以正好触及餐碟，不必弯腰、也不必用刀叉一下一下地将食物送进嘴里。凡尔纳只要把嘴伸向盛满食物的餐碟，三下两下便将食物吃个精光，还对妻子说道：“我可不想把时间浪费在餐桌上，这是我最好的发明创造。”

凡尔纳还被人们称为“未来学家”，这是哪个作家都不曾有的声誉，这一贡献远远超出了文学领域。他的科幻猜想最后大多变成了现实，在小说《海底两万里》中他虚构了“鹦鹉螺号”潜水艇，十年后第一艘真正的潜水艇才下水。此外，他小说中还出现了电视、霓虹灯、导弹、坦克和太空飞船等机器概念，后来这些也都变成了现实。

如果说凡尔纳是畅销书作家，那么值得一提的是美国前总统罗斯福的儿子写给他的信，在信的结尾罗斯福的儿子说道："我父亲让我转告您，您的书他都读过，并且极为欣赏。"这封信是凡尔纳最宝贵的珍藏品之一。

荐读理由

《八十天环游地球》向我们讲述了一个当时的离奇事件，推出了一个有些不寻常的主人公菲莱亚斯·福格先生，在这个充满冒险色彩的故事中，读者往往会觉得意犹未尽。1872 年，将近一个半世纪之前，还处于工业时代的初期，飞机还未遨游在蓝天之上，和福格先生打赌的朋友们根本不相信他能在 80 天里环绕地球一周。在小说中甚至连英国皇家地理学会这样权威的刊物也登载了一篇长文，论证了 80 天环游地球的举动是神经错乱。在这样的舆论氛围中，在当时科学技术的限制下，究竟如何在 80 天环游地球一周？

一路上险情频出，在他们去瑞士时，不料竟然被伦敦警察局的密探盯上了。原来福格离开伦敦不久，那里发生了一宗抢劫银行案，福格被怀疑涉及此案，密探一路跟踪了过来。福格和他的随从"路路通"只好逃到印度，恰巧搭救了准备殉情而死的奥达公主，三人成了旅伴。他们横渡大洋，千里迢迢来到旧金山，经过北美大陆，终于抵达纽约。哪料去英国定期班次的轮船刚刚驶出港口，三人晚了一步……更多答案将由福格先生和他的随从"路路通"在书中揭晓。

那么，做出如此不平凡事情的福格先生又是怎样的不寻常呢？我们能在他身上看到哪些惊人的特质呢？都说英国人具有一种与生俱来的冒险精神，最为我们熟悉的便是《鲁滨孙漂流记》中的鲁滨孙。在交通还不是很发达的年代，轮船、马车、火车、雪橇甚至于大象都成了福格先生的交通工具，波涛汹涌的汪洋大海，风浪翻天的坏天气，

《魔眼少女佩吉·苏》系列

〔法〕塞奇·布鲁梭罗　著

作者将诗一般的故事与当今青少年喜爱的超自然想象进行了完美的结合，从而激发读者无穷的想象力。

关于作者

法国人塞奇·布鲁梭罗肯定没有想到，他被中国读者熟知竟然是拜“哈利·波特”所赐。事实上，1951 年生于法国巴黎的塞奇·布鲁梭罗，是享誉世界的法国小说家，被誉为“法国的斯蒂芬·金”。在 20 多年的写作生涯中，他先后创作了 150 多部各种类型的小说，荣获数十项文学大奖。布鲁梭罗出版了一系列惊险小说，探索各种形式的悬念，显示了其令人瞠目结舌的想象力，使那些有着最统一标准的类型小说发生了根本性变化。他为年轻人所写的荒诞和科幻小说，独树一帜，游弋在超现实主义和幻觉之间，其中《滑稽的道路》《动物锁行动》获 1981 年和 1988 年度法国科幻文学大奖。20 世纪 80 年代末，《半夜的狗》使他荣膺 1994 年度惊险小说奖，《冬宅》于 1995 年获 RTL－LIRE 大奖，他的《忧郁的微笑》等袖珍本小说出现在畅销小说排行榜上，有些作品已被搬上银幕。

布鲁梭罗是幻觉惊险小说大师，他的作品是对人类想象极限的挑战，而这恰恰是他最受读者喜爱的东西。20 世纪末，“哈利·波特”

热席卷全球，魔幻小说风行一时，就像法国《图书周刊》所说的那样："'哈利·波特'的成功使全世界所有的出版社都把目光投向少年儿童文学市场。"借助这一时机，布鲁梭罗第一次专门为青少年读者创作了一套魔幻系列小说——《魔眼少女佩吉·苏》。

与哈里·波特生活在一个纯粹的魔法世界不同，布鲁梭罗笔下的佩吉·苏生活在和读者最为贴近的现实世界里：父亲失业，母亲做着明星梦，姐姐正在快餐店打工并梦想成为女强人。佩吉·苏有普通女孩子的平常心和平常感情，虽说她"有幸"被仙女选中，拥有一副照妖的外星水晶魔法眼镜，成为人世间唯一能与隐形人相对抗的"巾帼豪杰"，但她也很在意鼻梁上的眼镜会不会使自己变丑，更在乎身边的男孩对自己的感觉，即使在云里雾里的魔法世界里，也不忘记与男孩一起体验瞬间即逝的纯真感情。在创作过程中，作者将诗一般的故事与当今青少年喜爱的超自然想象进行了完美的结合，故事充满了大胆的想象与跌宕起伏的悬念，并用诸多心理暗示来激发读者的想象力，可以说在小说中作者完美地将魔幻怪异、诗情画意有机地融为一体。读过《魔眼少女佩吉·苏》，读者可以培养非凡的胆识，可以激发无穷的想象，可以提高观察事物的能力，可以增强不畏艰险、勇于克服困难的信心与勇气。

《魔眼少女佩吉·苏》系列魔幻作品一上市，即引发销售狂潮，引爆了令人难以想象的能量，一时间成为青少年偏爱的床头书。它们在法国读者尤其是小读者中受欢迎的程度甚至超过《哈利·波特》，并且被翻译成37种语言，在近50个国家和地区热销，深受全世界的孩子和家长们的青睐。

此后，塞奇·布鲁梭罗趁热打铁，又推出了《西格莉德和隐秘的世界》系列魔幻小说，同样轰动全球。2004年5月，为表彰他的创作业绩，法国作家协会授予他保罗·费瓦尔文学大奖。

荐读理由

《魔眼少女佩吉·苏》魔幻系列小说是作者塞奇·布鲁梭罗基于“虽然大街小巷里充斥着各种狂想小说，但我很想创作出能真正激发青少年乐趣（充满紧张、跃动感）的狂想作品”的理念来完成的。本书被称为“挑战想象极限”的作品，将法国式的浪漫和想象力发挥到极致，书中没有血淋淋的打杀场面，只有无限的想象与紧张的悬念，可以说在本系列丛书中，作者很好地将魔幻怪异、诗情画意与科学幻想有机地融为一体。

《魔眼少女佩吉·苏》魔幻系列小说包括6部作品：

《蓝狗时代》：自从蓝太阳出现在小镇普安布鲁夫的上空，事情就不对劲儿了：小狗会下棋、猫咪能解读人的思想、最差的学生比老师还博学、连做填字游戏都困难的老妇人却能轻而易举地翻译古埃及象形文字，至于一双双在街上跑来跑去的鞋子，更是坚决地想要踹前主人的屁股……由于这些鬼东西，灾难降临了，一只蓝狗从此成了小镇的主宰，动物们决定要报复人类，整座城市陷入恐慌之中！所有这一切，都是隐形人在背后捣的鬼。看来，只有佩吉·苏能拯救全镇的人了，因为她拥有一双魔法眼睛，唯有她能看穿隐形人的鬼把戏！

《沉睡的恶魔》：魔幻花园的城堡里睡着个精灵，他的工作就是不断地做梦，每一个梦都会创造一个美妙的奇幻世界，人们可以在云上滑雪，海水是甜的，雪有薄荷香味。在一个奇特的街区，小男孩可以变成火车头或是长着绿色条纹的老虎，女孩可以变成公主或电影明星，甚至一条狗可以变为总统……但是有一天，一切都乱套了，花园里的奇妙魔法变成了恶毒的妖术，而精灵自己也变成了魔鬼。必须要把沉睡的恶魔叫醒，一切才会恢复正常，佩吉·苏和蓝狗决定勇闯魔幻花园……

《地心蝴蝶》：佩吉·苏去外婆家所在的沙卡·康达雷克度假，却发现这里一切都怪怪的：大衣能吃掉人的疲劳；猫咪的身体会随着情绪变换颜色；人身上只要有一小块金属，就会成为闪电的靶子；平原上生长着五棵避雷树，黑乎乎的枝杈上挂着些苹果，它们的爆炸能量相当于百万吨级的原子弹……更奇怪的是，竟然有一只巨大无比的蝴蝶在天空中飞翔，谁要是被它的影子所覆盖，谁就会幸福得发狂。不过，那些隐蔽在云上的神秘的外星人却想用炼钢厂炼出来的闪电轰炸它，他们试图烧毁它的翅膀，把它消灭。佩吉·苏和蓝狗只好再度出马，向蝴蝶的敌人开战。

《魔法动物园》：动物园来了一群外星动物，它们无不身怀绝技：鲸鱼能表演水上芭蕾；蟒蛇的身体惊人的柔软，游客向它们展示物品，它们就模仿这些物品的形状；巨龙能用自己的脖子打结，并能惟妙惟肖地模仿游客说话的声音。游客们如痴如狂赶来观看……突然间，这些动物全都变成了性情暴烈的妖魔。鲸鱼吸入湖水，喷出一连串卵石；蟒蛇不时吐出剧毒；巨龙咳嗽一声喷出烈焰使整座城市着火。一场恶仗在佩吉·苏和动物园妖魔之间展开。问题在于，这些妖魔并不是真正的动物，而是受神秘力量操纵的一群木偶。这是生活在泽塔星球上的外星人蓄谋已久的一场阴谋，他们的目标就是毁灭人类，占领整个地球。佩吉·苏能担当起拯救世界的重任吗？

《黑色城堡》：佩吉·苏他们来到一家魔法书店，没想到里面藏着的竟然是一群食人怪兽。千钧一发之际，他们飞一般地逃出书店，随即又被从书中跑出的怪兽带到一座黑色城堡。黑色城堡十分巨大，没人知道那里面藏着什么东西，里边住了一位皮包骨医生，大家都没见过他长什么样子，却知道他能医治任何伤病。实际上，黑色城堡是一头来自外星的凶恶怪兽，许多年前，它在飞临地球上空时与流星相撞而损伤。而皮包骨医生是外星人为应付紧急情况而设计的一个机器人，它能在极短时间内治好外星人的任何损伤，事实上，它已经开始给黑色城堡治病了，它的目标就是要把水泥构造都换成肌肉，并且最终要把黑色城堡弄成活物……必须在这座城堡成形之前把它摧毁，否则，一旦它苏醒过来，一切就为时已晚。佩吉·苏他们决心勇闯黑色城堡，一场恐怖刺激的冒险旅程又将开始……

《地下怪兽》：堪达塔星球遭受了一场可怕的灾难，一头沉睡在地下长达千年之久的怪兽从睡眠中苏醒过来，靠着成千上万条触手，近乎疯狂地寻找地缝，掠走房间里睡梦中的孩子们。恐惧笼罩着整个城市，小孩子再也不敢睡觉，大人们也变得惊慌失措。随着时间的推移，怪兽变得越来越强大，在它经过的地方，一条条柏油马路四处裂开，一座座城市相继坍塌……一旦怪兽长出翅膀，整个星球将爆裂成碎片，而怪兽将振翅高飞，成为宇宙边际的翼指龙。佩吉·苏下定决心要对付这头怪兽。

先睹为快

那些人要等到夜幕降临，才从云端跳到城市上空，他们喜欢黑暗，在他们看来，在黑暗中偷窃更好一些。他们不知道为什么要这样做，也许，这是个愚蠢的想法，就像认为一辆黑色的汽车在一条黑色的公路上行驶更好一样……他们常有一些荒唐的念头。一想到就要做的事，他们就极其兴奋，相互傻笑起来。没有人能看见他们。一分钟后，他们就会掠过天穹的黑幕，向月亮的方向疾飞。一分钟后，他们就会偷走一颗星星，然后又是一颗……

他们乐此不疲，只要有 5 个人就行，大家齐心协力，在同一秒钟抓住那颗小星星。星星是不善于自卫的，它们的表现同躲藏在深海里的畏首畏尾的章鱼如出一辙。当它们感到偷星者的爪子抓住它们的表皮，发出嚓嚓的声响时，就会发出一声清脆的怪叫，地球上酣睡的人们就会在床上战栗，孩子的甜梦就会变成噩梦。这种怪叫声，同长着粉红嘴的 Lizu rine 在被蓝毛 Chacomac 追赶时发出的声音十分相似。Chacomac 是一种几乎只有牙齿的动物！众所周知，它们生活在想象世界中的赤道地区。

偷星星的人在黑暗中流动，就像一滴食油落到一口钢精锅上那样。他们需要一颗星星！当他们从天穹上摘下星星时，就像在撕一块丝绸，在高空中钩出一道裂缝。不消几个小时，这裂缝便会愈合，可人类却毫无觉察。那些眼睛成天盯着望远镜的蓄山羊胡子的学者，对于这颗星星的消失几乎不会感到吃惊。

“它死了。”他们想，“真奇怪，如今的星星比从前的星星消逝得更快，可能是缺少维生素……”

于是，他们大笔一挥，就把它的名字从硕大的星座簿上画掉了。他们中没有人会想到，隐蔽在云层中的小偷们会再次发起袭击。

这些小偷，就像日本古代神话中穿黑衣戴面具的刺客那样，将捕获的星星带回自己的巢穴。他们把星星砸成碎片，把它煮熟，将它熔化……接下来，他们用它来做什么呢？

（摘自《地心蝴蝶》）

延展阅读

《西格莉德和隐秘的世界》

这是作者的另一系列精品。

该魔幻系列包括四部书：《章鱼的眼睛》《癞蛤蟆的未婚妻》《大洋深处的恶龙》和《食墙的白蚁》，主人公是一位秀丽的蓝发姑娘西格莉德。让我们随着作家的笔触，看西格莉德这位隐秘世界的探索者展开一次又一次疯狂的冒险行动！

《鲁滨孙漂流记》

〔英〕丹尼尔·笛福　著

孩童时期，这部书只是读来有趣，成年之后再读，就会知道这是不朽的杰作。

关于作者

一位专门研究英国文学史的学者曾经说过：“《鲁滨孙漂流记》是一部包含每个人生活的寓言。孩童时期，这部书只是读来有趣，成年之后再读，就会知道这是不朽的杰作。”

生活在英国资本主义发展初期的丹尼尔·笛福（1660—1731）通过他的作品，让我们看到了那个时代：资本主义处于早期的蓬勃上升阶段，工业革命轰轰烈烈地展开，对外贸易、殖民扩张极大地促进了英国经济的发展。在这种情形下，英国国内的中小资产阶级庆幸生活在这个时代，挥洒着自己的创造力，并且对未来满怀希望和热情。笛福正是这个阶层的发言人，他亲历了那个时代，经商、参政、倡导社会改革，最终这些都积淀在了他的小说中。

笛福是英国文学史上第一个重要的小说家，英国的现实主义文学的奠基人。除此之外，他还写了大量的政论、讽刺诗，以及有关地理、历史和经济学的著作。而笛福跌宕起伏的一生更是值得人们说道。他出身于小资产阶级家庭，信奉新教，21 岁时正式成了一名商人。具有经商天分的笛福迅速发展了起来，这其中当然不免为了谋利益而到处钻营。在经济上有了一定实力的他积极投身政治，结交权贵、往来应酬，直到有一天分身乏术的笛福面临破产的境地，身背着17000英镑的债务。投机失败的笛福遇到人生的转折，就像他的传记作家说的：“（笛福）从受人尊敬圈子中的一个显要成员变成了一个心怀隐秘的孤独者，从一个商人变成了一个作家。”

经历破产后的笛福也曾东山再起，为了新生活他还将自己的名字由福改为笛福。但是因为他曾有的债务以及他的政治倾向而多次被官司缠身，就这样笛福渐渐地老了。晚年的他拥有一个富裕的家，而且在文坛上也有一定的声誉，但是为了躲避债务他把财产转移到了儿子的名下，也许这就是命运对他的惩罚，年迈的他不得不再次踏上躲债之路，而他的儿子也背叛了他，对他的年老、疾病不管不顾，就这样笛福在71岁时凄惨地死去了。

笛福屡战屡败、屡败屡战的一生不得不让我们感慨唏嘘。但是奋斗不止的笛福留给了我们宝贵的精神财富，一如鲁滨孙在荒岛上生活28年所创造的奇迹。

荐读理由

笛福在59岁时发表了《鲁滨孙漂流记》。《鲁滨孙漂流记》的故事可以说是家喻户晓，无论小时候的我们是否看过书的原著，那个在荒岛上独自生存的鲁滨孙都着实让我们心生惊叹和仰慕。所以，这个惊人的求生故事便流传世界各地，各种译本被珍藏在千家万户。

鲁滨孙出身于英国的中产阶级家庭，虽然他父亲希望他在家乡靠自己的勤奋努力挣得一份家业，一辈子过安分守己的日子，但从幼年起，鲁滨孙就立下了遨游四海的雄心。1651年，他悄悄离开了家乡，开始了他的第一次冒险生涯。可惜他的运气不好，船在南美洲附近触礁沉没了。除他死里逃生爬上了一个荒岛外，其他人均葬身鱼腹。小岛上荒无人烟，也没有野兽。他开始了长达28年的孤独生活。

有人说《鲁滨孙漂流记》留给我们的是：18世纪初期，身处资本主义社会上升时代的人们那种崇尚锐意进取和百折不挠的开拓精神，而鲁滨孙身上正是因为承载着这种精神才使他在读者的心目中熠熠生辉。在小说中，我们首先看到的是人与自然的抗争，以人为本、崇尚劳动的笛福让鲁滨孙征服了自然，这符合了当时的时代精神，即使我们现在更加理性地面对了人与自然的关系，但是人在逆境之中的抗争仍然值得惊叹。

当我们真正进入小说中时，让我们沉迷的是作家给我们营造的一个陌生世界。那么，笛福将如何向我们展现野外生存之道？笛福的写作生涯开始于新闻写作，虽然后来转向了小说创作，但他仍然善于向读者展示生活细节，作家以写实的笔调在进行创作，没有虚构感，仿佛是由亲历者在向他人叙述自己的经历，入情入理的情节、细致的细节描写让你愿意沉浸其中。《鲁滨孙漂流记》采用的是日记体，以鲁滨孙日记的形式展现给大家，这使读者更容易走进鲁滨孙的“真实”生活。

先睹为快

虽然希望就在眼前，可它们依然离得很远，我的小船要驶过去还是有困难，万一遇到一阵大风，就有可能哪儿都到不了。

就在我左右为难的时候，掌舵的苏里突然惊叫起来：“主人！主人！有大船！”这傻小子以为他原来的主人派船追来了，都快吓晕了。我心里清楚，我们都走了这么远，他们是不可能追上来的，但我还是立刻跳出船舱，仔细观望。我一眼就看见了那艘船，而且还看出，那是一艘葡萄牙人的船，于是我全速追赶它，只要有可能，就一定要跟他们联系上。

我追赶了好一阵子，发现没办法插到他们前面去。就在我快绝望的时候，他们好像在望远镜里发现了我们。他们看到我的小船，以为是大船遇难后放出的救生艇，便减速下来等我们。我大受鼓舞，正好我们的船上有面原来主人的旗，我就拿出来朝他们挥了一通，同时又鸣枪求救，他们看到了我发出的信号，就停下船来等我们。大概过了三个小时，我才靠上了他们的大船。

他们试着跟我说话，但我听不懂他们的话。幸好船上有一个苏格兰水手，我告诉他我是英格兰人，是从萨里的摩尔人手下逃出来的，他们十分和善地让我们上了船，并把我的一切东西也都拿到了大船上。

我简直不敢相信我居然得救了，真是大难不死啊！那种喜悦的心情，应该谁都能理解吧。为了报答船长的救命之恩，我立刻表示要把所有的东西都送给他。

船长非常大方，他什么都不要。他跟我说："今天是我救了你的命，说不定哪天我也会碰上同样的倒霉事，我希望到那时也会有人来救我。再说，我把你带到巴西，如果我要了你的东西，你离家那么远，或许在那里会被活活饿死，这不等于我救了你的命，又要了你的命吗？你把东西留着吧，还要靠这些东西来糊口，当回家的路费呢！"船长的话说得格外体贴，让我非常感动。船长还不只是嘴上随便说说，他真的命令手下的人不准动我的东西，还把我的东西清理好，列了清单给我。

船长看上了我的船，想买下来，他让我开个价。我对船长说："您对我这么照顾，我感激还来不及，怎么好意思开价呢，随您怎么办都行。"

延展阅读

《摩尔·弗兰德斯》

该书是笛福写得很精彩的一部小说。在这部小说中作者写进去更多的酸苦人生，不过主人公摩尔·弗兰德斯最后还是过上了理想的幸福生活，这一切都告诉我们，人生难免因自己没有把握好而走上不正常的轨道，但是只要你心中还存有梦想，总有一天它会“复燃”，带你走向光明。

《少年 Pi 的奇幻漂流》

《少年 Pi 的奇幻漂流》是加拿大作者马特尔写的第二部小说，但是一经出版便惊艳国际文坛，获奖无数，成为畅销书。小说描写一个印度男孩和一只叫理查德·帕克的孟加拉虎一起在太平洋漂流 227 天后获得重生的神奇故事。书中如真似幻的海上历险与天真、残酷并存的人性矛盾巧妙契合，激荡出高潮不断的阅读惊喜。无论是开放式的结局还是小说对于信仰、生存，乃至人与动物、人与人、人与世界的关系的展现，都会成为每一个读者深思的问题。

《格列佛游记》

〔英〕斯威夫特 著

《格列佛游记》是以英国最优秀的讽刺小说而著称于世的，但当今青少年读的时候即使全心投入也无暇思考其深层意义，因为书中营造的童话世界太过精彩。

关于作者

斯威夫特（1667—1745）的父母都是英格兰人，但他出生在爱尔兰的都柏林，一生中大部分时间是在爱尔兰度过的。就是这样一位有着英格兰血统的杰出作家领导了18世纪初的爱尔兰反抗殖民主义、争取独立和自由的斗争。

当时英国的政坛由托利党和辉格党双峰对峙，由于执政党辉格党出台了反爱尔兰的政策，斯威夫特对这一显失正义的政策不满，于是他撰写了很多政论文章来批判辉格党内部的贪婪和好战，发表了著名的《联盟军的行为》一文。随着反战文章的发表和战争的结束，斯威夫特几乎成了全英国最有影响的公民，19世纪的历史学家称这部反战作品“打掉了马尔博罗（当时辉格党的首领）手里的剑”。斯威夫特反对殖民主义、反对战争、爱好和平的政治舆论对当时英国的政策起到了很大的作用。1713年，英法停战、两国签订合约，时至今日人们还称其为“斯威夫特合约”。

斯威夫特作为一个作家，是一个致力于剖析社会、用深刻的主题来揭示丑恶现象的人。英国作家司各特评论道："斯威夫特以幽默丰富了作品的道德含义，以讽刺揭露荒诞，并通过人物性格和叙述框架使令人难以置信的事件成为现实，即使《鲁滨孙漂流记》也难以在叙述的刻薄性和多样性方面与其媲美。"

斯威夫特小说中的讽刺艺术堪称文学经典，高尔基称他为世界"伟大文学创造者之一"。

荐读理由

有一位著名的作家声称他的一生读过这部书不少于6次，他还说："如果要我开一份书目，列出哪怕其他书都被毁坏掉也要保留的6本书，我一定会把《格列佛游记》列入其中。"这位作家就是写出名作《动物庄园》的乔治·奥威尔。

《格列佛游记》出版于1726年，当时出版没几天便被抢购一空，这样的销售记录立即震惊了当时的英国社会，震动了世界文坛。正因为这本书的广受欢迎，所以《格列佛游记》在光绪三十二年（1906）由商务印书馆出版，来到了中国。当时的译者是我国最早的翻译家林纾和魏易，小说中格列佛去过的几个国家被译成了大人国、小人国，这种意译的手法既恰当又合乎中国读者的口味。在我国的古籍《山海经》中便有大人国、小人国、无肠国、君子国的传说，所以对古书的幻想加上这部小说中详尽的描写，大人国和小人国的故事便为人们所熟知，在孩子们中间的流传也更是广泛。

《格列佛游记》写于斯威夫特晚年，作者在书中寄寓了很多东西，在文学史上，《格列佛游记》是以英国最优秀的讽刺小说而著称于世的。但是时过境迁，当今青少年读的时候即使全心投入也无暇思考其深层意义，因为书中营造的童话世界太过精彩。

如果你对《格列佛游记》以及作者斯威夫特感到生疏，那么你应该知道 Yahoo（雅虎）网站吧？这个世界著名网站的名字就是出自《格列佛游记》。“Yahoo”是格列佛在慧骃国遇见的一种半人半兽的怪物。《格列佛游记》中充满了嬉笑怒骂又童趣盎然，它的地位跟《西游记》在我国读者心中的地位很相似，所以该知名网站便从书中取了一个一叫便响的词来给自己冠名。

先睹为快

我父亲在诺丁汉郡有一份小小的产业；他有五个儿子，我排行第三。我十四岁那年，他把我送进了剑桥大学的意曼纽尔学院。我在那儿住了三年，一直是专心致志地学习。虽然家里只给我很少的学费，但是这项负担对于一个贫困的家庭来说还是太重了。于是我就到伦敦城著名外科医生詹姆斯·贝茨先生那儿去当学徒；我跟他学了四年。这期间父亲有时也寄给我小额款项，我就用来找人补习航海学和数学中的一些学科，对有志旅行的人说来这都很有用处，因为我总相信迟早总有一天我会交上好运出外去旅行的。我辞别了贝茨先生，回家去见父亲；亏了他老人家、约翰叔父和几个亲戚帮忙，我得到了四十镑，同时他们还答应以后每年给我三十镑使我能在莱顿求学。我在莱顿学习医学，一共两年又七个月，因为我知道在长途航行中医学是有用处的。

我从莱顿回来后不久，恩师贝茨先生就荐我到“燕子号”商船去当外科医生，统率那艘船的是亚伯拉罕·潘耐尔船长。我跟他一起工作了三年半，曾几次航行到利凡特和其他地方。我回来以后受到恩师贝茨先生的鼓励，决心留在伦敦，他给我介绍了几位病人。我租下了老周瑞街一座小房的一部分房间；那时大家劝我改变一下生活方式，我就跟新门街做袜子、内衣生意的爱德蒙·勃尔顿先生的二女儿玛丽·勃尔顿小姐结婚，我们得到了400镑嫁资。

但是，两年以后贝茨恩师不幸逝世，我没有什么朋友，又不肯违背良心学我们许多同行那样胡来，所以生意渐渐萧条。我跟妻子和几位熟人商量了一下，决心再去航海。我先后在两艘船上当外科医生，六年中曾几次航行到东印度和西印度群岛，我的财产从而有所增加。我身边总有许多书籍，闲时候我就读古代的和现代的最好作品；我到岸上去的时候，就观察各地人民的风俗、人情，也学习他们的语言，仗着自己记性好，所以学起来非常容易。

这几次航海的末一次却不怎么顺利，我对航海生活厌倦起来，就想待在家里和老婆孩子一起过日子。我从老周瑞街搬到脚镣巷，接着又搬到威平，希望能在水手帮里揽点生意，结果还是毫无用处。这样过了三年，时来运转已经绝望，我于是接受了“羚羊号”船主威廉·普利查船长的待遇优厚的聘请，那时他正要到南太平洋一带去航海。1699 年 5 月 4 日，我们从布利斯脱开船。我们的航行最初是很顺利的。

延展阅读

《一个小小的建议》

本书是斯威夫特很有影响力的作品。其中的反讽艺术为人们所称赞，通篇就是一个大讽刺，然后以文雅的措辞写出，郑重其事地提出了“一个公正、不费钱而简易可行的办法”，自称目的是在于解决爱尔兰穷人儿女过多而又无力养育的迫切问题。这篇文章更加深刻地揭露了英国统治者对爱尔兰人民的残酷剥削，其写法的高超至今震撼着世界。

《月亮宝石》

〔英〕威尔基·柯林斯　著

一个引人入胜的故事，以惊人的场面开始，制造疑云，然后抽丝剥茧，直至真相大白而告终……

关于作者

威尔基·柯林斯（1824—1889）在1868年写出了第一部长篇现代侦探小说《月亮宝石》。如果你认为这部号称“第一部”的侦探小说还略显稚嫩的话，那就大错特错了，《月亮宝石》无论是情节之精彩，还是文字之优美，都绝不输于后来的任何一部作品，就连大侦探卡夫这个人物形象都一点不输赫赫有名的福尔摩斯、波洛等人。所以，柯林斯被称为“英国侦探小说之父”“现代侦探小说的鼻祖”也确是实至名归。

令人没有想到的是，这样一位具有天才气质的英国侦探小说家走上文学道路是因为父亲的去世。柯林斯的父亲是一位成功的风景画家，死于1847年，本来也想以画画为生的柯林斯为了纪念父亲而写了《威廉·柯林斯传》，这本书的出版令柯林斯正式走上了文学道路。而与大文学家狄更斯的相识相交，更成了他事业的转折点。两人成了一生的朋友、合作伙伴。柯林斯为狄更斯创办的维多利亚时期最风行的刊物《家常话》和《一年到头》撰稿，他自己的代表作《月亮宝石》和

《白衣女人》也均发表于此，之后才发行单行本。为杂志撰稿期间柯林斯写了大量以侦破犯罪案件为题材的小说，并以这类小说蜚声当时社会，享誉30年之久，甚至与狄更斯齐名。

一个引人入胜的故事，以惊人的场面开始，制造疑云，然后抽丝剥茧，直至真相大白而告终……柯林斯以悬疑神秘的情节、精雕细琢的人物形象带给我们侦探推理小说的盛宴。

荐读理由

镶嵌在印度月亮神前额的宝石，光泽随着月色的变化而变化，这一切似乎在冥冥中暗示着这颗宝石的不凡命运。

柯林斯在《月亮宝石》中开创了现代侦探小说技法，在险象环生的情节里让每个当事人用第一人称讲述案件的发生发展，多视角的“现场还原”法让我们对呈现在眼前的一切都毋庸置疑，因为这些事件的发生都层次分明，丝丝入扣，互为补充，毫无纰漏，但真相却如暗流涌动。

小说中还有一个亮点就是探长——卡夫，这个看起来瘦骨嶙峋的人，却是一个十分丰满的人物形象，自己的本行干得样样出色：看到蛛丝马迹，如门上的掉漆、海边沙滩上的脚印，他都能迅速推理出隐藏在其中的玄机；跟踪犯人更是他的拿手好戏，而且他还是个很好的心理辅导师，安抚混乱的仆人们相当专业，就连伦敦街边的流浪儿都对他崇拜得一塌糊涂，恐怕后来柯南道尔小说中福尔摩斯御用的“贝克街特别刑侦小组”也是来源于此吧。除此之外，他还是一个园艺水平很高的老头儿，一边办案一边还跟园丁争论着白蔷薇嫁接的事，他好像总是漫不经心、心不在焉，嘴里总是哼着一首《夏天最后一朵玫瑰》，但一切又毫无例外地掌握在他的手中。

柯林斯将爱伦坡手里的短篇侦探小说发展为长篇，将人们认为最难写的推理小说——盗窃案小说洋洋洒洒写了40万字，分头叙述的故事散而不乱，错综复杂中又暗藏条理。而小说中的卡夫探长则成了拨开疑云的关键人物，尽管神秘莫测的氛围一直笼罩着案件，但终将柳暗花明。

先睹为快

我在印度写的这封信，是给我在英国的那些亲戚的。

我想要解释一下，是什么原因使得我和我的表兄约翰·亨卡斯尔断绝了来往。在这件事情上，我一直都保持着沉默，这已经引起了我的家人们的误解，其实对他们的宝贵意见，我是非常重视的。我要求他们，在读完我写的这个故事以前，不要匆匆忙忙地先作结论。另外，我还要声明一下，我将要讲的这些，全是事实。

1799年5月4日，在贝尔德将军的率领下，我们对塞林加帕坦发起了猛烈的进攻。就在发生这件举世皆知的大事期间，我跟我的表兄之间开始发生争吵。

为了把事情交代清楚，我得暂且回头先说说事件前的一些情况。同时还得提一提，当时在我们兵营里流传的，有关塞林加帕坦宫殿里的金银财宝的故事。

其中有一个故事，讲的是一颗黄钻石，这是印度一颗著名的宝石。早在几百年前，这块宝石就镶嵌在一尊四只手的印度神——月亮神的前额上。一方面是因为宝石的颜色像月亮，另一方面还因人们坚信它的光泽是随月色而变化的，因而它得了个“月亮宝石”的名字，这名字直到今天在印度依然家喻户晓。

这颗黄钻石，打从公元11世纪就开始了它的惊险经历。当时，伽色尼王国的马哈茂德占领了圣城松纳特，抢走了历史悠久的著名寺庙里的所有珍宝，这座庙是印度教的朝拜圣地，也是东方世界的奇迹。庙里的所有神像，只有月亮神免遭洗劫。有三个婆罗门，连夜把前额镶有宝石的神像搬了出来，转移到印度的第二圣城——贝拿勒斯城。

延展阅读

《白衣女人》

这是作者的另一部精品。

柯林斯在法译本的序言中谈到了这部小说的创作过程。这部小说也是刊载在狄更斯的杂志《一年到头》上，而且是在狄更斯的名作《双城记》发表之后，柯林斯为此颇感压力，所以他决定尝试一种新的叙述技巧，所以我们在小说中又一次看到了他擅长编织的曲折复杂的情节、神秘而惊险的场景。书中人物的离奇遭遇和故事进程中扑朔迷离的线索牢牢抓住读者的注意力，吸引读者迫不及待地把故事读完。

《金银岛》

〔英〕罗伯特·路易斯·史蒂文森　著

《金银岛》之于欧美就如同《西游记》之于中国。

关于作者

也许小读者们想不到擅长讲故事的英国小说家罗伯特·路易斯·史蒂文森（1850—1894）还是个诗人，他的儿童诗集《一个孩子的诗园》早在20世纪40年代就传入了中国。他是一位难能可贵的儿童诗人。他在一首儿童诗《我的床是一只小船》中写道："我的床是一只小船/保姆帮我登上船儿/她替我穿上水手装/让我在黑暗中起航……我闭上眼睛出发/什么也看不到，什么也听不见……我们在黑暗中行了一整夜/当白天终于来临/我却发现我的船儿/安稳地停靠在我的房间。"这首诗以儿童的视角观察生活周围的事物，用儿童特有的方式去认识周围的事物，反映出了儿童充满幻想的丰富多彩的内心世界。在儿童诗中呈现的想象力是十分吸引人的，孩子们都善于形象思维，一切客观无生命的东西在他们眼中都是充满生命力的，而想象力是创造力的源泉。

史蒂文森虽然英年早逝，但他给我们留下了大量的散文、游记、随笔、小说和诗歌，而他创作的高峰期来临于1876年之后。那一年他在巴黎东南部的枫丹白露邂逅了与丈夫感情破裂而苦闷忧郁的奥斯本太太，两人产生了感情，并于1880年结为夫妻。史蒂文森著名的作品都是在这之后的十年发表或完成的。《金银岛》就是史蒂文森写给养子（奥斯本太太与前任丈夫的孩子）劳埃德的少年读物。

从史蒂文森的作品中我们看到了他那颗赤子心里饱含着的亲情、爱情、友情，史蒂文森说过一句话："朋友是你送给自己的礼物。"1889年史蒂文森定居于萨摩亚群岛，他对岛上居民的悲惨遭遇深表同情，曾撰文揭露该岛上德国统治者的残暴罪行，岛上的居民十分爱戴他，称他为"会讲故事的首领"。

1894年，长期患肺病的史蒂文森突然中风离开人世，按他生前的愿望他被埋在了陡峭的瓦埃亚山上，可以俯瞰到浩瀚无垠的太平洋，墓碑上则刻着他的名诗《墓志铭》。

荐读理由

《金银岛》一经出版就风行欧美，有人说《金银岛》之于欧美就如同《西游记》之于中国，那里的孩子们的童年都是在《金银岛》中泡大的，以至于每个孩子从小便有一个探险寻宝的梦。

《金银岛》为后来的海盗小说、惊险探宝小说开创了基本模式。在小旅店进行密谋或者斗殴的场景、戴着一只眼罩的海盗船长、装着木腿的水手、大洋中神秘的荒岛、充满着玄机的藏宝图等等都是出自《金银岛》而后来小说惯用的套路。

《金银岛》以吉姆这个小孩子的口吻讲述了一个惊险曲折的寻宝故事，小说中既充满着浓厚的孩童情趣，也充溢着吸引人的冒险氛围。为了寻找老海盗弗林特藏在金银岛上的财宝，一正一反势力在寻宝过程中展开了斗争，惊心动魄的情节高潮迭起，让你置身寻宝之旅。不过最终透过这些，我们可以看到小说中作者真正要颂扬和推崇的是勇敢、正直、忠实、善良、智慧等优秀品质。

史蒂文森丰富的漫游经历为他提供了创作《金银岛》的想象素材，各种人物形象出现在了他的小说中：机智勇敢的小吉姆、正直善良的利夫西大夫、知错必改的特里劳尼老爷、足智多谋的斯莫里船长以及着墨不多但有血有肉的老仆人汤姆、冈恩。史蒂文森还是一个讲故事的高手，看似以时间顺序展开的情节并不复杂，但是一个个悬念的涌出，着实能紧紧地抓住读者的心。

先睹为快

“你受伤了没有？”我问他。

“来朗姆酒，”他再次吩咐。“我得离开此地。朗姆酒！朗姆酒！”我急忙跑去取酒，可是我被刚刚发生的一切吓慌了手脚，结果打破一只杯子，自己撞在酒桶龙头上。我还没有来得及站稳，就听到客厅里什么东西倒下的一声巨响。我跑去一看，只见船长直挺挺躺在地板上。这时，给喊声和格斗声惊动的母亲正好奔下楼来帮我的忙。我们从两边把他的头扶起来。他的呼吸很响，很费力；眼睛闭着，脸色可怕得很。

“我的天哪！”母亲急得直嚷嚷，“我们店里竟出了这样丢人的事！你那可怜的父亲又病着！”

当时我们既想不出办法给船长施行急救，也不知道是怎么回事，只以为他在同那个陌生人搏斗时受了致命伤。尽管我拿来了朗姆酒试着往他喉咙里灌，可是他牙关咬得紧紧的，像铁铸的一般。可巧李甫西大夫推门进来看我父亲的病，我们这才松一口气。

“哦，大夫，”母亲和我叫了起来，“我们该怎么办呢？他伤在什么地方？”

“伤？连皮也没有擦破一块！”大夫说。“就跟你或我一样，什么伤也没有。这家伙是中了风。我早就警告过他。霍金斯太太，你还是回到楼上你丈夫那里去，如果可能的话，什么也不要告诉他。我在这里尽我所能救这条毫无价值的命。吉姆，你去给我拿个水盆来。”

我拿着水盆回来时，大夫已把船长的衣袖撕裂，露出一条肌肉发达的粗大膀子。前臂上有好几处刺着端正清晰的字样，如：“鸿运高照”“一帆风顺”“比尔·蓬斯诸事如意”等等。近肩头处刺着一座绞架，上面吊着一个人。在我看来，刺这图案的手艺十分出色。

“他倒有先见之明，”大夫指着绞架说。“比尔·蓬斯先生，如果这是你的名字的话，现在我们可要看看你的血是什么颜色。吉姆，”他问我，“你怕不怕见血？”

延展阅读

《化身博士》

本书是史蒂文森的代表作之一，多次被改编成电影。小说中的医生杰基尔和海德（杰基尔变身之后的形象）所呈现出的善恶截然不同的性格，不由得引起读者对于人性的思考。

《所罗门王的宝藏》

〔英〕赖德·哈格德　著

这本带有浓烈地域色彩的非洲探险小说一经出版就受到世界读者的追捧。

关于作者

赖德·哈格德（1856—1925）是英国19至20世纪之交著名的探险小说家。他的人生经历十分丰富，也许有些写出鸿篇巨制的作家一辈子都没离开过自己生活的小镇，但是哈格德不属于这样的人，他的小说中到处都是自己亲历过的异域风光。他19岁时便到了南非，在父亲的安排下去英属殖民地的南非总督纳塔尔手下当文书，于是他便有了机会去游览当地的自然风光和民族风情。在南非期间，他亲自考察过南非当地一个钟乳石溶洞；也曾亲眼见过巫术的表演过程，看到了两个仆人被杀；他还醉心于津巴布韦的考古碎片，据说这些碎片跟所罗门王有关系；他甚至曾独自一人骑马和乘马车行路200多公里去拜访一位非洲部落的首领。

广博的见闻和当地文化的滋养为哈格德以后的创作打下了坚实的基础。哈格德以自己的阅历开拓了探险小说的疆域，将非洲南部的神秘风情展现在了读者面前，以古老的文明给读者带来了既陌生又新鲜的感觉。他在1885年出版了《所罗门王的宝藏》后便一举成名，这本带有浓烈地域色彩的非洲探险小说一时受到了英国乃至世界读者的追捧。他较成功的作品还有《艾伦·夸特曼》《杰斯》《梅瓦复仇记》等。值得一提的是哈格德的《梅瓦复仇记》，据说在1888年出版那天就卖出了2万本，作者在获得丰厚版税的同时也声名远扬，作品相继被翻译成了多国文字。

1891年，哈格德的独生子不幸夭折了，深受丧子之痛的他在写作的同时开始参加社会活动。1901年，他深入英国农村考察了农民生活和农业生产，写出了《英格兰农村》。1912年，英国王室因他为社会作出的贡献而授予他“骑士”封号。

荐读理由

在世界史上富有传奇色彩的所罗门王吸引了无数人的目光，不断有人在研究史料、考古发现。在西方19世纪广泛流传着“所罗门王的宝藏”故事的背景下，哈格德带给我们的《所罗门王的宝藏》则是另一番景象：失散多年的同胞之弟、荒无人烟的沙漠、几千米海拔的积雪山顶、丑恶诡谲的女巫等等景象都是我们闻所未闻的。

1879年哈格德回到了英国，与一个领主女儿结婚后开始潜心创作小说，曾经在南非的不凡经历，让哈格德的创作一开始便处于一个超出一般题材的高度。他带给19世纪西方读者他们想知道的黑色非洲风情，哈格德将南非真实的地理环境和历史资料与自己对神秘非洲的向往之情糅合起来，顺其创作才华，在《所罗门王的宝藏》中写出了一系列惊心动魄的故事。柯蒂斯爵士、古德上校、仆人昂博帕以及小说的第一人称叙述者艾伦·夸特梅因，这四个人在探险的过程中虽然动机不一，但是在危难时刻让我们看到了人与人之间共患难同命运的真情，在大自然露出严酷面孔时也让我们看到了人类的力量，当遭遇邪恶力量的迫害时还让我们看到了邪恶永远无法打败正义。

在小说的结尾柯蒂斯找到了失散已久的弟弟，找到的宝藏被分成了三份各归其主。合上书页，我们脑海里依然浮现着书中精彩的异域画面。

先睹为快

接着我又买了20头祖鲁牛，这些可是我眼馋了一两年的了。一般来说一群牛是16头，我多买4头是为了以防不测。这些祖鲁牛个小轻巧，比南非牛身材小一半，通常都是用来运输的，南非牛生存不了的地方祖鲁牛能活下来，负重适量的话它能一天走5英里，而且更快捷，更不容易伤脚。

另外，这群牛都是有“免疫力”的，他们可以穿越南非，相比较而言就更不怕红水病了，群牛到达南非草原时通常会被红水病侵害。南非“肺病”，就是一种很可怕的肺炎，在这一地区非常肆虐，而这群牛都接种过了。在每头牛的尾巴上割个口子，然后绑上一片死于肺病的动物肺片。结果被接种的牛就会轻度地生病，尾巴会烂掉，只剩下一根秃尾，大约一英尺长，从此就再也不会感染这个病了。

让这牛失去尾巴似乎有些残忍，特别是在有很多苍蝇的地方，不过牺牲一条尾巴保住性命总比又没尾巴又没性命好，牛尾巴也没什么用，只能拿来扫扫灰。20头秃尾巴的牛排成一队进行长途跋涉看上去是有点怪，好像大自然犯了个小错误，把自以为了不起的牛头犬的尾巴放到了牛屁股上。

接下来要准备的就是食物供给和医药了，这是最需要仔细考虑的，我们不能让马车负荷太重，又要带上所有的必需品。幸运的是，古德是懂医的，他曾经学过医学外科，多少还是有点基础的。他当然不够资格开业，但比起那些在名字后面挂上医学博士的人来说，还是强些的，这一点我们以后就会知道。他有个很棒的旅行医药箱，还有一些器械。我们在德班时，他很利落地切掉了一个卡佛人的大脚指头。不过当那个卡佛人有些麻木地坐在那里看着他的整个手术过程，要求古德给他再安上一个指头，还说一根“白趾头”在必要时很管用，这可让古德颇为为难。

延展阅读

《所罗门王的智慧：加德纳博士的36道推理谜题》

加德纳教授是《科学美国人》杂志“数学游戏”专栏的著名作家。此专栏持续刊登长达25年之久，广受读者欢迎。本书搜集了刊登在《科学美国人》杂志专栏上的谜题。好的谜题常常是从严肃的数学论点中跳出来的。从这些乍看之下很平凡的谜题当中，你会惊奇地发现其中竟然牵涉到那么多不同领域的数学问题。

《查理和巧克力工厂》

〔英〕罗尔德·达尔　著

作者通过故事告诉家长们，对孩子来说，什么都不如一个完整的、充满爱的家庭重要。

关于作者

21世纪初，美国教育部在中小学校组织了一次“孩子们最喜欢的100种书”的评选活动，英国著名儿童文学作家罗尔德·达尔的《查理和巧克力工厂》《慈善巨人》《女巫》《玛蒂尔达》《詹姆斯和大仙桃》五部作品入选。

《查理和巧克力工厂》是达尔的早期童话。这部童话在欧美引起巨大的反响，美国华纳兄弟公司在2005年把《查理和巧克力工厂》改编为同名电影，该电影在英国第四频道电视台通过网络选出的100部最适合全家观赏的电影中排在前10位。

20世纪80年代初，中国引进了《查理和巧克力工厂》，当时将这部童话翻译为《五张金券》，也正是从这部童话开始，读者认识了在欧美大名鼎鼎的罗尔德·达尔。

罗尔德·达尔（1916—1990），是挪威籍的英国杰出儿童文学作家、剧作家和短篇小说作家，他的作品无论成年人还是儿童读者都十分喜欢。达尔18岁进入一家石油公司驻坦桑尼亚的办事处工作，在非洲待过一段时间，他的很多精彩故事都取材于这一段经历。第二次世界大战期间，他应征入伍。1942 年，达尔任英国驻美国大使馆武官助理。从这个时候，达尔开始了他的文学创作。

达尔一生一共写过三部长篇小说、九本中短篇小说集以及不少剧本。他创作的作品中大量的是儿童文学作品，包括《小精灵》《詹姆斯和大仙桃》《查理和巧克力工厂》《慈善巨人》《魔指》《查理和大玻璃升降机》《古怪的福克斯先生》《世界冠军丹尼》《小乌龟是怎样变大的》《亨利·休格轶事及其他故事》等。达尔的童话构思奇特，情节紧凑，在每个故事的一开始就打破现实与幻想之间的常规对应，给人一种或幽默或荒诞或机智的美感；同时，他的作品具有极强的吸引力，让人一读就爱不释手。他曾三次获得美国神奇作家奖，两次获得埃德加·爱伦·坡奖（系全世界优秀侦探小说最具权威的奖项）以及其他多项大奖。

达尔对世界儿童文学的影响是巨大的，他的作品已被翻译成 36 种文字在世界各地出版。他的作品及其中的人物已成为许多电影、电视连续剧、音乐和诗歌的创作源泉，令无数孩子和成年人着迷，而教师们也往往把达尔的书作为向学生介绍世界文学的入门读物。达尔曾经说过："我热衷于教孩子们学会读书，使他们对书感到惬意而不是畏惧。书不应该让人感到畏惧，而应该有趣、令人兴奋、奇妙无比，养成读书的习惯会让人受益无穷。"

荐读理由

《查理和巧克力工厂》是一部科幻儿童文学作品，但更像是一部给家长和孩子一起读的教育读物。孩子读了，可以学会如何做人，知道应该改掉哪些不好的行为习惯；让家长读，是让家长不要溺爱孩子，当然也不要对孩子过于严格管教——书中的威利·旺卡就是反面教材，而是要教育他们学会爱、体会亲情等。

这本书的主要内容是，小男孩查理住在一个全世界最大的巧克力工厂——旺卡工厂附近，爸爸是牙膏厂的工人。他的家境十分贫寒，全家七口人就靠爸爸一人养活，日子过得十分艰难，但是查理全家人都十分善良。

巧克力工厂由一个巧克力发明家、制造商威利·旺卡先生所拥有。威利先生是个古怪、孤独的人，他的巧克力工厂同样古怪、神秘，大门紧锁，全镇的人从来没有看见有人从大门进去或出来过。有一天，威利先生举办了一场抽奖活动，决定为自己的巧克力工厂选择一个继承人。他在巧克力糖中包入五张金色奖券。这五张金色奖券将会改变五个孩子的人生。获得金色奖券的孩子可以参观巧克力工厂，同时还能得到足够吃一辈子的巧克力糖和其他糖果。包括查理在内的五个幸运的孩子抽中了金色奖券，并获得参观这个充满神秘色彩的巧克力工厂的资格。于是，几个孩子在家长的陪同下来到了这个已经 15 年没有人来过的古怪工厂。参观工厂的过程是一次奇特的经历，他们见到飞流而下的巧克力瀑布、成片的口香糖草地、牛奶糖堆成的山……这场神秘莫测的冒险，使每个参观者都无限着迷，巨大的诱惑使得其他四个孩子失去自制，他们在威利先生的“糖衣炮弹”的考验下，统统受到了惩罚。四个孩子的行为揭露了人心的贪婪，也揭露了他们身后引人深思的家庭教育问题：家长对孩子的一味顺从和纵容造就了他们的任性和刁蛮。

在这五个孩子中，唯有小查理在诱惑面前不为所动。最后，查理因为诚实正直，得到了威利先生的赏识，成为威利先生的财产继承人，赢得整个巧克力工厂。

作者通过故事告诉家长们，对孩子来说，什么都不如一个完整的、充满爱的家庭重要。无论富裕也好，贫穷也罢，家长一定要给孩子一个健康的童年，拒绝溺爱，教会他们爱与被爱，学会分享，珍惜友谊和情感；尤其要进行爱的教育，要让他们明白施与受的关系不单单是付出与得到，更多的是心灵上的满足、人格上的完善。

先睹为快

查理饿得最厉害。尽管他的父母亲时常省下自己的那份中饭和晚饭给他吃，可对一个正在发育成长的男孩来说，哪够啊！他非常渴望还有什么别的东西来填填肚子，而不要老是吃卷心菜和卷心菜汤。而他最想吃的东西是——巧克力。

早晨上学去的路上，查理总能看到商店的橱窗里大块大块的巧克力堆得高高的。他停住脚，瞪大了眼睛，还把鼻子紧紧地贴在橱窗玻璃上，禁不住口水直流。一天中他还多次看见别的孩子从口袋里掏出奶油巧克力，津津有味地咀嚼着，不用说，这真使他痛苦万分。

每年，只有在他生日的那一天，查理·巴克特才能尝到那么一小块巧克力。为了这一特殊的时刻，全家人得勒紧裤带省下钱来，到了这个日子，查理总能得到一小块巧克力独自享用。每当他在那些美妙的生日早晨得到那块巧克力以后，他总是小心地把它放到一只小木盒里，他对它宝贝极了，就好像那是一块金子。接下来的几天里，他只允许自己瞧瞧它，可决不去碰它。最后，直到自己再也熬不住时，他才揭开一点点巧克力包装纸，露出一点点巧克力，然后咬下那么一点点——刚够让舌头慢慢地品尝到那可爱的甜味。第二天，他再咬下那么一点点，就这样一天只吃一点点。这样的吃法，查理足足可以把他的这块只值6便士的生日巧克力吃上一个多月。

不过，我还没有告诉你们一件令小查理最难以忍受的事。小查理是这么爱吃巧克力，每当他看见商品橱窗里的巧克力，或是眼睁睁地看着其他孩子当着他的面大嚼奶油巧克力时，他就感到很不好受。可是最让他受不了，也是你们能想象的最折磨人的却是这么一件事：

在这座城里，确切地说，从查理住的房子里就能看到，有一座极大的巧克力工厂！

想想这是什么滋味吧！

更何况，这不是一座一般的巧克力工厂。它是世界上最大最有名的巧克力工厂！这就是旺卡工厂，是一个有史以来最伟大的巧克力发明家和制造商威利·旺卡所开的工厂。它是一个巨大的、奇妙的工厂！门口有高大的铁门，四周高墙环绕，烟囱里喷出滚滚浓烟，厂子深处传出奇怪的嘘嘘声。围墙外面方圆半英里的地方都可以闻到一股浓郁的香味，那是融化了的巧克力的香味。

每天上学和放学，小查理两次路过这座工厂。每当经过工厂大门时，他就放慢脚步，走得很慢很慢，头仰得高高的，用鼻孔深深地吸进周围那股芳香的巧克力香味。

噢，他是多么喜欢这股气味啊！

啊，他又是多么渴望能走进这家工厂，看看里面究竟是什么样子！

延展阅读

作者还有下列精品：

《查理和大玻璃升降机》

这是《查理和巧克力工厂》的续集。查理得到了巧克力工厂的继承权后，他们乘大玻璃升降机回到家，准备将全家人接上后回工厂住。旺卡先生驾驶升降机向工厂飞去，可是升降机越飞越高，竟然进入了太空轨道。这时，全世界的观众正通过电视转播观看美国的太空旅馆开张仪式，他们眼睁睁地看着一个奇怪的大玻璃升降机在面前晃悠，看着它大模大样地闯进了太空旅馆，里面有一个古怪的小个子先生、一个小男孩和几个大人、穿着睡袍的老太太和老先生，还有几个老人睡在一张古怪的大床上！美国总统在他的智囊团的帮助下，确信眼前的这群“人”就是可怕的外星人。他们手足无措，总统先生只好求助自己的保姆兼副总统……这个故事一方面描绘了太空科技的未来景象，另一方面又加入了对美国政府和美国总统的恣意嘲讽。非常凑巧的是，这本书出版后不久，美国总统尼克松因“水门事件”而下台。这很容易让人将作品和事件联系起来。在较长一段时间里，美国的不少图书馆因这本书涉嫌讽刺美国总统而将其列为禁书，理由是“不敬”。

《了不起的狐狸爸爸》

在一个山谷里，有三个饲养场，主人博吉斯、邦斯和比恩都是有钱人。他们是三个最卑鄙、最小气的饲养场主。山谷上方的小山上还住着狐狸一家：狐狸爸爸、狐狸太太和四个可爱的小狐狸。他们过着快乐的生活。狐狸爸爸很聪明，总能轻而易举地获取饲养场的鸡、鸭、鹅、火鸡、苹果酒以及其他食物。三个坏蛋发现他们的东西丢失了，于是开始联手对付狐狸，企图将他们一网打尽。有一天，那三个家伙决定把狐狸爸爸除掉，一场智慧和力量的较量开始了！

在这个故事里，人类贪婪而又无情地蚕食着动物的生存家园，三个农场主把地下的动物逼到了绝境，机智的狐狸爸爸运用自己的智慧和胆识，在千钧一发的危急关头，成功地保全了全家的性命，并为生活在地底下的动物朋友们营造了一个快乐的天堂。罗尔德·达尔采用循序渐进的方法，一步一步把双方的较量推向高潮，一个场面比一个场面宏大，一个回合比一个回合紧张。我们看到的是人类的疯狂以及这种疯狂之中显现的愚蠢、残忍和冷酷。例如，在“射击”那一节中，三个坏家伙是何等得意忘形，他们已经想好了各种惩治狐狸爸爸的办法；而狐狸爸爸又是何等机警和聪明，虽然他被射断了尾巴，但他依然是胜利者。三个坏蛋的愚蠢、疯狂与狐狸爸爸的机智、聪明在达尔的笔下，在故事不断的发展中达到了最高潮。书中那些惟妙惟肖的描写更是精彩至极。

《哈利·波特》系列

〔英〕J. K. 罗琳 著

《哈利·波特》不断刷新着世界小说发行史的记录，而这一切从一个瘦弱、戴着眼镜的黑发小巫师开始……

关于作者

《哈利·波特》系列小说风靡世界，由小说改编的电影和游戏在全球范围内拥有众多的热情拥护者，这一切都与它的创作者 J. K. 罗琳密不可分。J. K. 罗琳，被哈利·波特迷们称为“魔法妈妈”。与哈利·波特的神奇经历相比，作者罗琳的人生历程也毫不逊色，充满了跌宕但最终迎来了转机和辉煌。

罗琳 1966 年 7 月 31 日生于英国的格温特郡，她热爱英国文学，大学主修的是法语。大学毕业后她只身前往葡萄牙发展，后来成为单身妈妈的她甚至沦落到要依靠救济金来维持度日。生活的穷困让这个热爱文学的女子一度想到自杀，然而 24 岁那年的一次旅行却使连她自己也意料不到的魔法大幕徐徐展开。在这次由曼彻斯特前往伦敦的火车旅途中，一个瘦弱、戴着眼镜的黑发小巫师，一直在车窗外对着她微笑，罗琳创作哈利·波特的念头自此产生。

手边无纸笔，想象行千里。罗琳凭着这支天马行空的梦笔驰骋在想象的世界，终于完成了哈利·波特系列小说的第一部《哈利·波特与魔法石》。哈利·波特，这个11岁的瘦小男孩，一头乱蓬蓬的黑色头发，明亮的绿色眼睛上架着一副圆形眼镜，还有他前额上那道细长、闪电状的伤疤……给读者留下了标志性的哈利·波特印象，成为风靡全球的童话人物。目前，该系列小说一共创作了7部。凭借着哈里·波特的成功，罗琳不仅收获了财富，也赢得了成功。

从穷困潦倒到举世闻名，罗琳并没有忘记曾经的艰难岁月：冬季里，在没有暖气的小屋，她推着婴儿车跑到附近一家咖啡馆，边取暖边写作……罗琳说："我从来没有为自己曾经抑郁沮丧而感到羞耻，从来没有。有什么好羞耻的呢？我度过了一段真正艰难的时光，我非常骄傲我能脱离那种生活。"不放弃、迎难而上的勇气，不惧怕挫折与迎面而来的打击。罗琳用哈利·波特的经历与自己对生活的感悟告诉我们：面临生活挫折时，永远不要放弃希望。

荐读理由

《哈利·波特》从1997年发表第一部《哈利·波特与魔法石》，到2007年发表第7部作品《哈利·波特与死亡圣器》，10年之中，7部作品，打造了一个魔幻神奇的魔法世界，给全世界儿童以及众多的爱好者带来了全新的童话之旅。它是作者罗琳用其智慧与想象奉献给全球读者的阅读佳作，深受读者的喜爱。

罗琳正式出版的7部作品分别为：《哈利·波特与魔法石》(1997)、《哈利·波特与密室》(1998)、《哈利·波特与阿兹卡班囚徒》(1999)、《哈利·波特与火焰杯》(2000)、《哈利·波特与凤凰社》(2003)、《哈利·波特与混血王子》(2005)和《哈利·波特与死亡圣器》(2007)。这些作品的问世不断地刷新着世界小说发行史的记录，获得了包括英国图书奖儿童小说、斯马图书金奖章奖等多项大奖。不仅如此，根据《哈利·波特》系列小说改编的电影更使作者名利双收，在全球范围产生了广泛影响。

1 岁的哈利 · 波特失去了父母，他在姨父家饱受欺凌，度过 10 年艰难的日子。10 年来，哈利饱受磨难，从来没有人为他过过生日。然而 11 岁生日那天，一切都发生了变化，他被神奇地邀请到了霍格沃茨魔法学校。信使居然是只猫头鹰，而且给哈利带来了一封神秘的信……熟悉哈利 · 波特的人看到这里一定会会心一笑，因为故事由此展开。我们的小主人公就是这样在不经意间走进了大家的视线，走进了故事当中。在《哈利 · 波特》的世界里，不仅有着众多的人物角色，还有你不知道的各种魔法道具，以及神奇的魔法咒语、让人难以想象的魔法药剂。现在你是不是迫不及待想要一探究竟呢？欢迎来到神奇王国，跟随哈利 · 波特一起感受魔法的魅力吧！

先睹为快

德思礼先生在他九楼的办公室里，总是习惯背窗而坐。如果不是这样，他可能会发现这一天早上他更难把思想集中到钻机的事情上了。他没有看见成群的猫头鹰在光天化日之下从天上飞过，可街上的人群都看到了。他们目瞪口呆，指指点点，盯着猫头鹰一只接一只从头顶上掠过。他们大多甚至夜里都从未见过猫头鹰。德思礼先生这天早上很正常，没有受到猫头鹰的干扰。他先后对五个人大喊大叫了一遍，又打了几个重要的电话，喊的声音更响。他的情绪很好，到吃午饭的时候，他想舒展一下筋骨，到马路对角的面包房去买一只小圆甜面包。

若不是他在面包房附近又碰到那群披斗篷的人，他早就把他们忘了。他经过他们身边时，狠狠地瞪了他们一眼。他说不清这是为什么，只是觉得这些人让他心里别扭。这些人正喊喊喳喳，讲得起劲，但他连一只募捐箱也没有看见。当他拎着装在袋里的一只大油饼往回走，经过他们身边时，他们的话断断续续飘入他的耳鼓：“波特夫妇，不错，我正是听说——”

“——没错，他们的儿子，哈利——”

他突然停下脚步，恐惧万分。他回头朝窃窃私语的人群看了一眼，似乎想听他们说点什么，后来又改变了主意。

他冲到马路对面，回到办公室，厉声吩咐秘书不要打扰他，然后抓起话筒，刚要拨通家里的电话，临时又变了卦。他放下话筒，摸着胡须，琢磨起来……不，他太愚蠢了。波特并不是一个稀有的姓，肯定有许多人姓波特，而且有儿子叫哈利。想到这里，他甚至连自己的外甥是不是叫哈利都拿不定了。他甚至没见过这孩子。说不定叫哈维，或者叫哈罗德。没有必要让太太烦心，只要一提起她妹妹，她总是心烦意乱。他并不责怪她——要是他自己有一个那样的妹妹呢……可不管怎么说，这群披斗篷的人……那天下午，他发现自己很难专心考虑钻机的事。五点钟他走出办公室大楼，依旧心事重重，与站在门口的一个人撞了个满怀。

这个小老头打了个趔趄，差点儿摔倒。“对不起。”德思礼先生嘟哝说。过了几秒钟，他才发现这人披了一件紫罗兰色斗篷。他几乎被撞倒在地，可他似乎一点儿不生气，脸上反而绽出灿烂的笑容。“您不用道歉，尊贵的先生，因为今天没有事会惹我生气！太高兴了，因为‘神秘人’总算走了！就连像你这种麻瓜，也应该好好庆贺这大喜大庆的日子！”他说话的声音尖细刺耳，令过往的人侧目。

老头说完，搂了搂德思礼先生的腰，就走开了。

（摘自《哈利·波特与魔法石》）

延展阅读

《猫头鹰王国》系列

本系列丛书是美国“纽伯瑞儿童文学奖”获得者凯瑟琳·拉丝基十年心血佳作，其中文译本由《哈利·波特》的译者马爱农翻译。《猫头鹰王国》是一部关于生命、亲情、友情和魔法的少儿图书。这套丛书不仅具有奇幻色彩，在这里猫头鹰会思考、会说话、会做梦，可以与《哈利·波特》相媲美，而且它还有着《哈利·波特》不能比的写实精神。作者通过多年对猫头鹰细致入微的观察，将真实的动物习性与人类的幻想完美结合。本丛书被美国媒体誉为“综合并凌驾于《哈利·波特》之上，在现实和想象中任意驰骋的佳作”。

《随风而来的玛丽阿姨》

帕·林·特拉芙斯是20世纪具有世界影响力的奇幻文学作家，她的作品以丰富的想象力和强烈的幽默感而著称。她创作的奇幻文学作品《随风而来的玛丽阿姨》于1934年出版，并很快在英国和美国取得了巨大成功。1964年，美国迪士尼公司将她的作品搬上了银幕。随之，玛丽阿姨在欧美国家成了家喻户晓的人物形象。

特拉芙斯笔下的玛丽阿姨是个神通广大、心地善良的保姆，她撑着一把伞从天而降，来到班克斯家。此后她不停地创造着孩子们只有在梦中才能见到的奇迹。自1935年到1988年，特拉芙斯又先后出版了7部以玛丽阿姨为主人公的系列奇幻文学作品。迄今为止，特拉芙斯的玛丽阿姨系列作品已被翻译成24种语言在世界各地出版，并已售出上千万册。

《会飞的教室》

〔德〕艾利克·卡斯特纳 著

通过小说，小读者们会明白他们会像小说中的主人公一样克服自己的烦恼，成长起来。

关于作者

德国作家艾利克·卡斯特纳（1899—1974）有一句话非常著名：“只有那种虽然已长大成人，而仍然保持童心的人，才算是一个真正的人。”

卡斯特纳出身贫寒，但通过自己的刻苦努力，最终取得了莱比锡大学的博士学位。在逆境面前的一颗童心，使他在“二战”期间没有屈服于法西斯的淫威。在第二次世界大战时，他的作品被纳粹分子列为禁书，甚至遭到了焚烧。但被法西斯定名为“不受欢迎作家”的卡斯特纳仍然笔耕不辍，直到法西斯统治彻底垮台之后，熬过严冬的卡斯特纳终于迎来了文学生涯的春天，他的作品《难忘1945年》被诺贝尔文学奖提名，1952至1962年他担任了十年的德国（西德）国际笔会中心主席。

卡斯特纳勤勉的童年让他获得了学识，他保持一生的童心更为小朋友们留下了养料丰富的儿童文学。卡斯特纳自己没有儿女，但他一生专为孩子写小说。1960年卡斯特纳获得了国际安徒生儿童文学创作奖、国际青年图书创作奖。他的主要作品有《埃米尔捕盗记》《小圆点和安东》《会飞的教室》《两个小绿蒂》等等。这些作品大多被搬上舞台或拍成电影，受到许多国家观众的欢迎。

荐读理由

《会飞的教室》的主人公是吉奇斯蒙中学的一群中学生，在吉奇斯蒙中学的体育馆里，大家正准备排演一出圣诞剧，这部剧的名字就叫《会飞的教室》。围绕这部话剧的排演，小说展开了波澜起伏的情节：营救葛洛迪的行动，培克老师和“禁烟老师”的重逢，邬理为了显示自己的勇敢而采取的不理智的壮举，老师资助戴马亭回家……孩子们的校园生活被展示得多姿多彩，令人感到其间浓浓的师生情、友情、亲情。

同时《会飞的教室》这部中学生自编自导自演的圣诞大戏也充满趣味，话剧中孩子们想象着自己的教室会飞，老师和他们可以飞到书本中提到的历史古迹和特殊的地理景观区去，他们看到了维苏威火山的爆发，体验了古老的埃及文明和北极的寒冷……

小说中班长戴马亭带领同学们排练《会飞的教室》，他家境贫寒，却是个品学兼优的好学生，很有绘画天赋，受到同学们的拥戴。而剧本是由姚尼利用课余时间写成的，这个被父母遗弃、有些多愁善感的孩子文笔很好，丰富的想象力让他把教室想象成了一架飞机，大胆地创新教学模式。出身贵族的邬理因为胆小一直遭到嘲笑，于是他为了证明自己的勇敢，竟然撑着雨伞从高空中往下跳，尽管摔伤了自己，但他收获了浓浓的友情。另外还有博学理智的塞巴修、体格健壮而又经常为功课苦恼的马提斯、正义智慧的培克老师和“禁烟老师”。小说中塑造的一系列天真活泼的少年形象以及他们在学校里经历的一连串的事情都深深地吸引着小读者，让他们体会着这些可爱的同学和可敬的老师之间发生的不平凡的事情。

通过小说，小读者们会明白他们会像小说中的主人公一样克服自己的烦恼，成长起来。生活中会有各种不幸与苦恼，但更会有许多欢乐和幸福，只要我们真诚地面对生活，欢乐就会代替苦恼，幸福就会战胜不幸！

先睹为快

12 月初，下了一场大雪，到处玉树银花洁白刺眼。吉奇斯蒙中学的整个校园都被白雪覆盖着，袭人的寒气充溢了学校的每一个角落。校园里行人稀少，十分宁静，但餐厅里却闹哄哄的，嘈杂纷乱的场面为餐厅增添了一些温暖的气氛。

这一天正好是星期三，按例下午完全由学生自由活动。吃完午饭，在值日老师的一声令下，两百多名学生几乎同时将椅子推进餐桌底下，然后前呼后拥地奔出餐厅的大门。

“唉！就这么点饭菜，就跟没吃过似的。”要出餐厅的时候，一个高大强壮的学生发着牢骚。他就是吉奇斯蒙中学出了名的“大胃王”——马提斯。这时，马提斯一边往餐厅的大门走，一边摸着自己瘪瘪的肚子，对身边的好朋友邬理叫嚷着：

“喂，借点钱给我好不好？我的零花钱都用光了。现在不买点面包来垫垫肚子，过一会儿就连走路的力气也没有啦。”

马提斯的食量大得惊人，他的肚子就像永远也填不满的无底洞。他长得牛高马大，浑身透着使不完的力气。和马提斯比起来，金发邬理尤其显得瘦弱矮小，两人走在一起，他就像老鹰旁边跟着的一只小鸡似的。邬理很羡慕马提斯的身材和力量，他不止一次为自己的弱小而苦恼。

邬理永远不必担心零用钱的事，他是贵族后裔，家庭殷实，口袋里总不缺钱用，对马提斯更是有求必应。但他很替马提斯担心，因为面包房在校门外，平时校门由高一年级的纠察队把守，不能随便出入。邬理提醒马提斯："现在不能出校门，被纠察队逮着可就麻烦了！"

"你放心，我不会栽在他们手里的。"马提斯拍拍胸脯，十分自信地说。

"可是你别忘了下午一点半要在体育馆排演呢，耽误了可不行。"

"知道了。"

马提斯回答着，向校门大步走去。不过，他没有从大门通过，而是躲开纠察队的视线，偷偷地溜到一个比较隐蔽的地方，双手攀上围墙，稍一用力，就敏捷地翻了过去。

邬理一直提心吊胆地看着马提斯，等到他的身影在墙头消失，才放心地慢慢向体育馆踱去。

延展阅读

《埃米尔捕盗记》

这是卡斯特纳很有名的一部儿童小说。他逝世后，当时的西德报刊上有一篇悼念他的文章说道："从西德到日本，几乎每个孩子都是和《埃米尔捕盗记》一起长大的。"这部小说一经出版便被翻译成多国文字，还多次被改编成电影，早在20世纪30年代就传入了中国。

《暗淡蓝点》

〔美〕卡尔·萨根 著

一本普及宇宙知识的科普图书，探讨人类如何在太空中寻觅与建设新家园。

关于作者

卡尔·萨根（1934—1996）是美国著名的天文学家，出生于美国纽约，1960年获天文学和天文物理学博士学位。萨根的一生主要从事天文学以及核战争对环境的影响等方面的研究，曾任美国天文学协会行星科学学会主席等职，在美国的太空计划中起到了十分重要的作用。曾荣获美国航空航天局颁发的特别科学成就奖和阿波罗成就奖、美国国家科学院的公共服务奖，此外，他还由于在反对使用核武器方面的杰出贡献而获得许多奖励。

萨根博士还是一位功勋卓著的科普大师。1980年，他推出电视系列片《宇宙》，在世界上引起极大的反响，被翻译成十多种语言，在60多个国家放映，观众人数达到5亿人！与这个电视片配套的同名科普书籍曾是《纽约时报》连续70周发行量最大的畅销书，是历史上英语出版的科普读物中发行量最大的书籍。他的优秀科普作品《伊甸园的飞龙》曾获美国普利策奖，这是美国国家科学院对他在公众理解科学领域中所取得的成就的最高奖励。1994年，他被授予第一届阿西莫夫科普奖。他的最后一部力作《魔鬼出没的世界》，从理论和实践两方面论述科学与伪科学的斗争，该书的副标题“科学是驱走魔鬼的蜡烛”，是他留下的警世之言。萨根也是我国读者比较熟悉的作家，除《伊甸园的飞龙》外，他的名著《外星球的文明》《布鲁卡的脑》等已出版中文版本。

为表彰萨根在天文学方面的杰出贡献，国际天文学联合会于1982年将2709号小行星命名为“卡尔·萨根”星。

荐读理由

《暗淡蓝点》是萨根博士撰写的一本普及宇宙知识的科普图书，是他在60岁时创作的。其主题关系到人类生存与文明进步的长远前景——在未来的岁月中，人类如何在太空中寻觅与建设新家园。这本书的书名也很有来头，其实“暗淡蓝点”是一张由航海者1号拍摄的著名地球照片，显示了地球悬浮在太阳系漆黑的背景中，正是这张照片激发了作者的灵感，写成了本书。

本书共分22章，作者用讲故事的方式介绍空间天文学兴起后太阳系研究的新进展。日月星辰的运动、结构和演化，是人类历史上的第一门科学——天文学的主要内容，经过世世代代天文学家的辛勤探索，我们早已知道人类栖息的地球只是太阳附近行星系的一个成员，而太阳不过是银河系里几千亿颗恒星中平凡的一颗。在银河系外，还有数以亿计的河外星系。浩瀚无垠的太空，吸引着广大公众尤其是青少年天文爱好者。

我们所在的太阳系里天体众多，事故频繁。1994年一颗彗星与木星相撞，在全世界引起轰动。回溯到6500万年前，很可能有一颗直径约10千米的小行星撞上地球，导致全球生态环境的巨变，使当时称霸世界的恐龙灭绝。这些事件提醒人们，近地小行星和彗星是地球人类的潜在威胁。此外，地球环境的恶化、自然资源的枯竭，以及从长远来说太阳的有限寿命，都促使人们认真考虑在太空中寻觅和建设新家园的艰巨历史任务。

在当今困惑和迷茫弥漫的时代，萨根提醒我们，科学素养低下的后果比以往任何一个时代都要严重。科学绝非万能，然而却是我们唯一的希望。我们的命运和科学系在一起。

在这本书中，萨根介绍了许多有意思的天文知识和能够满足读者好奇心的科学“秘闻”，同时对人类的命运也表现出博大的关爱胸怀，让人敬意由衷而起。科学不仅是为了满足某些人的好奇心，更重要的是它和我们的命运已经不可分割。

先睹为快

从一开头，我们就是漂泊者。我们知道在160千米（100英里）之内每棵树的位置。当果实成熟时，我们就在那里。牲畜每年迁徙，我们都跟着走。我们高兴地品尝新鲜肉食。我们中间少数人合作，靠密谋、伪装、伏击和全力进攻，完成了多数人靠单独狩猎办不到的事情。我们相互依赖。想象起来，靠我们自己单干，就和定居一样，是荒唐可笑的。

我们联合起来，保护孩子们不受狮子和狼群的侵袭。我们教会他们所需的技能和使用工具。那时和现在一样，技术是我们生存的关键。

每当干旱持续，或者在夏日天气仍令人不安地寒冷，我们便成群地迁徙——有时走向未知的土地。我们寻找更好的地方。当小小的游牧群跟别人合不来时，我们便离开，在其他地方寻求比较友好的团伙。我们随时都可以再从头干起。

自从人类出现以来，在99.9%的时间里我们都是猎人和粮秣征集员，也是在沙漠与草原上的流浪汉。那时没有边防卫士，也没有海关官员，到处都是待开发的土地，约束我们的只是大地、海洋和天空——加上偶尔碰到的粗暴邻居。

在气候惬意食物丰盛时，我们愿意定居下来。这时不再担风险，出现了优势，也不必谨小慎微了。在最近1万年间——这在我们的漫长历史中只是一瞬间——我们已经放弃了游牧生活。我们已经栽培植物和驯养动物。在你能够轻易取得食物的时候，又何必去追捕猎物呢？

延展阅读

作者还有下列精品：

《伊甸园的飞龙》

如果不清楚萨根的背景，你很难想到这本书出自一位行星天文学家之手。本书并非着意于传达生物学知识，而是在现有发现的基础上对智力的过去与未来进行推测，并探讨梦境、睡眠、多种文明共有的龙的传说、模糊而强烈的本能恐惧等事物的起源。也许，我们早餐吃煎蛋的习惯也与进化史上千万年前的事件有着某种关联。

《布鲁卡的脑》

这是一本探索宇宙和我们人类自己的著作。它涉及非常广泛的领域：意识和生命的起源、地球和太阳的形成、外星智慧人的可能性，以及宇宙的起源、本质和未来等问题。作者在介绍这些重大科学前沿问题时，也阐述了科学知识的本质及科学技术所带来的社会后果，寓意深刻，却又深入浅出。

《汤姆·索亚历险记》

〔美〕马克·吐温 著

作为马克·吐温的代表作，《汤姆·索亚历险记》一出道就受到热捧，然后晋级为世界文学宝库里的一部经典名著。

关于作者

提到美国文学，有人就自然而然地想到美国式的幽默，当然这种看似轻俏的幽默还要数马克·吐温运用得最为炉火纯青。这位在美国文学史上具有代表性的幽默式作家，是美国批判现实主义文学的奠基人，也是世界著名的短篇小说大师，被誉为“美国文学中的林肯”“最具美国本土特色的作家”。他的本名原是塞缪尔·朗赫恩·克莱门斯，马克·吐温是他的笔名，取自于船工生活：mark 是“测标”，twain 为“两英寻（合 12 英尺）”，“测标两英寻”说明仍是安全水位，细细品味也别有一番趣味。

马克·吐温 1835 年 11 月 30 日出生在美国密苏里州，1910 年 4 月 21 日卒于康涅狄格州。由于幼时家境贫困，所以他在 12 岁的时候就因父亲去世辍学，开始到印刷所当学徒，稍大一点便外出找活儿干，到 21 岁时对轮船上的领港员生活产生极大兴趣，决定拜师学艺，开始了在密西西比河上 4 年的领港生活。这段生活经历使他有机会熟悉各式各样的人，为他今后的创作提供了许多素材。然而 1861 年南北战争的爆发迫使他离开热爱的密西西比河，随哥哥转战内华达，先卷入找矿热潮，后去报馆工作，从此开始他的创作生涯。

马克·吐温的创作高峰期是在19世纪的六七十年代，在此期间发表幽默短篇共70篇，其中多数为小品类文章。文章的主要特色是极度夸张、幽默、滑稽。主人公往往天真老实，思想单纯，有一套先入为主的想法，结果处处碰壁。他的成名作《卡拉维拉斯县驰名的跳蛙》和名篇《竞选州长》《神秘的访问》均运用了这样的写法。但是也有一部分作品里在幽默中含有讽刺，如《竞选州长》《坏孩子的故事》《好孩子的故事》等。作者解释说“幽默只是花絮”，“为幽默而幽默是不能经久的”，所以他的幽默滑稽是出自严肃的创作目的的。

此后，他又发表了《傻子出国记》《过苦日子》和《镀金时代》三部长篇小说，并同一位富商的女儿奥利薇亚·兰登结婚，定居在马萨诸塞州的哈特福德。著名的《汤姆·索亚历险记》《在密西西比河上》和《哈克贝利·费恩历险记》就是在这段稳定的生活期间写的。其中《哈克贝利·费恩历险记》被认为是马克·吐温的代表作，也是美国文学的一部名著。小说继续了《汤姆·索亚历险记》的内容，主人公换成汤姆的朋友哈克——一个穷苦白人的儿子。在这部小说中，作者纯粹用美国口语写成，开创了美国文学口语文体的传统，也让这位幽默大家在美国文学史上留下重重的一笔。

荐读理由

作为马克·吐温的代表作，《汤姆·索亚历险记》一出道就受到热捧，然后晋级为世界文学宝库里的一部经典名著。这是一部主要描写19世纪密西西比河畔一个小镇人民生活的小说，尽管如此，作者马克·吐温还是以满腔热情和真挚的爱为读者塑造了小主人公汤姆·索亚和他的一群小伙伴这些形象。汤姆·索亚是个成长中的孩子，他调皮，喜欢恶作剧，却又善良可爱、乐于助人。他讨厌教堂里老师干巴巴的说教，不喜欢学校里整天枯燥无味的生活，他向往成为绿林好汉，希望加入海盗，过新鲜刺激的生活。他总在危险时刻挺身而出，做出那些懦弱的“好孩子”、体面的“优秀生”无法做出的正义行为，展示出自己的魅力。而哈克贝利·费恩则是作者着重刻画的另一个“调皮鬼”，他不上学，没有接受过教育，却拥有一颗正义、勇敢的心。

汤姆由于幼年丧母，所以由姨妈收养，但是聪明顽皮的汤姆受不了姨妈和学校老师的管束，常常逃学闯祸。一天深夜，他与好朋友哈克贝利·费恩到墓地玩耍，无意中目睹了一起凶杀案的发生。因为害怕凶手发现他们知道这件事，汤姆和哈克贝利带着另一个小伙伴一起逃到一座荒岛上做起了“海盗”，弄得家里以为他们被淹死了，结果他们却出现在了自己的“葬礼”上。经过激烈的思想斗争，汤姆终于勇敢地站出来，指证了凶手。不久之后，在一次野餐活动中，他与他心爱的姑娘贝琪·撒切尔在一个岩洞里迷了路，整整三天三夜饥寒交迫，面临着死亡的威胁……最终，他们走出了山洞，村里人发现了他们，他们讲述了在洞中的经历。之后，村里人用石块堵住了山洞口。汤姆和贝琪告诉村里人他们在山洞里看见了杀人犯印第安人乔。当村里人在洞中找到印第安人乔时，他已经死了。

后来，汤姆经过分析，判定宝藏已经被印第安人乔藏在岩洞中了。于是他和哈克贝利偷偷地潜入岩洞中，并根据他们偷听到的描述，找到了一个宝箱——里面有一万两千余元！发现宝藏后，他们成了大富翁。汤姆和哈克贝利平分了这笔钱。从此以后，汤姆和哈克贝利就变成了小镇上的“风云人物”，不仅走到哪儿都会受到欢迎，而且他们俩的小传还登在了镇报上……

可以说，这部小说是当时美国社会生活的一个缩影。从小说中我们可以了解到穷人和富人、教堂和学校、宗教与犯罪等当时美国生活的各个方面，但是令人读后回味无穷的仍然是作品中时时充斥着的童趣。马克·吐温也坦诚写这部小说取材于自己儿时在故乡——汉尼拔小镇上的所见所闻、亲身经历，因此会让读者读来感觉十分真实有趣。孩子们或许能在书中的人物身上找到与自己相似的地方，而大人们也能在书中拾到些自己童年时的味道，因而这绝对是一本不可错过的、不分年龄的妙书。

先睹为快

“汤姆！”没有人回答。

“汤姆！”珀利姨娘又叫道。还是没有人回答。

“这孩子到哪儿去了？奇怪。汤姆！”仍然没有人回答。

这位老太太将眼镜往下拉了一下，她从镜片里面仔仔细细地看房间；然后又把眼镜往上推一推，她从镜架下面往外看；她从来不从眼镜正中往外看一个像男孩子一样的东西；这副眼镜代表着她的身份，是她内心的骄傲，而不是为了实用，就算是戴着一副火炉盖，也能看清东西。她感到有点困惑，随后便说，声音虽然不算严厉，但是很响，足以使人们都听见：“哼，我说过我发誓要是找到你，我就……”这时她正弯着腰，还没有把话说完，就用扫把往床底下捅，边捅边喘气。但是她什么也没捅到，她只发现了一只猫。

“从没见过这样淘气的孩子！”她走到敞开的房门前，向园子里的西红柿藤和曼陀罗丛里张望。她没有看见汤姆。她把声音抬高到老远都能听到的程度，大声叫道：“汤姆？”这时她身后响起轻微的声音，她迅速转过身去，一把抓住一个小男孩的紧身短上衣的下摆，把正要逃走的孩子给紧紧地抓住。“喂！我本来就应该想到你在那个壁柜里面。你在那里面干什么？”“我没干什么。”“你没干什么！看看你的手，然后再看看你的嘴巴，那上面都是什么东西？”

“我不知道，姨娘。”汤姆说。

延展阅读

作者还有下列精品：

《百万英镑》

本书是马克·吐温著名的短篇小说，文章描绘了美国旧金山的一个小办事员出海游玩，因故迷失方向后，幸遇轮船获救，然后随船来到英国伦敦。他身无分文，举目无亲，两个富有的兄弟借给他一张100万英镑的支票，并以他在30天内不将100万的支票兑换成现金而能否活下去打了一个赌。在小说的结尾，小人物不仅活过了30天，并且利用这张百万英镑发了一笔财，还获得了一位小姐的芳心，但由始至终他从来没兑换过这张支票。小说通过小办事员的种种“历险”嘲弄了金钱在资产阶级社会叱咤风云、呼风唤雨的作用。作者用漫画笔法勾勒出不同人物在“百万英镑”面前的种种丑态，幽默滑稽，趣味横生，就如同勾勒了一幅世态讽刺画，生动地表现了小市民的见闻，令人忍俊不禁。

《镀金时代》

本书是马克·吐温的第一部长篇小说，发表于1873年，通过对一位企业家兼政客的描写，揭露了西部投机家、东部企业家和政府官吏三位一体掠夺国家和人民财富的黑幕。“闪光”所掩盖的其实是种种丑陋不堪的社会现实。《镀金时代》，绝对是一个绝妙的书名。当时美国正处在经济迅速发展的“黄金时代”，在那样一个“遍地黄金”的时代，有多少人，包括道貌岸然的议员、政客们，借此机会假公济私，投机取巧，行贿受贿，贪污腐化，中饱私囊。表面的繁荣，掩盖着腐败的风气、道德的沦丧及其他潜在的危机。所谓“黄金时代”，只不过是个内里虚空、矛盾重重的“镀金时代”—— 一个时代的梦破灭了。后来的历史学家们也沿用了这一形象化的概念来解说这个时代，可见其具有极强的概括力。

《爱丽丝漫游奇境记》

〔英〕卡罗尔　著

英国魔幻文学代表作，世界十大著名哲理童话之一。

关于作者

1862年7月的一个下午，泰晤士河上，牛津大学的数学教师查尔斯·勒特威奇·道奇森（1832—1898）带着朋友的三个女儿爱丽丝姐妹划船逆流而上。道奇森和三个可爱的小女孩是好朋友，他时常琢磨出各种各样的游戏和她们玩。这一次，女孩们缠着他要他讲故事，童心未泯的道奇森怎么忍心拒绝……

于是，英国儿童文学史上的惊世之作《爱丽丝漫游奇境记》，在这样一个美丽的下午于泰晤士河上诞生了。后来查尔斯应爱丽丝的请求，把故事写了下来，并在圣诞节前夕把手抄稿送给了她。因此，这位牛津大学的数学教师在世界儿童文学史上留下了一个响当当的名字——刘易斯·卡罗尔！

卡罗尔，原名为查尔斯·勒特威奇·道奇森，英国柴郡人，长期在享有盛誉的牛津大学基督教学院担任数学讲师，发表过多本数学学术著作。他是一位生性腼腆、患有口吃病、不善交际的数学家，虽身为数学家，但在小说、诗歌、逻辑学等领域有很深的造诣，还是一位优秀的儿童肖像摄影师。

就在他把手抄稿寄给爱丽丝的时候，手抄稿被英国著名的小说家金斯莱发现了，他觉得这是一个很好的故事，于是积极地促成了这本书的出版——1865 年 7 月 4 日，在卡罗尔和爱丽丝三姐妹旅行三周年纪念日这一天，《爱丽丝漫游奇境记》正式出版，并迅速获得了巨大的成功，在英国一下子就流行起来。后来，卡罗尔又写了《爱丽丝漫游奇境记》的姐妹篇《爱丽丝镜中奇遇记》。1898 年他去世的时候，这两本书已成了英国最畅销的儿童读物，印行了近 30 万册。而《爱丽丝漫游奇境记》更是成为英国魔幻文学的代表作，是世界十大著名哲理童话之一。一百多年来，该书传遍了世界各地，无数次被改编成戏剧、电影、电视剧、哑剧、动画片等，是世界上流传最广、影响最大的儿童小说之一。

荐读理由

一百四十年前，有个小姑娘让全世界儿童着迷！一百四十年后，这个小姑娘魅力更胜从前！她让全世界几代儿童明白：他们也可以肆无忌惮地想象！

这个小姑娘就是爱丽丝，出自于卡罗尔的《爱丽丝漫游奇境记》，她在梦中因为追逐一只会说话的红眼睛白兔而掉进了兔子洞，之后遇到了许多稀奇古怪的事儿：她的身子能变大变小、猫能隐身、毛毛虫吸着烟斗、扑克牌会打槌球、王后总叫着砍人头……直到最后她与扑克牌王后、国王发生顶撞，才急得从梦中醒来。这次奇幻的漫游之旅使爱丽丝不仅钻进了兔子洞里，也钻进了几百年来所有孩子的心里。

爱因斯坦曾说：“一个真正会想象的人前途是不可限量的！”那么，《爱丽丝漫游奇境记》就当属前途无量的作品了。在 19 世纪英国文学崇尚理性的时候，《爱丽丝漫游奇境记》以随意不羁、抛开道德教条、没有严肃的“教育”使命感的独特风格轰动英伦三岛。这样一部近乎无厘头、情节与情节之间没有必然联系的游戏文学作品，让读者耳目一新，故事里时时存在的、不确定的刺激，给人以毫无约束的、释放的快感。它将英国19世纪的荒诞文学推向高峰，因此说它是魔幻、荒诞小说的先驱之作一点也不为过。据称，当今风靡全球的魔幻小说《魔戒》和《哈利·波特》的作者均受该书影响颇大。

这也难怪《爱丽丝漫游奇境记》一经出版，就被美国《纽约时报》评为最佳图画书，被美国《出版者》周刊评为最佳读物，而且成为美国图书馆协会推荐童书，入选美国文化名人费迪曼所著的《一生的读书计划》一书之中，入选英国卫报“生命中不可缺少的一百本书”，《大英百科全书》评价其“把魔幻、荒诞小说的艺术推向了顶峰”，被誉为世界十大著名哲理童话之一。

自从1865年出版后至今，该书成为继莎士比亚作品之后被翻译成各种文字最多的英国作品。对于这本书，我们怎么能错过呢？快和爱丽丝一起来漫游这个神奇的国度吧！

先睹为快

爱丽丝靠着姐姐坐在河岸边无所事事，开始觉得很不耐烦。有时候她偷偷瞟一两眼姐姐看的书，可是书里既没有画，又没有对白。她就想：“一本书里既没有画，又没有对白，那还有什么意思呢？”

天气很闷热，她感到非常困，甚至有点迷糊了，但是爱丽丝还是很认真地盘算着，是否值得花点儿力气站起来采些雏菊花做个花环？就在这时，突然有一只粉红眼睛的白兔，贴着她身边跑过去了。

看到一只粉红眼睛的兔子，并不是什么值得大惊小怪的事，甚至听到兔子自言自语地说：“哦，天哪，哦，天哪，我要迟到了。”

爱丽丝也没感到有什么离奇的，虽然事后回想起来，她认为应该对这事感到惊奇，可当时这一切好像是很自然的事。但是，那只兔子竟然从背心口袋里掏出一只表，还看了看，然后又匆匆跑了。这时，爱丽丝一下子跳了起来，脑子里闪过一个念头：从来没见过兔子穿着有口袋的背心，而且还能从口袋里掏出一只表来。她忍不住好奇，紧紧跟着兔子穿过一片田野，刚好赶上看见兔子窜进了灌木丛下的一个大洞里。

不管三七二十一，爱丽丝也紧跟着跳了进去，她想都没想怎么出来。

延展阅读

《爱丽丝镜中奇遇记》

本书是卡罗尔为《爱丽丝漫游奇境记》所作的姐妹篇。主要讲述红方王后对爱丽丝说：“你可以充当白方王后前面的卒。卒第一步走两格。然后，你可以飞快地通第三格——可以乘火车。到了第四格，你会碰见特威丹、特威帝孪生兄弟。第五格大部分是水，第六格则是矮胖子的地盘，第七格全是森林——马将做你的向导。”进入第八格后，爱丽丝将变为工后。象棋可真是奇特的游戏！在镜中的世界里，所有的象棋子儿都与你争吵；你得跑得飞快才能留在同一个地方。在这儿，时光倒转，白方王后忘不了两星期以后要发生的事情……这到底是谁的梦境？是爱丽丝的，还是她只是红方国王梦境中的一个角色？如果是这样，红方国王一旦醒来，又会有什么事发生呢？期待你去揭秘。

《十万个为什么》

一百余位院士参与编写这部为青少年而作的科普图书，“大手笔写小文章”，成为《十万个为什么》可靠的质量保证。

关于作者

20世纪50年代，国家发出“向科学进军”的号召，当时我国仅有的两家专业少儿出版社之一的少年儿童出版社的编辑们很受鼓舞，决心为孩子们出一些科普好书，打破当时科普读物非薄即少的现状。他们发动小学生、教师、少儿科技工作者等提问题，从报刊书籍中搜集问题，然后，从“为什么”的角度出发进行取舍，初选出了2000多个问题，约请了200多位作者撰稿，于1960年7月开始出版《十万个为什么》丛书第1版，分为数学、物理、化学、天文气象、动物、农业、地质矿物、生理卫生8个分册，共收1484个问题，100万字。丛书一出版，受到了社会的广泛欢迎，到1964年4月，三年中发行了580多万册。国内各民族出版社出版了朝鲜文、维吾尔文、哈萨克文、蒙古文等文版。它在传播知识、普及科学方面发挥了积极的作用，影响几代青少年走上了科学的道路。

1998年，该丛书摘取了国家科技进步二等奖的桂冠。这是该奖自设立以来，第一次授予一套科普图书。1999年，它又被千千万万读者推选为“感动共和国的50部图书”之一，与之并列的有《红岩》《铁道游击队》《青春之歌》……几十年来，这套书出了6个版本，累计发行量超过1亿册，而由此衍生出的由其他出版社出版的各个版本的《十万个为什么》更是不计其数。

《十万个为什么》能一炮打响，除了编辑们的精心策划，也得益于丛书所拥有的异常强大的作者阵容。《十万个为什么》得到了我国科学界、教育界、出版界的全力支持，第一版的作者主要是科研人员或者教师，最负盛名的老一辈科学家李四光、茅以升、华罗庚、竺可桢、张作人、苏步青、张钰哲等都亲自为丛书出题目、写文章。不过也有例外，我国著名传记文学作家叶永烈当时只是北京大学刚上大二的理科学生，但他博览群书，爱好散文和小说，写出的文字通俗易懂。慧眼识珠的编辑们一开始是将《化学》分册中的绝大部分题目交由他写，后来，《天文气象》《生理卫生》分册也请他写，这位最年轻的作者总共写了300多个“为什么”，成了第一版《十万个为什么》中写作篇目最多的人。

2013年8月，《十万个为什么》第六版正式出版发行。该书由十二届全国政协副主席、中国科学技术协会主席韩启德院士担任总主编，21位中国科学院和中国工程院院士等顶级科学家担任分册主编，110余位两院院士组成阵容强大的编委会。来自全球各个学科的700余位最优秀的科学家和科普作家参与了新版《十万个为什么》的编写工作。学识丰赡的科学家们不约而同地走到了这部为青少年而作的科普图书中来，“大手笔写小文章”，成为《十万个为什么》可靠的质量保证。

荐读理由

《十万个为什么》是少年儿童出版社为中小学生编写的一种科普知识系列丛书，大到天文地理，小到生活琐事，每一篇文章都告诉学生们一个科学的小道理。它不仅能帮助学生开阔视野、增长知识，还能提高学习的兴趣，可谓学生的好帮手。

该丛书在编辑第一版时，就有了一套十分成熟的编辑方案，其主要内容有：1. 丛书既要具有小百科式自然科学知识读物的特点，又要区别于一般百科的编法，以文为主，但不是条目性的。2. 紧紧扣住自然科学各学科基础知识中的“为什么”问题，尽量不收“什么”“怎样”的题目。3. 题目要取材于生活实际和来源于广大少年儿童头脑中所想的科学问题，针对性要强。4. 以科学小品为文体，每个单篇可以独立成章，同时又使整书有知识的连贯性，读者阅读方便，可以读读放放，也可以在产生问题时，随手查阅。5. 生动性、趣味性是少儿读物的“生命”，尤其是知识性读物文笔力求生动，避免枯燥。6. 知识密度高、信息量大，从基础知识角度来讲，全面、完整。7. 尽量动员、约请各学科的专业人员写稿，以求科学准确。

近年来，虽然同名图书层出不穷，但是少年儿童出版社的《十万个为什么》凭借其独特的编辑理念和对质量的严格要求，仍然成为广大读者的第一选择，一直稳居畅销书榜。

2013 年 8 月，广大读者期盼已久的《十万个为什么》第六版终于面世。最新版的《十万个为什么》为 16 开本全彩色图文本，分 18 卷，共收录 7000 余幅图片、600 余万字，既提供完整的基础知识体系，也展现全球新科技和文明，聚焦各个学科领域的前沿发现。全书分三个系列，其中基础板块有 6 本，分别是数学、物理、化学、天文、地球和生物；专题板块 6 本，是从基础板块延伸出来的，分别是动物、植物、古生物、建筑与交通、电子与信息、医学；热点板块 6 本，分别是大脑与认知、海洋、能源与环境、武器与国防、灾害与防护、航空与航天。其中，“武器与国防”以前从未出现过，这是专为那些喜欢武器的男孩子们编写的。

为了编纂第六版《十万个为什么》，少年儿童出版社邀请了 110 余位院士、700 多位作者，其中 21 位院士担任分册主编。两年来，社内就编纂工作前后开了150场编纂研讨会，其中100场与选问题有关。整套书涉及的问题共有4500个，这些问题来自于从小朋友们中间征集的3万个问题，以及从其他渠道搜集的2万个问题。在这些问题的基础上，科学家们进一步加工整合，完善《十万个为什么》的知识体系。而科学家们的每一篇文章要通过反抄袭软件的检验，为的是坚决杜绝非原创、拼凑式的解答。

“地球上的水来自哪里?”《地球》分册的这一问，让中科大地球科学院教授黄寰花了一周的时间来解答。在研究了世界最前沿的几十篇论文后，他找出了最主要的三种看法，深入浅出地编入600字的回答中。黄寰解释说:“有很多问题答案不是唯一，如果孩子把一个片面的回答当成标准答案，那他们的思维从小就受限了。”

在《数学》等基础分册中，一些经典问题的回答也发生了变化。“0.1和0.10有区别吗?”“0.99999无限循环是否等于1?”，与以前版本的答案一样，两个回答均为是，但科学家首次引入了有效数字与数学极限概念，进行了全新证明。

新版有90%的问题与上一个版本不同，即便是剩下的老问题，也由专家作了新回答。有大约十分之一的问题没有设置标准答案，而是采取列出科学界不同说法的方式，力求做到在介绍科学知识的过程中，给孩子们保留一个开放的空间，也因为对很多科学问题的探索还在往前发展，本身并未穷尽。

先睹为快

蜈蚣那么多脚，为什么不被自己绊倒?

答：一个世纪以来，世界各地共发现蜈蚣3000余种，足的数目从15对到191对不等。我们人只有两条腿，但走路一不协调，也可能被自己绊倒。蜈蚣有那么多脚，为什么走路的时候不会被自己绊倒呢？难道蜈蚣的脑袋一直在掌控每只脚的位置，通过计算来决定该挪动哪只脚吗？

其实，蜈蚣根本不需要计算，它在爬行的时候，之所以不会被自己的脚绊倒，是遵循了一个游戏规则，那就是“不妨碍相邻的脚”。只要满足了这个条件，蜈蚣就能有条不紊地前进，并且产生优美的节奏。这就是所谓的“系统理论”。

什么是“系统理论”呢？举个例子吧，如果说人是一个系统，那么心脏就是一个亚系统。心脏在跳动时，根本不需要知道整个身体的运动状况，它只要根据神经、激素水平的变化来决定跳动的快慢就可以了。如果心脏硬要多管闲事，越位去了解整个身体的状态，那反而会弄巧成拙。

同样，心脏这个亚系统的构成要素——心肌细胞在进行伸张和收缩时，也不需要知道心脏整体的状态，它只要知道心肌自身伸张了多少、有多少氧气、温度有多高等事关心肌自身的问题。

也就是说，在系统理论中，每个构成要素是不需要知道系统整体状态的，只要根据与其他构成要素的关系来决定自身的行动就足够了。如果拿人类社会来打比方，那就是：每个人对自己负责、对近邻负责，社会就和谐了。

在仿生学领域，人们从蜈蚣和其他多足动物的爬行原理中获得启示，用系统理论成功解决了控制机器人行走步伐的难题。

延展阅读

《人类未解之谜全记录》

恺杰主编。本书针对青少年朋友好奇心强、富有求知欲的心理特征，记述了从遥远的宇宙和史前文明到今天民族民俗和奇人名人的各种未解之谜，对培养和提高学生的综合素质大有裨益。

成长励志

《爱的教育》

〔意〕亚米契斯　著

书中没有生硬的说教，没有空洞的说理，只是在一个个故事中让读者体会什么是爱，如何去爱。

关于作者

1846年，一位伟大的作家诞生于意大利古利亚地区的一个小村庄，他就是《爱的教育》的作者亚米契斯（1846—1908）。

作为意大利民族复兴运动时期的爱国志士，亚米契斯参加了解放意大利的战斗。退役后，他做过军事刊物的记者，发表了许多特写、报道、短篇小说，后汇集为《军营生活》出版。他周游世界各国，撰写了许多游记，以明快新颖的笔触，记叙各国的风土人情，所有作品都贯穿了向意大利人民进行爱国主义教育的宗旨。

1886年，亚米契斯的日记体小说《爱的教育》正式出版，使他的创作生涯达到顶峰。《爱的教育》是一本描写青少年生活的特写集，主人公安利柯以自己的视角，写下了发生在自己身边的100则各式各样感人的小故事，每章每节，都把爱表现得淋漓尽致。这些小故事，反映了意大利中下层人民穷困的生活和淳厚、朴直、友爱的品德，提倡爱国、善良、勇敢、宽厚、无私、博爱等精神，无论是写对国家、社会、民族的爱，还是表现对父母、师长及朋友间的爱，都扣人心弦，感人肺腑。最早把这本书介绍到中国的我国著名作家夏丏尊先生在该书中译本的序言中写道："这本书给我以卢梭《爱弥尔》、裴斯泰洛齐《醉人之妻》以上的感动。我在四年前始得此书的日译本，记得曾流了泪三日夜读毕。"

《爱的教育》是一部令全世界亿万读者为之感动的伟大作品。今天《爱的教育》在各国均有译本，被誉为世界青少年最优秀的读物之一。

荐读理由

《爱的教育》是一个意大利小学生在一个学年十个月中所记的日记，原名《心》，就是"爱心"，善良、平等、友爱、互助、热爱祖国、积极进取是本书的精髓。全书一共 100 篇短文，主要由三部分构成：主人公安利柯的日记；他的父母在他的日记本上写的劝诫启发性的文章；老师在课堂上宣读的小故事。

《爱的教育》采用日记的形式，以孩子的口吻、孩子的笔触来写孩子的生活和思想，读来显得真实，富有亲切感，因此也更容易被小读者们所接受。虽然这是一本主要写给小学生看的书籍，但对于为人父母、为人师长、为人子女者也是一本很有意义的教育经典。

《爱的教育》向读者灌输的是真诚宽厚的人际之爱。安利柯是一位小学四年级的小男孩，他出生在一个充满爱与信任的家庭，他天性善良，是个乐观上进的好少年。他的健康成长与书中所描写的真诚宽厚的人与人之间的爱是息息相关的。

这本书还用了相当的篇幅描写对祖国崇高伟大的爱。《伦巴底的小哨兵》是老师在课堂上宣读的小故事，故事讲述了一位流浪的小男孩给一支骑兵小队当哨兵，为了看清楚敌军的情况，勇敢地爬上树梢，最后为祖国献出了自己的生命。故事宣扬了普通人对祖国的热爱之心。《爱国》是一篇父亲写给安利柯的文章。父亲在儿子听了一个爱国故事后，用这个故事的内容教育、启发儿子。文章通篇都在激发民族自豪感和爱国热情，用慷慨的言辞、热情的话语表达了一位爱国者的高尚情操。

《爱的教育》呈现出的是一个爱的世界，一个善的世界，一个美的世界。爱就像空气，每天都在我们身边，但又因为它无影无形，往往容易被我们忽略。但我们的生活不能缺少它，它的意义已经融入我们的生命。爱，应该是教育力量的源泉，是教育成功的基础。夏丏尊先生在翻译《爱的教育》时说过这样一段话："教育没有情感，没有爱，如同池塘没有水一样。没有水，就不成其池塘，没有爱就没有教育。"读《爱的教育》，我们走入了小学生安利柯的生活，目睹了他怎样学习、生活，怎样去爱。书中没有生硬的说教，没有空洞的说理，只是在一个个故事中让读者体会什么是爱，如何去爱。

先睹为快

18 日，星期二

今天，我感觉新老师也非常可爱。

我们早上来到教室时，他早已经坐在教室里了，他教过的学生经过教室时，都探进头来和他打招呼："老师早安！""贝巴尼老师早安！"有的学生还走进教室和他握握手，看来大家都很喜欢他，并希望能继续接受他的教导。

老师也回应问候："早安！"

不过，他和学生握手时不是看对方的脸，而是十分严肃地望着窗外的屋顶，好像和学生打招呼是一件很辛苦的事。

他站在讲台上将我们仔细巡视了一遍，接着让我们默写。他则走下讲台，在课桌的间隙中来来回回检查。他在一个学生脸上发现了小红点，马上让他停下默写，托着他的脸仔细看，还摸了摸额头，看他是否在发烧。这时，后面的一个学生趁机跳上椅子玩耍，谁知老师回过头正好看见，他赶紧坐下，低着头准备受罚。但老师只是摸着他的头说："下次不要这样了！"

默写完了，老师一言不发，看了我们好一会儿后，用洪亮的声音亲切地说："孩子们，好好听我说！从现在开始，让我们一起好好度过一年时间吧！我希望大家能用功学习遵守纪律。我的母亲去年还健在，但今年就已撒手而去，剩下我一个人孤独地生活。除了你们，我没有亲人，没有其他热爱的人！我把你们当成自己的孩子，爱你们，关心你们，同时也希望你们喜欢我，真诚地对待我。我不想责怪任何人，我相信，你们一定能和睦相处，像个大家庭，让我感到欣慰和骄傲！我不需要口头承诺，因为我知道，你们已经在心里郑重地说：'是的，我愿意！'谢谢大家。"

这时，校工过来通知：放学了。我们安静地离开了，刚才那个跳上椅子的孩子则走到老师身边稍微有些紧张地说："老师，请原谅我！"老师吻了一下他的额头说："好孩子，赶紧回家吧！"

延展阅读

《孩子，把你的手给我》

［美］吉诺特著。这本书的主要内容是父母可以帮助孩子成为一个品质高洁的人，一个有着怜悯心、敢于承担责任和义务的人，一个有勇气、充满活力、正直的人。对孩子的教育，光有爱是不够的，好的父母需要获得并使用一些教育技巧。

大多数父母没有意识到语言的破坏力量。他们发现自己说出来的话正是以前自己的父母对他们说过的，发现他们正用一种自己也不喜欢的语气跟孩子说话，他们原本没打算这样的。在沟通中发生这种不幸，常常不是因为缺乏爱心，而是缺乏对孩子的理解；不是因为缺乏智慧，而是缺乏知识。《孩子，把你的手给我》彻底改变了父母与孩子的沟通方式，在这个领域，这是一本革命性的著作。

《一个孩子的星星梦》

〔英〕狄更斯　著

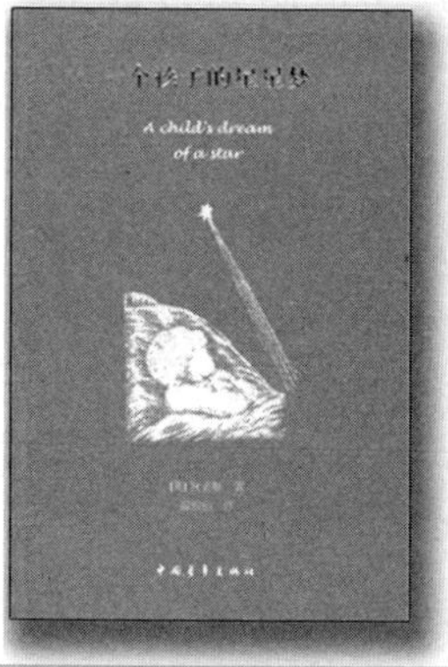

狄更斯是一位内心充满悲悯情怀的作家，在《一个孩子的星星梦》中，狄更斯表达了更为纯洁剔透的人类情感。

关于作者

狄更斯（1812—1870）曾于1867年访问美国，有人说当时的场面就像一个世纪之后的20世纪60年代披头士访美一样轰动，狄更斯所到之处都是人潮汹涌，想必这一个世纪之前的“追星”活动跟现在也相差无几了。为了预防书迷的疯狂举动，狄更斯在自己的寓所外更是雇佣了大量保镖。对于自己的遭遇，狄更斯也说道：“真是古怪至极，我怎么老遇这种事，告诉谁谁都不会相信的!”确实，这发生在一个世纪前的超前追星举动让人不可思议，当然也不知狄更斯得知一百多年后他的待遇被移植到所谓明星身上后会有何感想。

狄更斯的这次美国之行不仅证明了自己的人气，更是拿到了不菲的酬劳。2007年5月，“狄更斯世界”建成了，来到这里的游客仿佛回到了19世纪的英国，而小说中的虚构景象也被变成了现实的风貌，漫步在“狄更斯世界”中，耳边仿佛响起了小说中的对话声，穿过一个多世纪依然抑扬顿挫。

狄更斯作为19世纪英国文学巨匠、继莎士比亚之后最伟大的作家，他受大众欢迎的程度超过了以往任何作家。他的小说《匹克维克外传》《雾都孤儿》《大卫·科波菲尔》《艰难时世》《双城记》《远大前程》《董贝父子》已经风靡了一个多世纪。这正合了狄更斯在死前遗嘱中说的心愿："（恳请我的朋友们不要为我建造纪念碑、撰写悼念文章）我的书会让人们记得我的——对我来说，这就足够了……"

看着狄更斯取得的成就我们不禁仰望，但是他却说："成功好比一张梯子，'机会'是梯子两侧的长柱，'能力'是插在两个长柱之间的横木。只有长柱没有横木，梯子没有用处。"从这只言片语中我们便看到了狄更斯的智慧，所以让我们一起走近大师狄更斯，走进他的作品吧。

荐读理由

《一个孩子的星星梦》是狄更斯留给孩子们的礼物。写作这个短篇小说时狄更斯刚失去他的姐姐范妮，她比狄更斯大两岁，是一位才华卓绝的音乐家。他俩幼年时曾一起在罗彻斯特的米特尔旅馆，站在大餐桌上表演歌舞，大出风头。后来，他们的父亲因负债连累家人住进负债人监狱。当时姐姐范妮考上了皇家音乐学院，狄更斯在鞋油作坊打工，全家人中只有他俩没进监狱。姐弟俩才智相当、性格爱好接近，可谓手足情深。《一个孩子的星星梦》中寄托了他对姐姐的思念。小说中的小男孩有个姐姐，他们年龄相差无几，是彼此童年亲密的伙伴。他们整天思考着各种问题，每天晚上都在窗边看着一颗星星，不管谁先看到都会大叫一声："我看见星星啦！"

狄更斯是一位内心充满悲悯情怀的作家，他写过一本《圣诞故事集》。在 1843 至 1848 年间，除 1847 年外他每年向读者奉献一份圣诞"礼物"，于是 5 个故事便组成了这本《圣诞故事集》。全书表达了一个共同的主题：人与人相处要富有同情心并且要慷慨给予。这是人类美好的“圣诞情结”，虽然我们不是基督徒，但是这份对弱者的怜爱之心我们应该有。而在《一个孩子的星星梦》中，狄更斯表达了更为纯洁剔透的人类情感，就像他说的那样：“不管是否是基督徒，不论你持有何种信仰，你都无法回避人生的终极关怀。”

先睹为快

从前有个小男孩，漫步山间田野，四处游荡闲逛，脑子里想着各种各样的事情。他有个姐姐，也是个小孩子，是他形影相随的亲密伙伴。他们常常终日神思遐想，对一切充满好奇。他们惊叹花的美丽，惊叹天空的高远和蔚蓝，惊叹明媚河水的幽深，惊叹上帝——这个可爱的世界的缔造者——的仁慈和力量。

他们常常相互问询：“如果有那么一天，假使世界上的孩子都死了，花和水还有天空，它们会感到难过吗？”他们坚信，它们会感到难过的。“因为，”他们认为，“蓓蕾是花的孩子；山谷里奔腾的欢快的小溪流是河水的孩子；通宵在天空中玩捉迷藏的那些最小的亮点，想必是星星的孩子。当它们再也看不到自己的伙伴——人类的孩子，它们肯定都会伤心的。”每天晚上，在教堂尖顶附近，墓地的上空，就会有一颗闪亮的星星先于其他星星出现在夜空。在他们的眼里，它比其他所有的星星都更大更美。

每天夜晚，他们都手拉手站在窗前守候着它。无论谁先看到那颗星星，都会大喊道：“我看见星星啦！”

延展阅读

《大卫·科波菲尔》

本书是狄更斯带有自传性的小说，在这部小说里我们仿佛能看见小狄更斯的生活经历。这本书多层次地再现了当时的社会风貌，掀开了盛世帷幕下金钱的罪恶。这部小说也反映了狄更斯的人生哲学，自传色彩随时流溢在字里行间。

《青鸟》

《青鸟》是比利时著名文学家、诺贝尔文学奖获得者梅特林克最著名的代表作。原作是直到今天仍在舞台上演出的六幕梦幻剧，后经梅特林克同意，他的妻子乔治特·莱勃伦克将剧本改写成童话故事，以便更适合小读者阅读。改编成的中篇童话《青鸟》在 1908 年发表。故事讲述两个伐木工人的孩子，代表人类寻找青鸟的过程。青鸟在这里是幸福的象征。通过他们一路上的经历，象征性地再现了迄今为止，人类为了寻找幸福所经历过的全部苦难。作品中提出了一个对人类具有永恒意义的问题：什么是幸福？但是作品所得出的结论却是出乎意料的：其实幸福并不那么难找，幸福就在我们身边。

《铁路边的孩子们》

〔英〕伊迪丝·内斯比特　著

伊迪丝对世界儿童文学史的贡献在于她将一些离奇的情节自然地植入了小说中孩子们的生活里，而不是像以往一样让孩子们身入异境。

关于作者

伊迪丝·内斯比特（1858—1924）是位杰出的英国儿童文学女作家，有人说她经典的姿势是在嘈杂的环境下，一边写作一边夹着长长的烟嘴，但这种反传统的行为依然挡不住人们对她的崇拜。当你读过她的儿童文学作品之后，你就会发现伊迪丝是一位非常高尚的女性。

伊迪丝之所以不拘泥于传统，跟她的生活经历有很大关系。在她3岁时父亲去世，身为众人溺爱的小女儿，伊迪丝随即失去了衣食无忧的童年。后来她跟姐妹们随着母亲从英国颠沛到了欧洲大陆，先后在法国和德国接受了断断续续的教育，直到她13岁时全家才又返回英国。可以看出，伊迪丝的童年不是那么幸福，但是她用自己长大成人后的一生为孩子们描绘虽艰苦却美好的童年，用一个个洋溢着童年快乐的故事抚慰着可能正在遭遇不幸的孩子们。

结婚后的伊迪丝与自己的丈夫志趣相投，两人一起和另外一些朋友组织了“费边社”。英国文豪萧伯纳当时也参加了“费边社”，因此她还与萧伯纳结下了一生的友谊。但是思想激进的丈夫事业并不成功，没多久丈夫破产了，而且又长期患病，所以整个家的重担又落在了她的肩上。为了生计她甚至替人绘制圣诞卡片，她一直照顾着丈夫，直到她40岁时丈夫失明并于几年后撒手人寰。生活虽然充满波折，但看到生活真谛的伊迪丝一直有着极强的创造力，写出了多部儿童小说，如以《铁路边的孩子们》为代表的现实性儿童小说；另一类就是带有童话传奇色彩的故事，如《魔堡》《五个孩子和一个怪物》等。

伊迪丝对世界儿童文学史的贡献在于她将一些离奇的情节自然地植入了小说中孩子们的生活里，而不是像以往一样让孩子们身入异境。于是伊迪丝小说中的孩子们那些看似出轨的行为是那么地符合孩子的认知和思维范畴。

荐读理由

《铁路边的孩子们》讲述的是一家人不幸遭遇困境的故事，曾经被改编成了电影。故事的主角是三个小孩子：姐姐罗伯塔，小名罗比，快12岁了，是一个懂事的大姐姐；老二彼得，比姐姐小两岁，是个男孩；最小的是妹妹菲莉丝，善良可爱。

有一天，他们的爸爸被人诬陷而被关进了监狱，妈妈为了不让孩子们烦恼，便说爸爸是因为公事而有很长一段时间不能回家了，而且他们将搬到乡间的一座可爱的白色小房子去。于是孩子们跟着妈妈在清晨登上了火车，坐了一整天的车到达了目的地。在刚搬入的新家里，孩子们开始点蜡烛，许多只蜡烛点起来，壁炉的火燃起来后，家里变得温暖而明亮。

搬到乡间的孩子们常常在铁路边玩耍，还给火车取了名字。有一天在铁路边玩耍的孩子们机智地避免了一场可怕的铁路灾难的发生……他们的爸爸也洗刷了冤屈回到了家里，一家人从此又在一起了。

看完这本小说，人们会觉得小说中的妈妈很像作者自己。其实，伊迪丝从小就失去了父亲，她的母亲又何尝不是这样呢？至于那些可爱的孩子们，想必多多少少也有作者童年的影子吧。

先睹为快

他们一开头可不是铁路边的孩子。我想他们也从来没有想到过铁路，除了知道到马斯基林天文台、哑剧院、动物园和蜡像馆去要乘火车。他们只是些普通的市郊孩子，跟爸爸妈妈一起住在一座普普通通的红砖郊区住宅里，前门有彩色玻璃，进门有铺花砖的过道，叫门厅；浴室里有冷热水龙头，还有电铃、落地长窗，到处漆成白色，也就是房屋经纪人说的“现代化设备一应俱全”。

孩子一共三个。大女儿叫罗伯塔。做妈妈的对孩子当然不会有偏爱，但万一他们的妈妈有偏爱的话，那大概就是偏爱罗伯塔了。第二个孩子是男孩，叫彼得，他希望长大后当工程师。最小的是菲莉丝，她心地很好。他们的妈妈可不会整天无聊地上无聊的太太们家里去串门，或者无聊地坐在家里等无聊的太太们来串门。她差不多总是随时准备着跟孩子们做游戏，念书给他们听，辅导他们做家庭作业。他们去上学时，她在家常给他们写故事，吃过下午茶点以后，把故事念给他们听。遇到他们过生日，或者有其他大事情，像给刚生下的小猫取名啦，玩偶家重新布置好啦，或者他们害腮腺炎刚好啦，妈妈还会写有趣的诗。

这三个幸福的孩子总是要什么有什么：漂亮的衣服、舒服的炉火、可爱的儿童室。儿童室里有许多玩具，糊墙纸上有鹅妈妈。他们有一位善良和快活的保姆，有一只狗叫詹姆斯，这只狗完全是他们的。他们还有一个十全十美的爸爸，从不发脾气，从没不讲理，也总是随时准备跟他们做游戏。遇到不准备跟他们做游戏的时候，爸爸至少也能说出一番大道理，说得那么头头是道，孩子们觉得他的确没有办法做游戏。

你们这么听下来，准认为他们应该是非常快活的了。不错，他们是非常快活，可是他们却不知道他们过得有多么快活。直到他们这种快活的生活一下子结束，得去过另外一种根本不同的生活时，他们才明白了：哦，原先的生活是快活的。

这个可怕的变化来得极其突然。

彼得刚过他的 10 岁生日。在他的生日礼物中有一个玩具火车头，好得你们连想象也想象不出来。其他礼物都可爱，这个火车头却尤其可爱。可是这个火车头只有三天是完好的。也许是由于彼得没有经验，也许是由于菲莉丝好意请他多开开。也许是由于其他原因，这火车头忽然轰隆一声爆炸了。詹姆斯吓得逃出去一天没回家。火车头里所有的小人都炸成了……

延展阅读

《想做好孩子》

这是作者的另一部精品。

巴斯塔布尔家的孩子们在暑假时想助人为乐，做点好事，实现他们做好孩子的愿望，可是他们接连一系列的行为却让人们哭笑不得，不由得觉得这些天真的孩子们实在可爱。暑假结束了，孩子们度过了快乐夏天，这些“好孩子”协会的会员们个个都收获满满。想知道在他们身上发生了哪些有趣的事吗？来看这本书吧！

《童年》

〔苏〕高尔基　著

《童年》是高尔基自传体三部曲中的第一部，根据作者早年的不平凡的经历创作而成。

关于作者

创作《童年》的高尔基（1868—1936），全名马克西姆·高尔基，原名阿列克赛·马克西莫维奇·彼什科夫，是苏联伟大的无产阶级作家、社会活动家。他出身贫苦，早年丧父，寄居在经营小染坊的外祖父家。11岁开始独立谋生，其童年和少年时代是在旧社会的底层度过的，这样的生活经历使他深切地体会到人民的痛苦，也为他以后的作品创作提供了源泉和素材。

高尔基在1892年发表了处女作《马卡尔·楚德拉》，从而踏入文坛。1906年创作的长篇小说《母亲》成为他创作道路上的一个高峰。1917年俄国十月革命后，因反对布尔什维克党武装夺取政权受到列宁的批评。他不仅写小说，还创作了众多文艺理论、文学评论和诗作。高尔基被列宁称为“无产阶级艺术的最杰出的代表”。

在他的众多作品中，最为我们熟知的恐怕要数《海燕之歌》了。“这是勇敢的海燕，在闪电之间，在怒吼的大海上高傲地飞翔。这是胜利的预言家在叫喊：——让暴风雨来得更猛烈些吧！……”这样的句子一次次地震撼人心。每当我们面对苦难时，每当生命中出现一些无法预知的挑战时，那些呻吟的海鸥、海鸭，还有那肥胖蠢笨的企鹅逃避着、退缩着；勇敢的海燕却是高傲的、黑色的暴风雨的精灵，面对暴风雨的肆虐，它迎难而上！海燕给了我们一份勇气与信心，这也是高尔基作品给予我们的独特魅力。这里不是风光旖旎，这里没有风花雪月，可是这里有坚强的灵魂与不屈的斗志，感动着我们，指引着我们，改变着我们的人生，不再脆弱，不再沉默！

高尔基曾经说过，书籍是人类进步的阶梯、最挚诚的朋友。世界上最快而又最慢，最长而又最短，最平凡而又最珍贵，最易被忽视而又最令人后悔的就是时间。他在中国影响甚大，他的作品在1907年就被介绍到中国。他的优秀文学作品和论著也成为全世界无产阶级的共同财富。

荐读理由

《童年》是高尔基自传体三部曲中的第一部，根据作者早年的不平凡经历创作而成，另外两部是《在人间》和《我的大学》。这些作品描述了生活的辛酸、奋斗的艰辛以及主人公的成长。《童年》讲述的是作家一段沉重的童年往事，那些“铅一般沉重的丑事”被一一提及，仿佛回到了从前。作者将自己的一些经历写入作品，融入了很深的感情。阿廖沙3岁丧父，于是随母亲住到外婆家，《童年》之中，外婆给读者留下了深刻的印象。在艰难的岁月里，无论面对怎样的风雨，外婆都对他关爱有加、细心照料，使他觉得外婆是世界上最亲的人。外公早年给人拉纤，后来开染坊。家业败落后，外公对家人和工人的冷酷与绝情显露无遗；但是后来外公教“我”识字以及讲述自己的人生体验和生活哲理也给阿廖沙留下了种种回忆。而贪婪自私的舅舅、与他一起捡破烂去卖的邻居孩子们，都给阿廖沙留下了不同的印象，构成了他童年生活的画面。这些体验让他开始长大，开始认识人间的百态，并且让他对人生开始有了深切的感悟和美好的期待。

童年，是每个人心中最珍贵的记忆。它不可多得，它不会再来，我们对于童年的回忆可能是多彩瑰丽的，作家在叙述童年的时候，心情却不是轻松的。因此，这部小说的基调在整体上显得低沉而肃穆。但是它是以一个小孩的眼光来展开的，因而这些人生图景也被点染上了一层天真烂漫的色彩。读者看在眼里便会有所感悟而不至于太过悲哀，纵然觉得前路茫茫却也始终怀抱希望，甚至在邪恶之中也仿佛拥有了隐隐的善良曙光，在悲剧与冷酷之中仿佛人性的力量依然那么幼小却又茁壮。《童年》的故事，就是高尔基笔下俄国现实生活的一面镜子，伴随着《童年》我们一起成长。

先睹为快

轮船的噗噗的颤动把我惊醒，舱里的窗户明晃晃的，像个小太阳。

姥姥坐在我身边，皱着眉头梳头，她不停地自言自语地念叨着。

她的头发特别多，密实地盖住了双肩、胸脯、膝盖，一直耷拉到地上。

她用一只手把头发从地上揽起来，费力地把那把显得很小的木梳梳进厚厚的头发里。

她的嘴唇不自觉地歪着，黑眼睛生气地盯着前面的头发；她的脸在大堆的头发里显得很小，显得很可笑。

她今天不高兴，不过我问她头发为什么这么长时，她的语调还像昨天一样温柔："这好像是上帝给我的惩罚，是他在让我梳这些该死的头发！"

"年轻的时候，这是我可供炫耀的宝贝，可现在我诅咒它了！"

“睡吧，我的宝贝，天还早呢，太阳刚出来！”

“我不睡了！”

“好，不睡就不睡了，”她立刻就同意了，一面编着辫子，一面看了看在沙发上躺着的母亲。母亲躺在那儿，一动不动，像根木头，“好了，你说说，昨天你怎么把牛奶瓶给打碎了？小点声告诉我！”

她说得温和甜蜜，每个字都是那么有耐心，我记住了每个字。

她笑的时候，黑色的眼珠亮亮的，闪出一种难以言表的愉快，她牙齿雪白，面孔虽然有点黑，可依旧显得年轻。

她脸上最煞风景的大概就是那个软塌塌的大鼻子、红鼻子头了。

她一下子从黑暗中把我领了出来，走进了光明，还为我周围的东西带来了美丽的光环！

她是我永远的朋友，是我最了解的人，我与她最知心！

她无私的爱引导了我，让我在任何艰难困苦的环境中都绝不丧失生的勇气！

延展阅读

阅读过《童年》后，最好将高尔基自传体三部曲的另外两部配合阅读，分别是《在人间》和《我的大学》，伴随着成长的脚步，反映到作品中的故事也发生了相应的变化。读者可通过系统的阅读来了解作者的人生经历与心路历程。

《海燕之歌》是高尔基著名的散文诗作品，勇敢迎接挑战与不平的海燕，鼓舞着每一个阅读它的人。

《秘密花园》

〔美〕F. H. 伯内特　著

人们都说读过《秘密花园》后觉得自己的心灵仿佛也和主人公们一样一起被"治愈"了。

关于作者

F. H. 伯内特（1849—1924）是英语国家家喻户晓的儿童文学家，也是20世纪世界最知名的儿童文学作家之一。她的经典名作《小公主》多次被搬上舞台，改编成电影，这部由秀兰·邓波儿主演的影片留在了很多人童年的记忆里。让她一举成名的作品是《小爵爷方特罗伊》，由于小说流传极广，主人公名字——"方特罗伊"一词被收入英语词典，特指"过分盛装打扮的小孩"。

伯内特在英国曼彻斯特度过了童年，16岁时和母亲移居美国田纳西州，所以她总称自己有两个祖国，她身上体现了英国人和美国人相融合后的优点，既具有良好的教养，又摒弃了繁文缛节；既拥有英国人的严谨，又像美国人一样崇尚自由。移民美国后，伯内特在1877年出版了第一本畅销书《劳瑞家的女儿》，由此受到美国文坛的重视。后来她虽然被美国文坛视为珍宝，但伯内特一直坚持用最典范的英文写作，她的小说背景也大多安排在英国。

伯内特的小说大多语言平易却又传神，情节又总是曲折离奇，很适合孩子们阅读。另一方面在看似单纯的故事下包含着丰富的思想，有一种非常纯真、执着的爱的情感。所以，英美家庭一直把伯内特的作品当做陶冶孩子情操的必备文学读物。

伯内特走上文学道路之初是为了赚取稿费补贴家用。她父亲在她4岁时就去世了，但让她自己也没有想到的是，勤奋的写作不仅缓解了她家里经济上的危机，竟然也引领她打开了文学的大门，并且取得了不凡的成就，让她的名字永远镌刻在了世界文学史的纪念碑上。一生专职于写作的她，创作了40余部小说，许多作品被选入英国、美国、加拿大、澳大利亚、新西兰、爱尔兰、南非等国的中小学教材中，代表作品《秘密花园》《小爵爷方特罗伊》《小公主》等至今在全世界有各种语言的译本不断出现，而且接连被改编成音乐剧、话剧、卡通片和电影，风靡程度可见一斑。

荐读理由

美国《时代周刊》评论《秘密花园》是一本“关于大自然的魔法和人类美好心灵的故事”。

有人说伯内特的《秘密花园》是一部传世经典，犹如烤牛肉于约克郡、布丁于英国一样是经典。

《秘密花园》让玛丽、科林和农家小子迪肯一起找到了开启快乐的钥匙，和花园经历了一次诗意的“复活”。

个性倔强、脾气古怪的娇小姐玛丽在一次霍乱之后失去了双亲，她不得不跟英国的姑父克拉文一家一起生活在米赛斯维特庄园，那是一个被忧伤笼罩着的怪地方。因为十年前年轻漂亮的姑妈在这个花园意外身亡，姑父克拉文先生从那时开始就关闭了庄园上百间的房子，锁上了那个曾经种满玫瑰的花园，花园的门也被掩藏起来，钥匙被深深地埋在了泥土里。

后来由于小玛丽的来临一切都发生了变化。一天，她听到了知更鸟的鸣唤声，会带路的知更鸟指引着玛丽找到了花园的钥匙和大门。她和农家小子迪肯一起发现了神奇大自然的魅力，也解开了掩罩着这个庄园的秘密……

这部书带给我们最多的就是一种“改变”，玛丽、科林、克拉文先生、老花匠从灰蒙蒙的生活中走了出来，生理和心理都发生了蜕变，这是受染于春天的来临、阳光雨露滋润下的生命萌动，也是人类友谊、亲情、决心和毅力真情呼唤的结果。玛丽的心灵得到了复苏和成长；从小体弱多病、甚至从未下过床的庄园小主人科林，在玛丽和迪肯的帮助下也感觉到了生活的温暖，学会了在花园里奔跑、大笑；克拉文先生封闭的心灵也悄然打开了。笼罩在阴霾下的生活从此充满笑声和力量，而迪肯就像是一个拯救所有人的精灵，美好的人性和大自然的神奇凝结在了他的身上。

人们都说读过《秘密花园》后觉得自己的心灵仿佛也和主人公们一样一起被“治愈”了。这本治愈人心的书会让小学生读者为它陶醉、为它欣喜。

先睹为快

玛丽·伦诺克斯被送到米塞斯维特庄园她姑父那儿去住的时候，谁都说比她模样更不讨人喜欢的孩子还真是没见到过。这说的也是大实话。她一张小脸尖瘦尖瘦的，身子也是又细又瘦，浅色头发又稀又薄，还老哭丧着脸。头发发黄不说，连脸色也是黄蜡蜡的，那是因为她出生在印度，从小就这病那病不断。

她大约 9 岁的时候，大清早天气就热得邪门，她一醒来就已经觉得五心烦躁。睁开眼睛，她看到站在床边的佣人并不是每天来伺候她的那个阿妈。

“你来干什么?”她对那个陌生女人说，“我不要你在这里。去叫我的那个阿妈来呀。”

那个女人显出很害怕的模样，她只是结结巴巴地说阿妈来不了。玛丽火冒三丈，对着那女人又是踢又是打，那女人显得更害怕了，再一次重复说要阿妈上小主人这儿来是根本做不到的。那天早晨空气中就莫名其妙有一种神秘的气氛。一切都乱了套，似乎有好几个土著佣人都不见了踪影，玛丽看到的那些也是蹑手蹑脚急匆匆跑来跑去，显得灰头土脸、惊慌失措的。可是谁也不肯告诉她任何情况，而她自己的阿妈又始终没有露面。上午一点儿一点儿过去，仍然是没有人来照顾她，她终于逐渐移步进入花园，在围廊附近一棵树下独自玩耍起来。她假装砌一个花坛，把大朵大朵盛开的猩红色木槿花插进一个个小土堆里，与此同时，她的怒火燃烧得越来越旺，肚子里想出了一句比一句更恶毒的骂人话，一等阿妈萨迪再次露面，她就要把这些咒骂统统堆到她的头上去。

延展阅读

《小爵爷方特罗伊》

这是作者的另一部精品。

《小爵爷方特罗伊》给我们讲了一个美国的 7 岁男孩怎样做了英国小爵爷的故事。故事在纽约的僻静小街道上开始，在盛大的英国游园会上结束。整个过程中我们的心会随着孩子的命运而起伏，而最让我们感动的便是这个小孩子的一颗纯净童心。

《杰出青少年的七个习惯》

〔美〕肖恩·柯维 著

这本书以非常实用的方式帮助青少年解决许多现实困惑，为青少年打下坚实的人生基础。

关于作者

20多年前，有一本书在全球的商界人士中广泛流传，那就是曾入选影响美国历史进程的25位人物之一，被美国《时代周刊》誉为“思想巨匠”“人类潜能的导师”的美国人史蒂芬·柯维博士所写的《高效能人士的七个习惯》。该书被福布斯评为有史以来最具影响力的十大管理类书籍之一，在全球以32种语言出版。20多年后，史蒂芬·柯维的儿子肖恩·柯维继承了父亲的事业，写出了针对青少年成长的哲理书《杰出青少年的七个习惯》。这本书不但被认为是美国青少年的必读书，是美国升学考试必考科目之一，而且已被翻译成16种语言，畅销120个国家，全球销售超过300万册。肖恩·柯维的两个女儿也成了他倡导的七个习惯的最大受益者。

肖恩·柯维，美国著名的青少年教育专家，毕业于哈佛大学，现任美国富兰克林·柯维公司副总裁。富兰克林·柯维公司是世界一流的为组织和个人提供培训和管理咨询的公司。肖恩·柯维被赞誉为重现父母权威、消融两代鸿沟的代言人，他的“七个习惯”理论不仅引起了学生们的共鸣，更为家长们的困惑找到了解决之道。

我国著名教育家叶圣陶先生说过：“教育是什么，往简单方面说，只有一句话，就是养成良好的习惯……”这一观点与肖恩·柯维的“七个习惯”理论不谋而合。肖恩·柯维发表《杰出青少年的七个习惯》的主旨就是要让青少年养成良好的习惯，教给青少年人际交往的良好方式，书中充满聪明的点子、伟大的格言和令人惊异的人生经历。对于青少年来说，这是一本突破性的书，它使青少年认识到怎样才能获得个人的成功。书中列举的实例，都是取自现实生活中青少年每天都要遇到的问题以及他们经历的挫折和遇到的困境，甚至是他们实际体会到的感受。肖恩·柯维用最幽默的语言、最现实的经历，来教导青少年怎样走出困窘的泥潭，成为一个成功的人。

荐读理由

《杰出青少年的七个习惯》是现实生活中的指南，能帮助青少年解决许多现实困惑。作者认为，制订并写下自己的人生目标是青少年需要做的最重要的事情之一。

本书中列举的七个好习惯是：

习惯一：积极处世。对自己的生活负责。

习惯二：先定目标后有行动。确认你的使命和生活目标。

习惯三：重要的事情要先做。排出优先顺序，首先做最重要的事情。

习惯四：双赢的想法。抱着人人都能成功的态度。

习惯五：先理解别人，再争取别人理解自己。真心诚意地倾听。

习惯六：协作增效。协同工作成就更好的业绩。

习惯七：磨刀不误砍柴工。定期让自己得到休整和充电。

这些习惯，一个建立在另一个之上。习惯一、二、三是自我完善，可称为“个人的成功”。习惯四、五、六涉及感情关系和团队工作，可称为“公众领域中的成功”。在成为合格的团队成员之前，你必须首先完善自己的个人行为。这就是为什么个人的成功要先于公众领域中的成功。习惯七，是让自己得到休整恢复和充电更新的习惯，它支持着其他六个习惯。

这本书以非常实用的方式帮助青少年打下坚实的人生基础。作者认为，每个人都应将既定目标牢记在心，始终瞄准目标，锻炼坚持到底的耐力。如果能做到这些，就能实现你制定的任何目标。

青少年总是渴望自己做一个成功的人，但是常常事与愿违，实际上，任何人的成长都不会一帆风顺。就连本书的作者肖恩·柯维在来华演讲期间接受记者采访时都坦言：“我想，在成长的路上，初中阶段是我面对的最为艰难的时期。那个时候我不知道自己能够做什么。我觉得自己脑子太笨，过于肥胖，根本没什么朋友……这些都让我极度自卑。那时我一直在努力寻找自己的位置，挖掘真正的自我。我花了整整一年的时间来弄明白这些事。在经历了痛苦的七年级之后，我度过了一个非常快乐、富有成效的八年级。但是这对我来说，实在是一个艰难的过渡期。”这本书包含着许多积极向上、激发灵感的战略，帮助青少年开发出自己的潜能，克服可能遇到的障碍。它教会青少年只要懂得努力工作、制订目标并抱有明确的理想，就能成功，即使是失败的时候，也一样坚信自己会成为一个成功的人。

如果你还在置疑此书的魔力，那就来阅读一下肖恩·柯维的这本《杰出青少年的七个习惯》吧，让它带你领略成功的魅力！

先睹为快

正如负面的自我意识会给自己施加限制一样，正面的自我意识会释放最佳的自我，请看下面有关法王路易十六之子的故事：

法王路易十六被赶下王位，关在牢中。其年轻的王子则被赶国王下台的那帮人带走。他们想，王子是王位继承人，若能在道德上把他摧垮，那他永远也无法实现生活赋予他的伟大使命。他们把王子带到遥远的社区，让那男孩接触各种卑鄙邪恶的事物，提供让他沦为饕餮之徒的各种美味，让他成天听粗鄙之言，接触淫荡猥亵的妇女，处处是不讲信誉，卑微无耻，一天 24 小时让他处于这种环境之中，要让其灵魂受到诱惑而堕落，接连 6 个月都如此。但是，这男孩没有一时一刻屈从于压力。在这种种诱惑之后，他们最后问他，为何他能抵抗所有这些诱惑，为何他能不沦落其中。这些事物能提供欢娱，能满足欲望；它们就在那儿，唾手可得。那男孩答道："我无法这么做，因为我生来就是做国王的。"

王子路易坚持有关自己的思维定式，任何事物都无法动摇它。同样，如果你在生活中戴着上面写有"我能做到"或"我在乎"的眼镜，这信念将使每件事显得更加美好。

现在你可能会觉得迷茫：如果我对于自己的思维定式有扭曲，我该怎么办呢？一个方法是花些时间，找个相信你、支持你的人谈谈。对于我来说，我母亲就是这样的人。在我成长过程中，我母亲一直信任我，尤其是当我怀疑自己的时候，她总是说："肖恩，你当然应当去竞选班长。"每当我需要证实自己的时候，我总是去找我老妈，而她也总是能帮我清洁我的眼镜。

去问问每个成功人士，他们几乎都会告诉你，有个相信他们的人在背后……老师，朋友，父母，指路人，姐妹或祖母，只要一个人就够了，具体是谁无关紧要。别害怕你会变得依赖他，走过去，向他寻求忠告，用他的看法来看自己。

延展阅读

《靠自己去成功》

《靠自己去成功》是美籍华人作家、教育家刘庸专门写给女儿的书，在这本书中，刘墉和女儿无所不谈，小到吃饭、穿衣，大到人生、世界：《当习惯成了自然》《恨老师》《谁不希望睡到自然醒》《有赢有输才是人生》……鲜活的语言、奇异的故事以及巧妙寓于其中的哲理，读来颇具兴味。

《跨一步，就成功》

本书是继《靠自己去成功》之后，刘墉更进一步，以跟女儿交谈的方式深入探讨处世、使用时间、运动、写作、记忆等问题，更可贵的是他提出了许多切实可行的方法：青春年华的少男少女应该如何应对异性爱慕的、追随的眼光？每个梦想自己是王子、公主的少男少女如何才能培养出良好的风度、优雅的风范？经过怎样的训练和积累，才能写出漂亮的文章？通过什么样的神奇方法，就可以牢牢记住原本怎么都记不住的诗句、文章、知识等内容？上面这些少男少女心中的疑惑、诘问、困扰都可以在本书中找到精彩的答案。

《我亲爱的甜橙树》

〔巴西〕若泽·毛罗·德瓦斯康塞洛斯　著

一部适合成人和儿童一起看的小说，看过的人没有几个不伤心落泪的。

关于作者

巴西作家若泽·毛罗·德瓦斯康塞洛斯（1920—1984），1920 年出生于巴西里约热内卢。他的人生经历颇具传奇色彩。由于家境贫寒，他自小就寄养在伯伯家。聪慧好动的他很小就自己学会了识字看书，9 岁的时候就获得过游泳和足球冠军，10 岁的时候开始阅读文学作品，中学毕业后曾学过医，后又学过绘画、法律和哲学。他酷爱旅游和冒险，曾到国内各地和欧洲各国旅行。他干过的行业也是五花八门：渔夫、拳击手、搬运工、教师、模特、侍应生、影视剧及话剧演员等等，后来他作品中的许多人物和情景就来自他丰富的生活经历。

德瓦斯康塞洛斯 22 岁时开始写作。他于 1962 年发表了《我的独木舟罗辛哈》，奠定了自己在文坛的地位。6 年后发表自传性质的《我亲爱的甜橙树》，达到了事业顶峰。该书只用了 12 天就写作完成，发表后屡获大奖，并曾三次拍成电视剧，一次拍成电影，2000 年到 2009 年，图书再版 116 次，被译成数十种语言在世界各地出版发行，销量达数百万册。他一生著作共 21 部，包括小说、短篇故事和作品选集，其中一部分作品被改编为电影、电视剧或舞台剧。他还曾参与电影演出并获奖。

德瓦斯康塞洛斯的一段创作谈常被人提及：“文学是最复杂的艺术，因为它要赋予作品绘画的色彩和线条、音乐的声音和旋律，以及动感。写作是我找到的用以展现我的生活经历、传递我的喜怒哀乐和一种久被遗忘的感情——温柔的方式。没有温柔的生活毫无意义。”

荐读理由

《我亲爱的甜橙树》是作者的一部带有自传性质的小说，是一部适合成人和儿童一起看的小说，看过的人没有几个不伤心落泪的。著名儿童文学评论家王泉根认为，“该书是可以与《麦田里的守望者》相媲美的作品”。著名童书阅读推广人阿甲也说：“这是一部可以与《窗边的小豆豆》《夏洛的网》比肩的作品。”

在书中，作者通过一个名叫“泽泽”的5岁男孩的讲述，向读者展现了一段段令人悲伤、令人无法释怀的生活，可以说这部小说既是每个成年人对逝去童年的深切致意，也是每个成年人体会与孩子相处之道的指南。

5岁的泽泽聪明而早熟，他喜欢看美国西部电影，喜欢唱歌，还无师自通地学会了识字，他的伯伯甚至认为他会成为《圣经》中的“泽泽”那样的伟大人物。然而，由于家庭贫穷，爸爸失业，妈妈和姐姐不得不进了工厂，圣诞节不仅没有礼物，连像样的食物都没有，他成为家里人的“出气筒”，经常挨打挨骂，他的所作所为根本得不到家人的理解和尊重。例如，当泽泽正在兴致勃勃地做自己的第一个“纸球”的时候，二姐叫泽泽去吃饭，但是因为泽泽没有及时去吃饭，二姐就大发雷霆，将“纸球”撕得粉碎。要知道，这些纸是泽泽用自己的6个弹球、12张明星照片“低价”换取的两毛钱购买的，他在制作纸球的过程中投入了相当大的精力，但是却被二姐无情地摧毁了。看到爸爸情绪低落，为了让爸爸高兴，他给父亲唱了一首歌，却因为歌词的不健康而遭到毒打，孩子天真的想法被无情地封杀……

虽然承受着太多的家庭暴力，但泽泽温柔地对待着其他人：耐心地照顾小弟弟；把老师给的点心与别的穷孩子分享；因为觉得伤害了爸爸，就空着肚子上街擦皮鞋挣钱给爸爸买烟……

这个天性敏感的男孩，为自己营造了一个“幻想世界”以化解生活中的不如意和委屈：蝙蝠是他的好朋友；后院被他分成了三个冒险乐园；他甚至发现了一棵“会说话的小甜橙树”，每当挨罚的时候他就去找小甜橙树聊天……直到有一天，他认识了“这个世界上他最喜欢的人”——老葡。其实，老葡曾是他的“敌人”，因为调皮，老葡狠狠揍过他的屁股，他也发誓要“杀了他”。但因为淘气而伤了脚后，细心的老葡把他送进了诊所，还帮他出了一个“逃学的好理由”。后来，他悄悄地去找老葡，向老葡畅谈自己的理想，跟着老葡一起去郊游……老葡取代了那棵小甜橙树，成为他最好的伙伴，为此还招致了小甜橙树的嫉妒。

因为老葡和小甜橙树的陪伴，泽泽忽然发现，原来现实生活中也有温柔与爱，他因此变得“对一切都温柔”，他也不再搞恶作剧了，他的姐姐甚至觉得自己的弟弟已经“变成了另一个孩子”。但就在泽泽对生活充满希望的时候，坏消息接踵而至：先是因为修路小甜橙树被砍掉了，接着老葡突遇车祸。幻想和现实生活中的爱，都突然地离开了他，泽泽因伤心过度而发烧昏迷。有一天，小甜橙树突然来到他的窗外，带着自从搬家后就没再见的那只蝙蝠，还有美国西部电影中明星们的各种宝贝……这其实是一次告别，与“幻想世界”的告别，与童年的告别。

书的结尾，泽泽的爸爸终于找到了新的工作，家境的变化让这个家重现出温暖，可是泽泽却说，那都不重要了。许多读者读到此处，都有与泽泽同样的感悟：失去了自己挚爱的东西后，其他的都不重要了。

总之，这是一本相当有震撼力的图书，期望这本书能够感动更多的人。

先睹为快

我爬起来，在床上发出一阵声响。

“你要去哪儿，泽泽？”

“我要把我的网球鞋放到门外头。”

“不要，别把鞋子放外面。最好不要。”

“谁知道呢，说不定会有奇迹发生。你知道的，托托卡，我想要礼物，一样礼物也好。我想要一个新的东西，特别是为我准备的东西……”

他转向另一边，把头埋到枕头下。

我一起床，就叫醒托托卡。

“我们去外头看看，我说会有东西。”

“我不想去。”

“但是我要去。”

我打开卧室的门，网球鞋是空的。托托卡揉着眼睛走过来。

“我不是说过了吗？”

愤恨、讨厌、悲伤——所有情绪混杂在一起，从我心底浮起。“有个穷爸爸真惨！”我克制不住自己。

我的眼光从网球鞋移开，移到一双停在我面前的凉鞋上。爸爸站在那儿看着我们。他的眼睛因为悲伤而显得巨大空洞，好像可以吞下班古电影院的整个银幕似的。他眼神中的悲痛如此强烈，我知道他就算想哭也哭不出来。他站在那儿瞪着我们看了一分钟，这一分钟仿佛永无止境。然后他沉默地走过我们身边。我们吓坏了，什么话也说不出来。他从衣橱里拿出帽子，又走到街上去了。这时托托卡才碰了碰我的手臂。

“你真坏，泽泽。像圣经里的蛇一样坏。这就是为什么……”

他停了下来，神情很痛苦。

“我没看到他在那儿。”

“小坏蛋。没良心。你知道爸爸已经失业很久了，所以我昨天晚上吃不下饭，直盯着他的脸。有一天你也会当爸爸，你就知道这种话有多伤人了。”

“但是我没有看到他啊，托托卡，我真的没有看到……”我忍不住哭了。

“走开！你不配得到任何东西。滚远一点！”

我站在原地，不知道该怎么办。我很想跑到街上，抱着爸爸的腿痛哭，告诉他我真的很坏，一定是魔鬼的教子。我回到房里在床上坐下，从这个角度可以看到空空的网球鞋还在原来的地方。空空的，就像我狂跳不已的心。

“上帝啊，我为什么会做出这种事呢？而且是在今天。为什么在这个大家都已经这么悲伤的时刻，我还要更惹人讨厌呢？午餐的时候我要怎么面对爸爸呢？我一定没办法咽下水果沙拉的。”

还有他那双眼睛，大得像电影银幕一样的眼睛，紧紧地盯住我不放。我闭上双眼，还是看到那双很大、很大的眼睛……

我的脚跟踢到了擦鞋箱，于是我想到了一个点子。或许这样爸爸就会原谅我所有的恶行了。

延展阅读

《爸爸、妈妈、我和她》

瑞士作家于尔克·舒比格著。这是一个关于外国普通家庭的故事，也是一本同时适合孩子和成年人读的好书。作者用笔记体的形式记录了一个小男孩和他的家庭生活：爱发问的小男孩、沉默的妈妈、喜欢回答问题的爸爸，还有只能称为“她”的妹妹，以及与这个家庭发生关系的一切——爷爷奶奶、邻居……穿插于其中的大人和孩子之间的对话，迥异于中国式家长和孩子的交流，散发着家庭生活的温馨。可以说，《爸爸、妈妈、我和她》启发了儿童对生活的思考，对孩子树立良好价值观和思维方式有一定的帮助；同时也唤醒了大人心中沉睡的小孩，使他们重新认识和发现身边的儿童。这本书读起来轻松、可爱，最重要的是，这本书具有一般成年人不再拥有的哲思与理想，是一部把内心刻画得淋漓尽致的文学作品。

《兔之眼》

日本儿童文学大师、诗人灰谷健次郎的儿童小说《兔之眼》，写的是关于善良和温柔的故事。小学教师小谷芙美美丽善良，刚刚从大学毕业，面对铁三这样家境贫寒、有性格缺陷、让大多数老师烦不胜烦的学生，她用自己善良的心和一点一滴的关怀，慢慢温暖、软化、叩开铁三闭锁的心门，最终成为铁三的知己。她温暖的不止是铁三，还有阿功、芳吉、四郎、阿纯这些住在垃圾站，被其他家境优越的同学瞧不起的“三等公民”，还有美奈子这样所有老师都不愿意教的智障儿，还有一身悲惨故事的貘爷爷，甚至还有被人捉走的小狗阿吉。在这整个过程中，小谷芙美老师也一次次地惊叹于孩子们的善良、淳朴和聪明。《兔之眼》让读者更清醒地认识到：在许多方面，孩子其实是大人的老师。他们兔眼一样的心灵，是上帝安放在人间的明灯。

《窗边的小豆豆》

〔日〕黑柳彻子 著

这本书不仅带给全世界几千万读者无数的笑声和感动，而且为现代教育的发展注入了新的动力。

关于作者

黑柳彻子是日本著名作家、著名电视节目主持人。1981年，她根据自己童年的亲身经历创作了一部儿童文学作品《窗边的小豆豆》。书中的主人公小豆豆因顽皮淘气被原学校退学后，来到新学校巴学园。在巴学园里，孩子们自由自在地成长，可以做自己想做的事情。在这样一个自由的环境里，在新学校小林校长的爱护和引导下，一般人眼里的"问题孩子"小豆豆逐渐变成了一个大家都能接受的孩子，并奠定了她一生的基础。此书出版后，在全球范围内产生极大的反响。截至2001年，日文版累计销量达938万册，成为日本历史上销量最大的一本书。该书也被译成30多种文字，介绍到世界各地。该书英文版在美国出版时，《纽约时报》史无前例地发表了两个整版的书评文章，为黑柳彻子和她的作品做宣传。这一"殊荣"，不仅在她之前没有人获得过，在此之后也再无第二人。

这本书不仅带给全世界几千万读者无数的笑声和感动，而且为现代教育的发展注入了新的活力。1984年，联合国官员在读完《窗边的小豆豆》后，认为“再也没有比她更了解孩子的了”，因而任命黑柳彻子为联合国儿童基金会亚洲历史上第一位亲善大使、世界上第四位亲善大使。在担任亲善大使期间，黑柳彻子访问了非洲和亚洲的许多国家，通过媒体的力量向外界介绍这些地区的现状，并进行募捐。她还利用《窗边的小豆豆》日语版的版税创立了“社会福利法人小豆豆基金”，建立了小豆豆文化馆，在培养专业的聋人演员、开办手语教室等方面倾注了很多心血。

荐读理由

《窗边的小豆豆》讲述了作者上小学时的一段真实的故事，那段经历影响了黑柳彻子的一生。故事发生在第二次世界大战结束前的东京，黑柳彻子也就是书中的主人公小豆豆，因为淘气被退学了。退学后，妈妈轻描淡写地对小豆豆说：“我们去一个新学校看看吧？听说那里很不错呢！”就这样，小豆豆来到一所名字怪怪的学校——巴学园。

巴学园的一切都和别的学校不同：学校的大门是两棵有根的树，是“从地里面长出来的门呀”；教室是电车教室，学生可以按自己喜欢的顺序自习各个科目；没有固定的座位，可以每天换位置；校长要求大家自带有“山的味道”（蔬菜、肉类等）和“海的味道”（鱼、海鲜等）的午饭；上午如果把课程都学完了，下午大家就集体出去散步，学习地理、自然；夜晚则在大礼堂里支起帐篷“露营”，听校长讲旅行故事……书中都是新鲜而动人的和谐景象。小豆豆在这个校园里学会了关心别人、热爱生活，为自己的辉煌人生打下了坚实的基础。

这部著作是以小豆豆的内心感受为线索写成的，读者跟着这个小孩的视角一起感受到那种成长。这种成长经历，不管是现在的日本孩子还是中国孩子，都已经体会不到了。书中有很多精彩和感人的场景，比如开篇讲述小豆豆如何进入学校，小林校长居然认真听一个一年级的小学生讲了4小时的自我故事；在电车教室里自由自在地上课；在天然泳池无拘无束地游泳。在这里，老师跟小朋友说话总是蹲着身子或是弯下腰的；在这里，老师用一种近乎纵容的眼光，看待孩子们的“破坏行动”。这本书震撼了许多成年人，引起了人们对现代教育本质的反思。

先睹为快

校长让小豆豆坐到椅子上，然后转过身对妈妈说：

“好，现在我来和小豆豆谈谈，您可以请回了。”

小豆豆在一刹那间感到有点紧张，但马上又想到，和这位校长先生谈话一定很好玩。妈妈很干脆地说：

“那么就拜托您了。”

然后关上门走出去了。

校长把椅子拖到小豆豆跟前，和小豆豆面对面坐下来说：

“好，随便给老师说点什么吧！把你心里想说的话，全都讲出来。”

“心里想说的话？”

小豆豆本来想，大概是问到啥就回答啥吧？可听到校长说“讲什么都可以”，便立刻兴致勃勃地讲了起来。虽然讲得有点颠三倒四，但小豆豆还是一个劲儿地讲着。她讲的内容有：

来时乘坐的电车开得很快。

曾向电车检票员叔叔要一张车票，但是没给自己。

原来上学的那个学校的女班主任老师长得很漂亮。

那个学校有一个燕子巢。

家里有一只褐色的名叫洛克的狗，会做出“伸爪”和“对不起”的姿势，吃完饭以后还会做出“吃饱了”的样子。

在幼儿园的时候，爱把剪刀放在嘴里，咔嚓咔嚓地剪着玩，这时老师总是生气地说：“要剪掉舌头的！”可自己还照样玩了好多次。

鼻涕流出来的时候，总爱嗞啦、嗞啦地抽鼻涕，因为怕挨妈妈骂，才赶快把鼻涕擤掉。

爸爸在海里游泳游得真棒，还会跳水。

小豆豆滔滔不绝地讲了这么许多。校长一会儿笑，一会儿点头，一会儿又说：“还有呢?”因此小豆豆更高兴了，便一个劲地讲了下去。不过到后来终于没话好讲了。当小豆豆闭住嘴巴正在心里搜寻话题时，校长开口了：

“讲完了吗?”

小豆豆觉得就这样收场未免太遗憾了。

延展阅读

《阿华的菩提树》

张中懿著，被称为中国版的《窗边的小豆豆》。阿华出身于一个乡村教师家庭，他童年和少年的大部分时光都生活在父母供职的乡村学校，由懵懂的孩童成长为品学兼优的少年，阿华接触的人群和事物在以各种方式潜移默化地影响着他。好婆妈的勤劳、善良、慈爱呵护，父母的因势利导、口授心传，老师的亲切教诲、关心鼓励，玩伴的纯洁友情、纯正童心，以及游戏的丰富多彩、民风的朴实无华、农事的繁复辛劳……阿华从中感受着幸福和欢乐，感悟着现实和人生。

《朝花夕拾》

鲁迅 著

看斗士鲁迅，在他成年之后对往事的追忆，对童年的眷念，对亲人、友人、邻人的回顾。

关于作者

鲁迅（1881—1936），原名周樟寿，后改名为周树人，笔名鲁迅，字豫山、豫亭，后改为豫才，浙江绍兴人。主要作品有：第一篇白话小说《狂人日记》，回忆性散文《朝花夕拾》，小说集《呐喊》《彷徨》，杂文集《二心集》，散文诗集《野草》。毛泽东评价他是伟大的无产阶级的文学家、思想家、革命家，是中国文化革命的主将，并且说“鲁迅的骨头是最硬的，他没有丝毫的奴颜和媚骨，这是殖民地半殖民地人民最可宝贵的性格”。他也被人民称为“民族魂”。

鲁迅是伟大的。他的作品不多，却在短篇小说、散文、散文诗、历史小说、杂文各种类型的创作中都有所创新。例如，他的第一篇白话小说《狂人日记》，也是中国最早的现代白话小说，奠定了1919年中国的新文学运动，推进了现代文学的发展。书中把几千年中国封建专制的历史痛斥为“吃人”的历史，向沉滞落后的中国社会发出了“从来如此，便对么?”的严厉质问，大声疾呼“救救孩子!”这样振聋发聩的声音……至今读来仍让人警醒。

鲁迅也是亲切可感的。那一串身份的背后，那犀利的杂文、独到的见解与冷峻的思索背后，藏着一个真性情的鲁迅。走进《朝花夕拾》便能够感到鲁迅的又一重魅力。“横眉冷对千夫指，俯首甘为孺子牛”，这是鲁迅先生的自白；“有的人活着，他已经死了；有的人死了，他还活着”，则寄托着鲁迅先生故去后人们对他的无限怀念与尊敬。

荐读理由

每个人都有一串串的回忆，把它们拼贴起来就是自己成长的轨迹。儿时的朋友玩伴、尊崇的教导老师、相伴的父母亲人、常去的小园幽径，还有那么多可贵的人、事、地方……一点一点，构成了我们走过的人生之路。

《朝花夕拾》创作于 1926 年，原名《旧事重提》，陆续发表于《莽原》半月刊上。它是鲁迅所写的唯一的回忆散文集，一共由 10 篇散文组成。如果你对先生的犀利观察感兴趣，不妨去看看《狗·猫·鼠》。如果想要感受童年生活的温馨与趣味，那就去《阿长与山海经》里找找阿长的“大”字睡觉样子。当然还有批判封建孝道的虚伪和残酷的《二十四孝图》，表现封建家长制阴影的《五猖会》也是别具风味。也许你也是和年少的鲁迅先生一样，有点“野孩子”的样子，那么就去看看他小时候的岁月，走进《从百草园到三味书屋》吧。异国他乡的恩师《藤野先生》留给鲁迅什么样的印象呢？潦倒一生的同乡好友《范爱农》的故事又是如何的呢？

《朝花夕拾》将往事的回忆与现实的生活紧密地结合起来，一篇篇带领我们走入作者的内心世界与往昔回忆。鲁迅先生在《小引》中曾说：“我有一时，曾经屡次忆起儿时在故乡所吃的蔬果：菱角、罗汉豆、茭白、香瓜。凡这些，都是极其鲜美可口的，都曾是使我思乡的蛊惑。后来，我在久别之后尝到了，也不过如此；唯独在记忆上，还有旧来的意味存留。它们也许要哄骗我一生，使我时时反顾。”因此，伴随着这一片片花朵的拾起，我们也似乎跟着先生寻回了一点点内心的记忆，与先生一起关注人生、关注社会改革下的心灵的足迹。

来看《朝花夕拾》吧，看看那个斗士鲁迅，在他成年之后对往事的追忆，对童年的眷念，对亲人、友人、邻人的回顾。与他一起拾起落花，拼贴记忆的美好与纯真吧。

先睹为快

不必说碧绿的菜畦，光滑的石井栏，高大的皂荚树，紫红的桑葚；也不必说鸣蝉在树叶里长吟，肥胖的黄蜂伏在菜花上，轻捷的叫天子（云雀）忽然从草间直窜向云霄里去了。单是周围的短短的泥墙根一带，就有无限趣味。油蛉在这里低唱，蟋蟀们在这里弹琴。翻开断砖来，有时会遇见蜈蚣；还有斑蝥，倘若用手指按住它的脊梁，便会啪的一声，从后窍喷出一阵烟雾。何首乌藤和木莲藤缠络着，木莲有莲房一般的果实，何首乌有臃肿的根。有人说，何首乌根是有像人形的，吃了便可以成仙，我于是常常拔它起来，牵连不断地拔起来，也曾因此弄坏了泥墙，却从来没有见过有一块根像人样。如果不怕刺，还可以摘到覆盆子，像小珊瑚珠攒成的小球，又酸又甜，色味都比桑葚要好得远。

（摘自《从百草园到三味书屋》）

虽然背地里说人长短不是好事情，但倘使要我说句真心话，我可只得说：我实在不大佩服她。最讨厌的是常喜欢切切察察，向人们低声絮说些什么事，还竖起第二个手指，在空中上下摇动，或者点着对手或自己的鼻尖。我的家里一有些小风波，不知怎的我总疑心和这“切切察察”有些关系。又不许我走动，拔一株草，翻一块石头，就说我顽皮，要告诉我的母亲去了。一到夏天，睡觉时她又伸开两脚两手，在床中间摆成一个“大”字，挤得我没有余地翻身，久睡在一角的席子上，又已经烤得那么热。推她呢，不动；叫她呢，也不闻。

（摘自《阿长与山海经》）

延展阅读

在鲁迅先生的作品中，有一些不得不读的，比如说《狂人日记》和《阿 Q 正传》。《狂人日记》在 1918 年发表于《新青年》，是鲁迅先生的第一篇白话小说，也是中国最早的现代白话小说。通过“狂人”之口，作者将中国几千年的封建专制社会指斥为“吃人”的历史，并且在文中发出了振聋发聩的“救救孩子”的声音，在中国文坛与思想发展的历程中都留下很深的印记。

《阿 Q 正传》发表于 1921 年，是鲁迅唯一的中篇小说，采用章回体写成。鲁迅先生以笔为刀，通过作品来解剖国人的灵魂。阿 Q 的精神胜利法就是普遍存在于中华民族之中的一种国民性弱点，阿 Q 也已成为文学长廊中十分具有代表性的人物。

《寄小读者》

冰心　著

“世纪老人”冰心创作的儿童文学作品，清新纯净，适合每一个热爱文字、珍视童真的人去阅读。

关于作者

有一种文字总能打动人心，像姐姐一样令人感到亲切，像妈妈一样让人觉得温暖。无论外面的风雨有多大，看到她的文字，人们就会觉得惬意和安详，这是一个纯净美好的世界，善良而深情，这就是冰心的世界。

冰心（1900—1999），现代著名诗人，翻译家，作家，儿童文学家。福建长乐人，原名谢婉莹，笔名冰心。她崇尚“爱的哲学”，喜爱小孩并把小孩看做“最神圣的人”，作品里充满了母爱、童真、大自然。冰心享年99岁，她的一生伴随着中国20世纪的历史变迁。“世纪老人”冰心以其特有的品性与文字感动着中国，深受人民的敬仰。

人们说冰心作品的风格是与她的个人经历和成长环境分不开的。冰心自幼成长在一个温暖、充满爱的家庭之中。父亲是一位海军军官，母亲出自书香门第，父母亲之间、家里的孩子之间感情深厚而亲切。这样的家庭环境让她自幼受到了良好的启蒙教育，而她刚满7个月的时候就随父母去了上海，见到了真正的大海——令她一生热爱的大海。

五四运动风起云涌，冰心提笔投入，创作了许多问题小说。战争和疾苦、青年人的烦闷和苦恼、家庭和妇女等社会问题适时地出现在她的作品中。

冰心最为人称赞的是她的散文和小诗。她的散文清新典雅、纯洁质朴。诗集《繁星》和《春水》，纯真隽永，受到了泰戈尔《飞鸟集》的影响，也在此后受到不同年代的人们的喜爱。冰心作品的主题围绕着母爱、童真和大自然展开，看似简单却蕴含深厚的哲理。冰心是喜爱孩子的，写给孩子们的作品中总能看到那种博大而深沉的爱。她希望：在这个世界上只存在温暖的母爱和天真的童心，并希望世上所有的人都能像孩子一样纯真，像母亲一样善良。

荐读理由

《寄小读者》收录了冰心的《寄小读者》《再寄小读者》和《三寄小读者》等作品，这些作品虽然创作于不同的年代，却有着共同的主题与内涵。

《寄小读者》创作于1923年到1926年，记叙了她在异国他乡的生活以及远离家乡之后的思念之情。母子爱、手足情、友情以及思乡之情充满了字里行间，又对慰冰湖、闭壁楼、娜安避迦楼、圣卜生疗养院、沙穰疗养院进行了精心描写，真挚诚恳、唯美动人。跟随冰心的笔端，读者可以看到她异国之旅的见闻和感想，同时自己的历历往事仿佛也涌上心头。

《再寄小读者》的创作时间段较长，与《寄小读者》的悱恻缠绵不同，《再寄小读者》向小朋友介绍了自己欧洲之行的经历，描绘了这些国家的地理、历史与人文的知识，笔调欢畅、喜悦，风格迥异。文中不仅有白雪皑皑的阿尔卑斯山、历史遗迹丰厚的古罗马，还有两千年前被深深掩埋的庞贝古城、神奇美丽的西西里岛，以及出现在莎翁笔下的水城威尼斯……她还写到了苏联的首都莫斯科，乌兹别克的丝绸大路、集体农庄、油田和工厂。

撰写《三寄小读者》的时候，冰心已经是一位近 80 岁的老人了，但是她依然童心未泯，用一颗温润的心灵关心着孩子们的学习、生活和成长，用朴质恳切的言辞，教导孩子们要继承和发扬革命前辈的优良传统，鼓励他们好好学习，天天向上，为建设社会主义祖国、保卫国际和平与人类进步承担一份义不容辞的责任。

冰心的散文创作婉约典雅，语言轻灵隽永、凝练流畅，具有高度的艺术表现力，比她的小说和诗歌取得的成就更高。“冰心体”的独特风格，在当时及以后产生了广泛的影响。文学是人学，人之初，性本善。冰心创作的儿童文学作品，清新纯净，适合每一个热爱文字、珍视童真的人去阅读。

先睹为快

大家欢笑声中，我只无言的卧在床上——我不是为女王加冕，竟是为蒲公英加冕了。蒲公英虽是我最熟识的一种草花，但从来是被人轻忽，从来是不上美人头的。今日因着情不可却，我竟让她在美人头上，照耀了几点钟。

蒲公英是黄色，叠瓣的花，很带着菊花的神意，但我也不曾偏爱她。我对于花卉是普遍的爱怜。虽有时不免喜欢玫瑰的浓郁，和桂花的清远，而在我忧来无方的时候，玫瑰和桂花也一样的成粪土。在我心情怡悦的一刹那间，高贵清华的菊花，也不能和我手中的蒲公英来占夺位置。

世上的一切事物，只是百千万面大大小小的镜子，重叠对照，反射又反射；于是世上有了这许多璀璨辉煌，虹影般的光彩。没有蒲公英，显不出雏菊，没有平凡，显不出超绝。而且不能因为大家都爱雏菊，世上便消灭了蒲公英；不能因为大家都敬礼超人，世上便消灭了庸碌。即使这一切都能因着世人的爱憎而生灭，只恐到了满山谷都是菊花和超人的时候，菊花的价值，反不如蒲公英，超人的价值，反不及庸碌了。

所以世上一物有一物的长处，一人有一人的价值。我不能偏爱，也不肯偏憎。悟到万物相衬托的理，我只愿我心如水，处处相平。我愿菊花在我眼中，消失了她的富丽堂皇，蒲公英也解除了她的局促羞涩，博爱的极端，翻成淡漠。但这种普遍淡漠的心，除了博爱的小朋友，有谁知道？

书到此，高天萧然，楼上风紧得很，再谈了，我的小朋友！

延展阅读

《繁星》和《春水》是冰心的两部诗集，是人们公认的小诗最高成就。其中，《繁星》由 164 首小诗组成，《春水》共有 182 首小诗。这些小诗，语言清新秀丽，气质纤柔清丽，并且蕴含着深刻的思想哲理。诗作贯穿了冰心一贯主张的“爱的哲学”，体现出冰心世界中童真、母爱、大自然的美好与纯真。小诗在创作中受到过泰戈尔《飞鸟集》的影响，富含诗意与哲理，茅盾称其为“繁星格”“春水体”。

冰心的这些小诗在当时就受到了极大的关注，被称为“冰心体”。而且同时或者之后也有人相继涉足小诗领域，如刘大白、郭绍虞、叶绍均、徐玉诺、宗百华等，都创作了不少各具特色的小诗。

《草房子》

曹文轩 著

作品中营造的“草房子”是一个美好的所在，让我们想起浪漫、温馨、遥远的童话。

关于作者

有着北大教授身份的作家曹文轩是第四代儿童文学作家的代表人物，他的作品表达的是对少年儿童生存状态和心灵世界的关怀。他在《草房子·〈追随永恒〉代跋》中一再地追问：“‘如何使今天的孩子感动?’……在提出这一命题时，我们是带了一种历史的庄严感与沉重感的。……能感动他们的东西无非也还是那些东西——生死离别、游驻离散、悲悯情怀、厄运中的相扶、困境中的相助、孤独中的理解、冷漠中的脉脉温馨和殷殷情爱……感动他们的，应是道义的力量、情感的力量、智慧的力量和美的力量，而这一切是永在的。”

曹文轩的作品，无论是文学作品集还是长篇小说，或多或少都带有水乡童年记忆。有评论家将之称为儿童文学，但似乎并不恰当，当一部儿童文学作品中蕴含着永恒的文学情感与美学价值时，它所感动的就不仅是儿童，而可能是我们所有的人。他的作品以庄重忧郁的风格、诗情画意的意境、充满智慧的叙述方式，呈现给了我们一个真善美的艺术世界——这里有厄运中的相扶、困境中的相助、孤独中的理解、冷漠中的脉脉温馨和殷殷情怀……这些内容在童年情怀的关照下呈现出的精神之光，感动着所有活在这个世界上的人们。

曹文轩的主要作品有文学作品集《忧郁的田园》《红葫芦》《蔷薇谷》《追随永恒》《三角地》等，长篇小说《山羊不吃天堂草》《草房子》《天瓢》《红瓦》《根鸟》《细米》《青铜葵花》等。他的作品大量被译介到国外，《红瓦黑瓦》《草房子》以及一些短篇小说分别被翻译为英、法、日、韩等文字。此外，他的部分作品还获省部级以上学术奖、文学奖30余种，其中有宋庆龄文学奖金奖、冰心文学大奖、国家图书奖、金鸡奖最佳编剧奖、中国电影华表奖、德黑兰国际电影节“金蝴蝶”奖、北京市文学艺术奖、中国台湾《中国时报》年度开卷奖、“好书大家读”年度最佳小说奖等奖项。他本人也于2004年获得国际安徒生奖提名奖。

荐读理由

《草房子》是曹文轩的代表作之一，曾荣获第四届国家图书奖（1999）、中宣部“五个一工程”奖（1999）、冰心儿童文学大奖、第五届宋庆龄儿童文学奖金奖。同名电影《草房子》也荣获第19届金鸡奖最佳编剧奖、1998年度中国电影华表奖、第四届童牛奖以及影评人奖、第14届德黑兰国际电影节评审团特别大奖“金蝴蝶”奖，可谓刚出世就风光无限。

《草房子》是曹文轩的一部讲究品位的少年长篇小说。作品以曹文轩自己的童年生活为素材，主人公是一个名叫桑桑的男孩。小说讲述桑桑在油麻地小学六年生活中的种种故事和经历。他亲眼目睹或直接参与了一连串看似寻常但又催人泪下、感动人心的故事：少男少女之间毫无瑕疵的纯情，残疾男孩对尊严的执着坚守，垂暮老人在最后一瞬间所闪耀的人格光彩、在体验死亡中对生命的深切而优美的领悟，大人们之间扑朔迷离且又充满诗情画意的情感纠葛……

作品中所营造的“草房子”是一个美好的所在，它让我们想起浪漫、温馨、遥远的童话。当我们走进曹文轩为我们搭的“草房子”时，会不自觉地被这样一种气息所感染。

作者以优美的文笔，写孩子们即将远离的小学生活，那种看似平常实则并不简单的生活，那种发生在还未长大却向往长大的少男少女之间的纯真故事，读来使人感触良多。男孩桑桑刻骨铭心的经历、不幸少年与厄运抗争的悲怆、残疾少年对尊严的坚守等等，在这所其实并不大的“草房子”里扑朔迷离地上演，给人以动人心魄之感，有时甚至催人泪下。

作品整体给人以格调高雅的气氛，由始至终充满美感。通篇叙述既明白晓畅，又有一定的深度，是那种既是孩子喜爱也可供成人阅读的不容错过的儿童文学作品。

先睹为快

秃鹤与桑桑从一年级始，一直到六年级，都是同班同学。

秃鹤应该叫陆鹤，但因为他是一个十足的小秃子，油麻地的孩子就都叫他为秃鹤。秃鹤所在的那个小村子，是个种了许多枫树的小村子。每到秋后，那枫树一树一树红起来，红得很耐看。但这个村子里，却有许多秃子。他们一个一个地光着头，从那么好看的枫树下走，就吸引了油麻地小学的老师们停住了脚步，在一旁静静地看。那些秃顶在枫树下，微微泛着红光，遇到枫叶密集，偶尔有些空隙，那边有人走过时，就会一闪一闪地，像沙里的瓷片。那些把手插在裤兜里或双臂交叉着放在胸前的老师们，看着看着人就笑了起来，也不知道是什么意思。

秃鹤已许多次看到这种笑了。

但在桑桑的记忆里，秃鹤在读三年级之前，似乎一直不在意他的秃头。这或许是因为他们村也不光就他一个人是秃子，又或许是因为秃鹤还太小，想不起来自己该在意自己是个秃子。秃鹤一直生活得很快活，有人叫他秃鹤，他会很高兴地答应的，仿佛他本来就叫秃鹤，而不叫陆鹤。

秃鹤的秃，是很地道的。他用长长的好看的脖子，支撑起那么一颗光溜溜的脑袋，这颗脑袋绝无一丝瘢痕，光滑得竟然那么均匀，阳光下，这颗脑袋像打了蜡一般地亮，让他的同学们无端地想起夜里，它也会亮的。由于秃成这样，孩子们就会常常出神地去看，并会在心里生出要用手指头蘸了一点唾沫去轻轻摩挲它一下的欲望。事实上，秃鹤的头，是经常被人抚摸的。后来，秃鹤发现了孩子们喜欢摸他的头，就把自己的头看得珍贵了，不再由着他们想摸就摸了。如果有人偷偷摸了他的头，他就会立即掉过头去判断，见是一个比他弱小的，他就会追过去让那个人在后背上吃一拳；见是一个比他有力的，他就会骂一声。有人一定要摸，那也可以，但得付秃鹤一点东西：要么是一块糖，要么是将橡皮或铅笔借他用半天。桑桑用一根断了的格尺，就换得了两次的抚摸。那时，秃鹤将头很乖巧地低下来，放在了桑桑的眼前，桑桑伸出手去摸着，秃鹤就会数道："一回了……"桑桑觉得秃鹤的头很光滑，跟他在河边摸一块被水冲洗了无数年的鹅卵石时的感觉差不多。

秃鹤读三年级时，偶然地，好像是在一个早晨，他对自己的秃头在意起来了。秃鹤的头现在碰不得了，谁碰，他就跟谁急眼，就跟谁玩命。人再喊他秃鹤，他就不再答应了，并且，谁也不能再用东西换得一摸。油麻地的屠夫丁四见秃鹤眼馋地看他肉案上的肉，就用刀切下足有二斤重的一块，用刀尖戳了一个洞，穿了一截草绳，然后高高地举在秃鹤眼前："让我摸一下你的头，这块肉就归你。"说着，就要伸出油腻的手来，秃鹤说："你先把肉给我。"丁四说："先让我摸，然后再把肉给你。"秃鹤说："不，先把肉给我。"丁四等到将门口几个正在闲聊的人招呼过来后，就将肉给了秃鹤。秃鹤看了看那块肉——那真是一块好肉！但秃鹤却用力向门外一甩，将那块肉甩到了满是灰土的路上，然后拔腿就跑。丁四抓了杀猪刀追出来，秃鹤跑了一阵却不再跑了，他从地上抓起一块砖头，转过身来，咬牙切齿地面对着抓着锋利刀子的丁四。丁四竟不敢再向前一步，将刀子在空中挥舞了两下，说了一声"小秃子"，转身走了。

延展阅读

作者还有下列精品：

《红瓦》

从小说反映的内容和生活来看，可以视为《草房子》的续篇。小说以油麻地为背景，从一个中学生的视角诗意地描述了往昔乡村生活的淳厚风情，细腻地记录了少男少女由少不经事到逐渐明白人生的成长历程。小说曾获国家图书奖、北京市文学艺术奖。

《山羊不吃天堂草》

一群饥饿的羊，面对一片长得高贵诱人的天堂草却不肯将头低下，若干天后，竟一只只壮烈地倒毙。由于生活所迫，小说主人公不得不远离故土，跟随师傅到外面的世界去闯荡谋生，但他们似乎永远也不可能走进那个世界……作品透过生活的艰辛、世态的炎凉，刻画了主人公心路的坎坷以及他们的所作所为，整部作品回荡的是歌颂道德和正义的昂扬旋律，高奏的是人格力量最终胜利的铿锵乐章。小说获宋庆龄儿童文学奖金奖、中国作协第二届全国优秀儿童文学奖。

《淘气包马小跳》系列

杨红樱　著

儿童文学作家杨红樱的作品深受中小学生喜爱，“淘气包马小跳”已成为中国原创儿童文学第一品牌。

关于作者

你知不知道马小跳？不知道？不知道就先来看看本文为你介绍的马小跳的“母亲”——杨红樱。这位平生最大愿望就是破解童心的母亲，于2000年以《女生日记》拉开“杨红樱校园小说系列”序幕，与其后的《男生日记》《五三班的坏小子》《漂亮老师和坏小子》一起，在学生、老师和家长中引起巨大反响。而且《男生日记》中的《一本男孩子必读的书》被选进了中国小学语文实验教材苏教版六年级上册，并荣获2003年全国优秀畅销书奖，教育部指定的中小学图书馆必备书。《漂亮老师和坏小子》获2004年全国优秀畅销书奖，并入选“中国新世纪教育文库·小学生阅读推荐书目100种”等。她的作品深受中小学生喜爱，曾获冰心儿童图书奖、海峡两岸童话一等奖等十余个奖项。

杨红樱创作的儿童小说“淘气包马小跳系列”是目前中国孩子最喜爱的文学读物之一，行销1600多万册，创下了新中国成立以来原创儿童文学的出版奇迹，已成为名副其实的中国原创儿童文学第一品牌书。2006 年，《淘气包马小跳》在法国出版，好评如潮。2007 年，在北京国际图书博览会上，英国哈珀·柯林斯集团购买了“淘气包马小跳系列”图书在全球发行的多语种版权。同年，在法兰克福国际书展上，德国艾阁蒙集团又购买了杨红樱的长篇童话系列《笑猫日记》的德语版权。2008 年，哈珀·柯林斯集团又购买了《笑猫日记》在全球发行的英语、法语、意大利语、西班牙语和韩语的著作版权。

作为儿童文学作家，杨红樱坚持“从孩子中来，到孩子中去”的创作思想，她的足迹遍及全国大小城市、农村以及边远的少数民族地区。她开展各种形式的读书活动，为儿童阅读的推广，把孩子从影视、漫画、游戏的兴趣拉回到文字的阅读，作出了许多杰出的贡献，多次被孩子们评为“我心中最喜爱的作家”。

此外，杨红樱还热衷于慈善事业，多次捐款给白血病患儿，曾资助 20 名贫困学子上大学，在“为山区教师圆梦”的活动中，资助山区老师圆了给学校每一间教室都安上玻璃窗的梦，还为建立“寻找失踪儿童基金”注入了第一笔资金。四川汶川发生大地震后，杨红樱捐款 20 万元给马尔康教育基金，用于灾后校园重建。

既然有这样一位伟大的“母亲”，马小跳应该也“坏”不到哪里吧？那就让我们一起来认识一下传说中不得了的马小跳吧。

荐读理由

《淘气包马小跳》是杨红樱创作的儿童系列图书，曾获第十届“五个一工程”优秀文艺类图书奖，另外此书还被改编成电影、电视剧等。这部系列图书目前共有 20 本，包括《贪玩老爸》《轰隆隆老师》《笨女孩安琪儿》《四个调皮蛋》《同桌冤家》《暑假奇遇》《天真妈妈》《漂亮女孩夏林果》《丁克舅舅》《宠物集中营》《小大人丁文涛》《疯丫头杜真子》《寻找大熊猫》《巨人的城堡》《超级市长》《跳跳电视台》《开甲壳虫车的女校长》《名叫牛皮的插班生》《侦探小组在行动》《小英雄和芭蕾公主》。

所有的故事都以马小跳为核心人物，依次展开，从而塑造出许多个性鲜明的小人物及老师家长，就拿第一本书《贪玩老爸》来说，如果世界上有关于玩的比赛，马小跳不得冠军至少也能得个亚军。马小跳不仅爱玩，而且会玩，能玩得花样百出，能玩出聪明与机智。马小跳的老爸也爱玩，他不仅有童心、有爱心，能理解马小跳，而且还能和马小跳玩到一块儿，甚至两个人比着玩。而“贪玩老爸”玩出了许多发明创造，成了大名鼎鼎的玩具设计师……马小跳居然要和他的“贪玩老爸”互换角色，让爸爸当儿子，他当爸爸……如此一来，究竟会发生哪些意想不到的事情？还是等你看了之后咱们再作讨论。

此外，还有如《笨女孩安琪儿》。安琪儿是马小跳门对门的邻居，也是马小跳的同班女同学。她长着塌鼻子、厚嘴唇，同学们都不大喜欢她，马小跳也不怎么喜欢她，可如果有人欺负她，马小跳一定会挺身而出帮她的。大家都认为安琪儿是个笨女孩，安琪儿自己也觉得自己比较笨，但在做脑筋急转弯考题时，安琪儿却能对答如流……安琪儿以前崇拜表哥林子聪，可后来却开始崇拜马小跳，这是怎么回事呢？

《同桌冤家》。马小跳和路曼曼是一对同桌冤家，路曼曼要管着马小跳，马小跳却不喜欢路曼曼总管着他，他们之间永远有吵不完的架。路曼曼是中队长，她要竞选大队委，令人难以置信的是，马小跳居然到处鼓动伙伴投票选路曼曼……路曼曼病了，马小跳代表全班同学去看她，马小跳一到，路曼曼的病就奇迹般地好了……路曼曼与马小跳之间到底怎么啦？

种种疑惑都在马小跳的行踪中，想知道这些事到底是怎么回事？那就快点去找马小跳的“母亲”——杨红樱，去看看她所塑造的马小跳是怎样的一个孩子，是不是和你很像呢？

先睹为快

丁文涛号称“成语大王”，他一张嘴便是一串成语。丁文涛嘴上功夫利索，手上功夫就差了，做事情很慢。你如果要去问他：“丁文涛，你还没做完呀？”

你不过才问了一句，丁文涛早有十句在那里等着了：“慢又怎么啦？慢工出巧匠。慢工出细活。慢走跌不倒，小心错不了。慢橹摇船捉醉鱼，慢……”

丁文涛一说起成语来就收不住口，就像刹车坏了的汽车一样，刹不住车。

每周三下午第二节课，是班队活动课。这堂课不由老师上，由班上的中队委轮流上。

下周的班队活动课，要轮到学习委员丁文涛上了，他又准备搞一场辩论会。

“丁文涛，你除了辩论会，还是辩论会。你能不能不搞辩论会呀？”

中队长路曼曼对丁文涛很不满，他上一次才搞了辩论会，这一次他又要搞辩论会。

“辫子长，见识短。长江后浪推前浪，推陈出新，你懂不懂？”

路曼曼不懂。谁知道他乱七八糟说了这么多，是什么意思。

丁文涛还是要搞辩论会。他口才好，只有开辩论会最能显示他这方面的才华，特别是他说成语的才华。

不过，丁文涛这次搞的辩论会，还真的有点创意，是一场关于动物的辩论会——辩论猪和狼这两种动物，谁对人类的贡献大。

辩论会自愿报名参加，分成两组，每组三人，一组为猪辩论，一组为狼辩论。

“当然是猪对人类的贡献大，这有什么可辩论的？”

“肯定是猪赢狼输。”

马小跳哪里肯放过赢的机会？

马小跳去找他的好朋友唐飞：“唐飞，我们去报名参加辩论会。”

“不去。”唐飞是属于那种多一事不如少一事的人，“打嘴仗的事，你去找毛超吧！”

毛超最喜欢打嘴仗。马小跳还没去找他，他先找上马小跳了。

“马小跳，我们就当猪方，肯定赢。”

必须要三个人，现在还差一个人。唐飞已说了不来，好朋友中，只剩张达了。

马小跳说：“我们去找张达。”

毛超笑得直打嗝儿。

马小跳知道毛超笑什么。张达说话结巴，让他去辩论，还不把人急死！

（摘自《小大人丁文涛》）

延展阅读

《笑猫日记》长篇童话系列

这是作者的另一系列精品。

该系列包括《虎皮猫，你在哪里》《蓝色的兔耳朵草》《保姆狗的阴谋》《塔顶上的猫》《幸福的鸭子》《樱桃沟的春天》《小猫出生在秘密山洞》《想变成人的猴子》《能闻出孩子味儿的乌龟》《那个黑色的下午》等。这些从严冬写到金秋的故事，犹如温暖童年的“心灵鸡汤”，犹如陪伴你成长的“心情宝典”。相信你会在幽默好玩、美妙温暖的文字中，发现一条连通现实和幻想的秘密通道，相信你会感动，会流泪，会哈哈大笑，会开始生命中最初的思考……

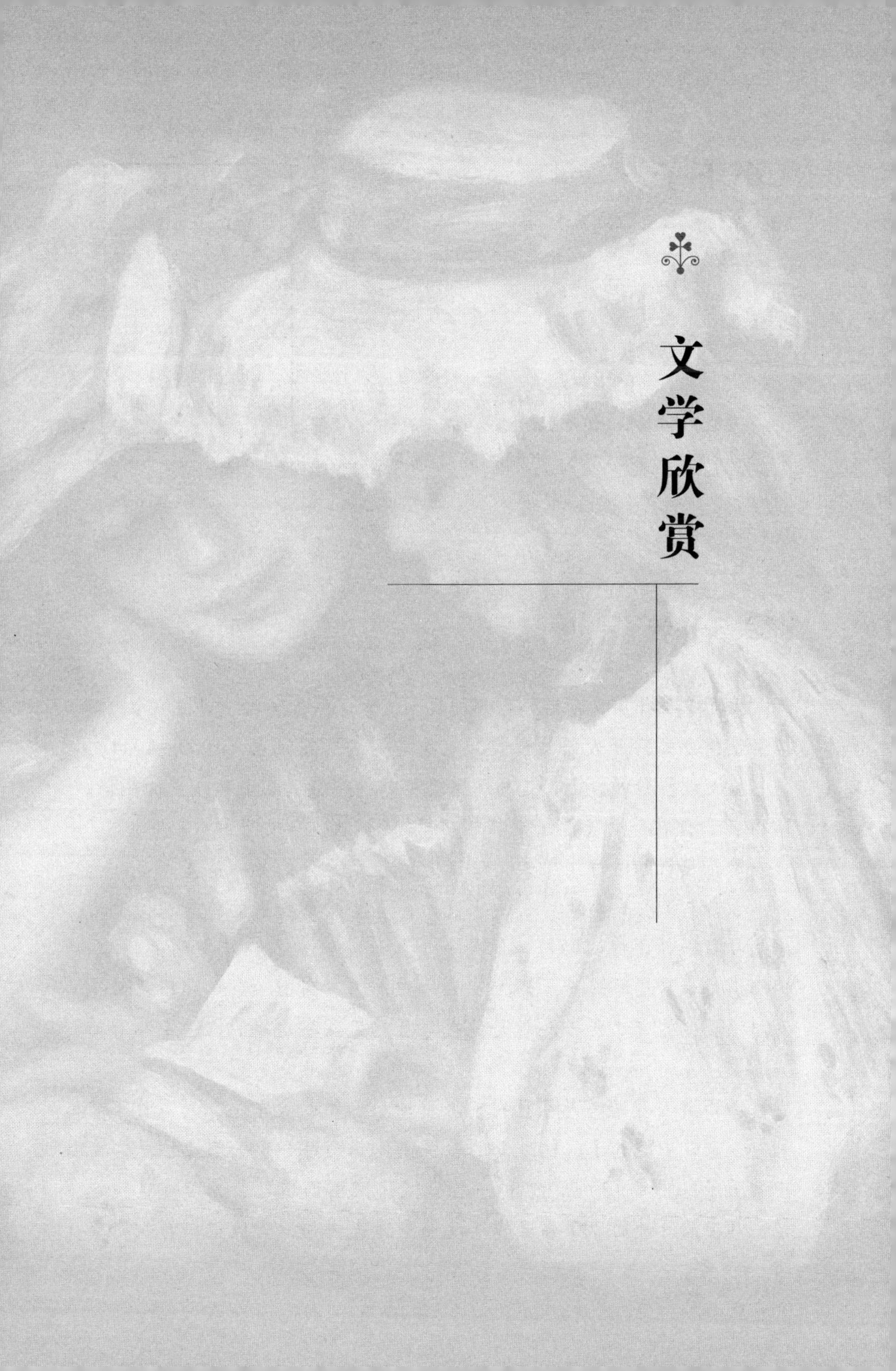

文学欣赏

《小王子》

〔法〕圣埃克苏佩里　著

在这部童话小说里，作者通过一颗小星球上的一个小王子旅行宇宙的经历，表达了对人类“童年”消逝的无限感叹。

关于作者

法国有位作家，他给全世界的成年人写了一部童话《小王子》，又以童话的方式离开人们的视线，他就是圣埃克苏佩里（1900—1944），他一生喜欢冒险和自由，是利用飞机将邮件传递到高山和沙漠的先锋。1944 年，他在一次飞行任务中失踪，成为法国文学史上的神秘事件。

除了飞行，用写作探索灵魂深处的寂寞是他的另一终生所爱。他的《夜航》《人的大地》初次出现时，那些雄奇壮丽的情景，使读者感到耳目一新，惊心动魄。他是一个从航空探索人生与文明的作家；他不满足于只描写孤悬于满天乱云之中，遂与高山、海洋和风暴做生死角逐。他的《小王子》就是他在与自然风暴一次次的搏击中孕育而成的。

1935 年，圣埃克苏佩里在前往莫斯科途中的火车上，在宵灯下看到一个睡梦中的孩子，他可爱的脸蛋使他想到每个孩子都应该是传奇中的王子！同年 12 月，他和一名机械师试图创造巴黎—西贡直飞记录，却在离开地面 200 公里的沙漠上空迷失方向，当他正俯身在机翼下寻找幽灵般的目标时撞上了一个斜坡，于是他们在死亡线上挣扎了三天，幸遇一个阿拉伯牧民才救了他们，而正是这两件事直接促成了《小王子》的诞生。

在《小王子》中作者还写了一段优美而忧伤的爱情，小王子离开了自己星球上的那朵美丽而骄傲的玫瑰花，让它独自抵挡风雨，独自成长。在自己的旅途上，小王子虽然也曾向人诉说过他对那朵玫瑰的怀念，但他并没有回到那朵孤独的玫瑰身边。

这部童话虽然不长，但可以称得上是经典之作。它告诉我们，对于所爱的东西，必须付出耐性，而时间就是用来训练我们耐性的。生活中有些最最美好的东西，往往是肉眼所看不到的，而要用我们的心去体会。这些哲理在故事中比比皆是。假如你在童年时代读过这样的故事，等你长大后再读一遍仔细回味，感受也许会更深。

到目前为止，《小王子》这部20世纪流传最广的童话，自1943年发表以来，已被译成一百多种文字，销售量高达三千余万册，还被拍成电影、搬上舞台、灌成唱片、做成CD盘。也因为有如此大的影响力，在圣埃克苏佩里逝世50周年之际，法国政府把他的肖像印在了50法郎的票面上。

荐读理由

《小王子》是译本最多的法国文学名著之一。作者在献词里写道：“献给莱昂·韦尔特，请孩子们原谅，我把这本书献给了一个大人。我这样做有三个重要的理由，其一是：这个大人是我在人世间最要好的朋友；其二是：这个大人什么都能明白，就连那些给孩子们写的书都能看懂；其三是：这个大人居住在法国，在那里他饥寒交迫，急需得到安慰。如果所有这些理由仍嫌不足的话，那么我愿把这本书献给长成了大人的从前那个孩子。所有的大人原先都是孩子（但他们中只有少数人记得这一点）。所以，我把我的献词改为：献给小男孩时的莱昂·韦尔特。”

在这部童话小说里，圣埃克苏佩里通过一颗小星球上的一个小王子旅行宇宙的经历，表达了对人类“童年”消逝的无限感叹。小王子在旅途中到过六个星球，看到了世间百态，形形色色的人在物欲横流的社会里迷失着本性，权力、虚荣、贪婪、懦弱滋生在人们的心里，“人们一点想象力都没有，他们只是重复别人对他们说的话……”“只有用心才能看得清实质性的东西，用眼睛是看不见的。”“人们是从来也不会满意自己所在的地方的。”“你这里的人在同一个花园中种植着五千朵玫瑰。可是，他们却不能从中找到自己所要寻找的东西……”“然而，他们所寻找的东西却是可以从一朵玫瑰花或一点儿水中找到的……”

在小王子奇特的话语和思维中，人们所有衡量事物的尺度都走样了：火山，我们觉得是很大的，可是在小王子的星球上，捅火山就像捅炉子，其中一座活火山还能用来做早点。如果在小王子的 B612 号小行星上暂住，就会搞乱我们所有的时间观念，小王子只要把椅子挪动挪动，每天就能看到 43 次晚霞。但是我们却每天被世俗的事弄得晕头转向，难道这仅仅是因为任何事物都是相对的吗？

在同样的世界里，死亡意味着什么呢？我们害怕死亡，害怕自己已有的财产丢失，害怕没有人会再想得起我们。但是对于小王子来说，死亡仅仅意味着抛弃遗骸、抛弃外表，向着一颗星星，向着爱情，向着自己的使命升去。所以，在“我”遇到小王子后，通过对他秘密身世的一步步探寻，知道了这个世界上隐藏的种种丑恶，同时悟到了美好地追求真挚友谊、博大情怀的理想境界，也是每一个世俗的凡人需要达到的境界。

先睹为快

小王子就拍起巴掌来了。爱虚荣的人抬起帽子，谦逊地致意。“这比访问那个国王好玩多了。”小王子心想。他又拍起巴掌来了。爱虚荣的人就又抬起帽子致意。这样玩了五分钟，小王子觉得太单调，他都玩累了：“要想叫这顶帽子掉下来，该怎么做呢？”可是爱虚荣的人没听见他的话。爱虚荣的人只听得见颂扬的话。“你真的很崇拜我吗？”他问小王子。“崇拜是什么意思？”“崇拜的意思就是，承认我是这个星球上最英俊、最摩登、最富有、最有学问的人。”“可是这个星球上只有你一个人呀！”“帮帮忙。你只管崇拜我就是了！”“我崇拜你？”小王子说着，微微耸了耸肩膀，“可是你要这个干什么呢？”说着，小王子就走开了。

“这些大人真的很怪哟，”一路上，他这么对自己说。“再见了……”他说。“再见，”狐狸说，“我告诉你那个秘密，它很简单：只有用心才能看见。本质的东西用眼是看不见的。”“本质的东西用眼是看不见的，”小王子重复了一遍，他要记住这句话。“正是你为你的玫瑰花费的时光，才使你的玫瑰变得如此重要。”“正是我为我的玫瑰花费的时光，才使我的玫瑰变得如此重要，”小王子说，他要记住这句话。“人们已经忘记了这个道理，”狐狸说，“但你不该忘记它。对你驯养过的东西，你永远负有责任。你必须对你的玫瑰负责……”“我必须对我的玫瑰负责……”小王子重复一遍，他要记住这句话。

“你好，”小王子说。“你好，”扳道工说：“你在这儿做什么？”小王子问。“我在分送旅客，一千人一拨，”扳道工说，“我发送运载旅客的列车，一会儿往右，一会儿往左。”说着，一列灯火通明的快车，像打雷似的轰鸣着驶过，震得扳道房直打颤。“他们好匆忙，”小王子说，“他们去找什么呢？”“开火车的人自己也不知道，”

扳道工说。说话间，又一列灯火通明的快车，朝相反的方向轰鸣而去。“他们已经回来了？”小王子问。“不是刚才的那列，”扳道工说。“这是对开列车。”“他们对原来的地方不满意吗？”“人们对自己的地方从来不会满意，”扳道工说。第三列灯火通明的快车轰鸣着驶过。“他们是去追赶第一批旅客吗？”小王子问。“他们没追赶谁，”扳道工说，“他们在里面睡觉，或者打哈欠。只有孩子把鼻子贴在窗上看外面。”“只有孩子知道自己在找什么，”小王子说，“他们在一个布娃娃身上花了好些时间，她对他们来说就成了很重要的东西。要是有人夺走他们的布娃娃，他们会哭的……”“他们真幸运。”扳道工说。

延展阅读

作者还有下列精品：

《夜航》

本书是圣埃克苏佩里的一部航天式小说，讲的是三架邮政飞机同时从巴拉圭向布宜诺斯艾利斯飞去，负责整个航线的里维埃在机场紧张地指挥。由法比安驾驶的飞机途中遇到特大暴风雨，被旋风刮到大西洋上空，最后汽油耗尽。读者在阅读时会感到自己随同飞行员在天马背上，穿越雪虐风饕的高峰、汹涌澎湃的涡流、瞬息万变的天空，绝望地在银河中寻找地球。著名作家纪德为这部书写了一篇出色的序言，称作者在一个犬儒主义盛行的时代，提出“人的幸福不在于自由，而在于对一个责任的承担”，生命的价值则是在创造性行动中转换成其他形式的存在，这点看法很值得他为之感谢。

《苦儿流浪记》

〔法〕埃克多·马洛　著

这本书在法国影响巨大，它伴随着一代又一代孩子坚强地成长，乐观地面对人生。

关于作者

法国是一个充满诗情画意的浪漫国度，法国文坛上出现过众多成就卓著的人物，他们影响了世界文学的发展。提起法国文坛，我们会想到雨果、巴尔扎克……然而在法国近代文学史上，有一位作家不得不提，那就是《苦儿流浪记》的作者埃克多·马洛。

埃克多·马洛（1830—1907）是19世纪著名的法国作家，因为发展并提高了当时的情节剧小说而载入法国近代文学史。马洛曾在巴黎学习法律，热爱文学的他经常向报社杂志社投稿，逐渐引起了读者的注意，随后声名渐起。

马洛是位辛勤而多产的作家，一生写过60多部小说，《苦儿流浪记》是其中最著名的作品，也被认为是他的代表作。小说写的是一个弃儿的历险生涯，通过险象环生的情节设置，让读者在关注人物命运的同时，紧紧跟随作者的笔触认识那个时代人们生活的环境与社会现状。这本书在法国影响巨大，几乎家喻户晓，并且多次被拍成电影、电视，曾被译成英、德、俄、日等多种文字，而且直到一百多年后的今天，它还在法国被重印出版。它伴随着一代又一代孩子坚强地成长，乐观地面对人生。

马洛用文字带给读者一种感动和坚韧，告诉我们面对人生、面对苦难的时候，要怀有一颗感恩的心，要用坚持不懈的毅力、勇气以及智慧看待我们的经历，最终收获人生最宝贵的东西。在他专门写给孩子们看的小说中，还有两本也很有名：一本叫《一家团圆》，一本叫《罗曼·卡布里历险记》。

荐读理由

《苦儿流浪记》的主人公小雷米是个身世不明的弃儿，被法国一家农户收养。他生性善良天真，遭遇却颇为坎坷。小说讲述的便是这个弃儿的历险生涯。开卷第一个情节，便是一个 8 岁的弃儿被当做牲口一样出租的一场讨价还价的交易。从此往后，小雷米的命运就深深牵动着读者的心。而从这个情节开始，围绕雷米的命运，作者开始展示他讲述故事的能力，将一幕幕精心设计的、富于传奇性和感染力的情节一一呈现在读者面前：诸如邂逅哑女、买牛报恩、身临贼窝、蒙冤蹲狱、亡命跳车、亲人团圆等。

《苦儿流浪记》的这种情节设置与人物悬念的架构体现了当时法国流行的情节剧特色，并且与情节剧一样，也有一支贯穿始终的主题歌。在叙述故事的过程中，作者成功地将这支主题歌与弃儿雷米的性格和形象融合在一起，使之成为小说不可分割的一部分，也使这部小说具备了音乐感染力。

主人公的每一次遭遇都让读者揪心不已，而每当他成功迈出人生的一步，我们又为他感到由衷的高兴。欢喜或者眼泪，伴随着情节的发展与人物命运的变化。每一次感动或者唏嘘都让我们因这个小小少年感到一种成长的动力。也许成长就是要这样经历风雨，但是我们也有理由相信，经过风雨，才会出现更加绚丽多姿的彩虹。如果我们与小雷米有相似的经历，那么就像他一样勇敢地面对人生的风雨和考验；如果我们比他幸运，那么就从他的境遇之中汲取力量，珍惜现在拥有的条件认真学习、努力奋斗吧！

先睹为快

马西亚看到我整天愁眉苦脸，便猜透了我的心事，他常常装作自言自语的样子，对我说：

“我很好奇，真想早点看到巴伯兰妈妈的回信。”

为了取这封“留局待领”的回信，我们改变了每天的路线，不再经西史密斯运动场去霍尔本，而是直接朝着邮政总局走去。也不知扑了多少次空，我们最后终于收到了这封期待已久的复信。

邮政总局决不是读信的好地方。我们走进了附近的一条小街，在这条小街中间有一条小夹道，我们走进这条小夹道后便停了下来。我先让自己的心平静了一会儿，然后打开了巴伯兰妈妈的回信，这封信自然是由夏凡侬的本堂神父代写的。

我亲爱的小雷米：

我对你信中告诉我的那些情况，感到惊骇和愤慨。因为按照我那可怜的巴伯兰在勃勒得依街把你捡回来以后所经常说的那些话来看，从我和那个找你的人交谈的情况来看，我认为你的父母的财产状况是富裕的，甚至是极其富裕的。

我的这种想法可以从巴伯兰把你带到夏凡侬时你穿戴的样式上得到确证，因为你当时身上穿的是只有富家婴孩才穿得起的婴儿衣服。你要我向你描述当时裹着你的襁褓的样子，这对我是很容易做到的：考虑到当人家来向我讨还孩子的时候，这些婴儿穿的衣服对辨认是有用处的；我又始终相信这一天总会到来，因此，我把它们一直很好地保存到现在。

首先应当说的是，你没有什么襁褓。我过去曾经对你提到过襁褓，那是习惯上的说法，因为按照我们本地的习惯，婴儿总是包在襁褓里的；但是，你当时并不是用襁褓包着的，你穿的是衣服，你并没有襁褓。

那时穿在你身上的几件衣服是：一只花边软帽，由于它太精致、太漂亮，因而一眼看去就能知道这是件不同寻常的东西；你身上穿的是件在领子和袖口上都镶着花边的细布内衣；此外，还有法兰绒尿布，白羊毛小袜子，用白毛线结的、带着小丝带的小鞋子，一件白色法兰绒小长袍和一件带着风帽的白色开司米小大衣；风帽的衬里是绸的，外面绣了漂亮的花。

延展阅读

《罗曼·卡布里历险记》

本书是马洛的另一部重要作品，也是他的成名杰作，声望仅次于《苦儿流浪记》。这本书的主人公也是一个流浪儿，然而与苦儿雷米活动在陆地不同，卡布里的活动场所主要是在大海。这两本书的主人公身世、遭遇都不相同，因此两书各有特色。将两本书对比阅读，会有不同的收获。

《最后一课》

〔法〕都德 著

文章以小见大，感人至深，深受各国读者的喜爱。

关于作者

普罗旺斯位于法国南部，这里不仅是闻名全世界的薰衣草天堂，还是著名作家都德的故乡。

都德（1840—1897），是法国19世纪著名的现实主义小说家。他是法国文学史上一个很有特色的小说家，“他的创作，真实与诗情、欢笑与泪痕、怒焰与悲苦交流并泻，构成他区别于同时代其他作家的独特风格”。在法国文坛上，都德与福楼拜、屠格涅夫、左拉、爱蒙特·龚古尔一起，构成了“五人聚餐会”的集体成员。

都德生于普罗旺斯省的尼姆，他的母亲热爱文学，他从小就聪颖过人，喜欢观察生活，很小的时候就开始练习写诗。在里昂读中学时，他经常到书店博览群书，扩大了视野。然而都德的生活并不是一帆风顺的，父亲事业的破产、家道的中落，使他被迫辍学自谋生路，15岁就到阿雷小学校任自习辅导员，后来在哥哥的帮助下来到巴黎。

生活的转变，贫困的境遇，让都德感受世间百态的同时也逐渐开始了文学创作。担任莫尼公爵秘书的机会，让他得以进入上流社会，观察巴黎社会各种各样的人；而富于诗情画意的普罗旺斯旅行，也让他从流传于家乡的各种民间故事和传说中汲取到了创作营养。25 岁时，他发表了短篇小说集《磨坊文札》。真正让他一举成名的则是两年后出版的《小东西》，这是一部带有半自传体性质的长篇小说，作品揭露了资本主义社会中冷漠的人际关系，都德由此真正展开其文学生涯并且为人熟知。普法战争爆发后，都德应征入伍。战争岁月给他留下深刻的印象，也在其作品中留下痕迹，他创作了一组具有深刻爱国主义内容的小说，并且在创作中展示了他卓越的艺术才能，作品结为《月曜日的故事》。其中，《最后一课》与《柏林之围》因艺术的典型化和构思的新颖别致，成为世界短篇小说中的名篇。都德一生作品甚多，不仅有小说，还创作了一些剧本和诗作。怀着一颗爱国心，他用简洁的笔触描绘复杂的政治事件，其作品亲切动人、具有艺术感染力，为不少读者所喜爱。

荐读理由

《最后一课》是都德创作的一部短篇小说，以普法战争作为创作背景而展开。普法战争发生于 1870 年 7 月，法国先向普鲁士宣战，而色当一役中法军大败，拿破仑三世被俘。普鲁士军队乘胜占领了法国的阿尔萨斯、洛林等土地。《最后一课》的故事就发生在沦陷了的阿尔萨斯。这里的一个小学校因为普鲁士的占领而被迫让学生改学德文，《最后一课》的含义所在就是在这个小学校里上的最后一堂法文课的情景。作品生动地刻画了小学生小弗朗兹和法语教师韩麦尔先生的形象，反映了法国人民深厚的爱国感情。

《最后一课》最让人感动的地方是小弗朗兹的心理变化。小说以这个小孩子作为视角切入，真诚感人地讲述了面对入侵、面对沦陷时人民对于祖国的深情与不舍。这节向祖国语言告别的最后一堂法语课，在大家眼里顿时显得那样沉重而可亲。

作品原来还有一个副标题是“阿尔萨斯省的一个小孩子的自述”，这样的文字看着让人心碎，民族、国家的不幸就这样映照在一个孩子的心里。也许他还没有做好充分的准备，然而读者却能从中看到一种坚定的爱国信念在支撑着这个民族的明天。文章以小见大，感人至深，被翻译为多国语言，深受各国读者的喜爱与欢迎。

先睹为快

平时，上课之前，教室里总是乱哄哄的，喧闹声连街上都听得见：同学们开关课桌的声音，捂住耳朵一起高声背诵课文的声音，还有老师一边用大戒尺拍打桌子、一边大叫的声音：

“安静一点！”

我原本打算趁乱偷偷溜到座位上去。可是偏偏这一天教室里却非常安静，就像是星期天一样。透过开着的窗户，我看见同学们已经坐在了自己的座位上，韩麦尔先生则用胳膊夹着那把可怕的戒尺，在教室里走来走去。我必须推开教室的门，在这一片寂静之中走进去。可想而知：当时我有多么尴尬、多么害怕呀！

然而，竟然什么事都没有！韩麦尔先生看了我一眼，并没有生气，而是温和地对我说：

“快去坐好吧，小弗朗兹；你再不来，我们就要开始上课了。”

我连忙跨过凳子，坐到课桌前。稍稍定下神来之后，我才发现我们的老师穿着那件漂亮的绿色礼服，领口系着精心折叠的领结，头上戴着绣花的黑色丝绸小圆帽。这套装束，只有学监来视察或者学校颁奖的时候他才会穿。另外，整个教室里有一种不同寻常的庄严气氛。不过让我最惊讶的是，教室后面平时空着的凳子上，坐着很多村里的人，他们和我们一样，都默不作声。我看见头戴三角帽的奥泽尔老人、前任村长、前任邮递员，还有其他许多人。他们都显得很忧伤；奥泽尔老人还带来了一本边角都磨损了的旧识字课本，摊开在膝头上，课本上斜放着他的那副大眼镜。

我正在惊讶眼前这一切的时候，韩麦尔先生走上了讲台，用刚才对我说话时那种温和而低沉的声音说：

“孩子们，这是我最后一次给你们上课。柏林来了命令，阿尔萨斯和洛林的学校今后一律只准教德语……新老师明天就到。今天是你们的最后一堂法语课。我希望你们认真听讲。”

这几句话把我惊呆了。啊！这些坏蛋！贴在村政府门前的原来就是这个消息！

我的最后一堂法语课……

延展阅读

《小东西》

本书是都德带有半自传性的长篇小说，也是都德的重要作品。故事并没有涉及重大的社会内容，也没有深奥的哲学思考，只是将小东西的遭遇进行了讲述。前半部是都德本人的经历，后半部除了哥哥雅克以外，全部是虚构的。故事将不纯的情爱与纯洁的爱情作出对比，指出了只有纯洁的爱情才能建立健康的家庭，而家庭亲情是人生中不可或缺的精神支柱。

在都德的笔触中，读者可以看到一颗跳动、敏感的心，清新明快之中含着脉脉的温情，难怪都德曾自称为“奇妙的感觉机器”。

《贼王》

〔德〕柯莉亚·芳珂　著

带着冒险、魔幻、成长的儿童文学特质，《贼王》引领孩子们经历了一场穿越时空维度的心灵体验。

关于作者

柯莉亚·芳珂，1958年出生于德国，是世界著名畅销小说作家，其在少儿读物领域的地位仅次于《哈利·波特》系列丛书的作者J. K.罗琳。

在成为作家之前，柯莉亚·芳珂是一名专业的插图画家，为那些根本无法真正打动她的少儿读物画插图。也许是受不了那些对儿童毫无吸引力的少儿读物的折磨，在27岁时，柯莉亚·芳珂扔掉画笔，亲自创作了她的第一部儿童文学作品，并受到了读者的热烈欢迎。1992年她开始专职儿童文学创作，并发挥自己的特长亲自为自己的作品搞插图设计。目前她已出版四十余部作品，主要代表作有《贼王》《骑龙侠》《墨水心》等，是欧美国家少儿读物畅销排行榜上的常客，读者遍及全球。

芳珂是一位多元化的创作者，她所创造的意境充满着诗意与魅力。在作品中，她尽自己所能向孩子们展现着这个令人惊异、五彩缤纷的世界，其中有魔幻的色彩，也有现实的成分。她叙述的历险故事，充满了幻想和幽默，对人物的刻画栩栩如生。她说："我通过我的书来传达我对这个世界的看法和担忧，并且试图唤醒孩子和大人们对于阅读的热情。"《贼王》的创作灵感便来自她此前的一次意大利水城威尼斯之旅，这勾起了她童年时代对威尼斯的种种美好回忆。所以，柯莉亚·芳珂称自己为"孩子们安插在大人世界里的间谍"。

荐读理由

带着冒险、魔幻、成长的儿童文学特质，《贼王》引领孩子们经历了一场穿越时空维度的心灵体验，如今已经成为欧美国家的最畅销书目，并分别获得了德国、奥地利、美国的多项文学奖项。华尔街日报认为《贼王》是《哈利·波特》的成功再现。《哈利·波特》的出版人巴里·坎宁安编辑在发现并买下《贼王》英文版版权之后还和 J. K. 罗琳开玩笑："去找一份合适的工作吧！你以后将不能再单靠儿童文学创作为生了。"

《贼王》讲述的是一个带有欧洲风情的后现代魔幻故事，充满了真实而传统的感觉。水城威尼斯月光粼粼的水面、金碧辉煌的宫殿以及迷宫般的河道，为这本幻想、神秘、惊险的小说提供了完美的背景。故事描写了普罗斯伯和波波两兄弟为躲避自私吝啬的姨妈而出逃到威尼斯。之后，他们被栖身于废弃电影院的一帮流浪儿收留，这些孩子将他们偷来之物卖给本地的一个店主，以谋生计。普罗斯伯和波波兄弟虽然逃了出来，但仍然摆脱不了姨妈的纠缠，还被受雇于姨妈的一个名叫维克多的侦探到处搜寻。幸运的是，暗中总有一个神秘人物来保护这群流浪儿。这人便是"贼王"。孩子们与大侦探不停地周旋与较量，在他们扒窃之余也努力地为"贼王"寻找一只能启动神奇旋转木马的翅膀。在发现贼王一些不为人知的秘密之后，他们与侦探维克多化敌为友，并开始意识到原来眼前的世界比他们所想象的要神奇得多。

故事的最后，那个可以倒转时空的旋转木马施展了神奇无比的魔法，掀起了整个故事的高潮，也让故事有了一个令人满意的大结局。

《贼王》的情节是围绕着一个旋转木马展开的，骑上这个木马，孩子能长大，大人能还童。与以往众多的魔幻主题小说不同的是，《贼王》除了那个能倒转时空的旋转木马具有些许魔力之外，更多的是孩子们勇于冒险的精彩情节和他们对童年与成年之间过渡的必要性越来越深入的思考和理解。这个让孩子们回味的故事，实现了他们独立的梦想和胜过成年人的梦想。

除了引人入胜的故事情节，这本书的特别之处还在于对威尼斯的精致描绘，如果你没有去过威尼斯，那么请跟随《贼王》游览这个具有魔力的城市；如果你曾到过威尼斯，那么请走进《贼王》的世界，和孩子们一道分享那个久为人知却不为人信的古老传说……

先睹为快

“其他人一定已经在等我们了。”马蜂的声音突然惊醒了沉思中的普罗斯伯。路边的房子里飘散出的咖啡和香甜饼干的味道让他不知身在何处。

他们的家里是另一番味道。

“没错，我们还要打扫呢。”波波故作老成状，“史奇皮欧不喜欢四处乱糟糟的。”

“没错，你正需要清理一番！”普罗斯伯嘲笑他，“是谁昨天在某个秘密的地方打翻了一桶河水？”

“他还把奶酪偷偷喂给老鼠吃。”马蜂咻咻笑着，波波生气地用手肘撞了她一下。马蜂接着说：“贼王最讨厌的就是老鼠屎，只可惜他帮我们找来的藏身地点老鼠乱窜，而且也不方便取暖。或许一个不那么豪华的藏身地点还更实际些，不过史奇皮欧一定不想听这些话。”

“星星之家。”波波纠正马蜂的用词，在转进一条人迹稀少的巷子后，他便一直跟在普罗斯伯和马蜂后面，“史奇皮欧说，那里叫‘星星之家’。”

马蜂翻着白眼。“你要注意喔，”她压低声音对普罗斯伯说，“很快，波波就会不听你的，只听史奇皮欧的话了。”

波波清楚地知道，他们都要谢谢史奇皮欧，让他们不用再睡到外面，特别是现在这个时节，雾气弥漫在夜晚的河道上，又湿又阴森地飘进巷子的角角落落。史奇皮欧用他偷来的战利品填满钱包，让他们今天能买到面条和水果，也弄来让波波冰凉的小脚温暖起来的鞋子，虽然鞋子对波波来说太大了。史奇皮欧还让他们有了一个栖身的地方，不用碰上爱丝特姨妈。但史奇皮欧不折不扣是个小偷。

巷子愈变愈窄，相邻的屋舍静寂无声。他们很快就到达了这座城市隐藏起来的心脏地区，在这里很少会碰到外人。

延展阅读

《骑龙侠》

这是芳珂为孩子们量身定做的纯粹的幻想小说。“天际边缘”，喜马拉雅群山之中的一片秘土，曾经是龙族的乐园，现在是龙族生存的命脉。阿龙、精灵女孩黄毛和男孩本，背负着龙族未来的命运，向这最后的安全庇护所出发。但这三个历险者并不知道，危险并不仅仅来自于人类，还有猎杀龙族的怪物“厄运之火”……友谊与背叛、勇敢与懦弱、信念与迷茫、生存与毁灭……这绝不会是一次单纯的历险。

《金蔷薇》

〔苏〕康·巴乌斯托夫斯基　著

书中为我们指明了太多的文学道路，无论朝着哪一条，都会通往成功。

关于作者

在20世纪的俄罗斯文学中，康·巴乌斯托夫斯基（1892—1968）占据着一个重要位置，他曾长期担任俄罗斯最高文学学府——高尔基文学院的院长，以散文体写的文学创作谈《金蔷薇》饮誉世界文坛。

巴乌斯托夫斯基出身于莫斯科一个铁路员工家庭，从中学时代起他就醉心于文学，在十月革命和国内战争时期他比较广泛地接触俄国的社会生活，参加过红军，当过记者及报社编辑。他的作品洋溢着诗人的浪漫主义和人文主义色彩，坚信文学的“不朽”，为“美”而文学。相比较于许多受难者的写作而言，巴乌斯托夫斯基不渲染悲怆更不放大哭腔，他专注地把自然之美、人性之美、情感之美放在了永恒的位置上，他热爱的是能够灵巧、熨帖、天然地表现这种美的所有细节。巴乌斯托夫斯基用优美的散文笔调，以叙述故事的方式阐述自己对文学创作中诸如作品的构思、素材的提炼、细节的描写和观察力的培养等问题的见解，娓娓而谈，清新隽永。他笔下描绘了许多伟大作家如雨果、福楼拜、莫泊桑、契诃夫和高尔基的生活片段，精准地描绘出其人的特质，使之成为一幅幅生动的人物肖像。

巴乌斯托夫斯基对文学的认知体现了作家对文学事业、对祖国、对人民、对大自然、对生活的爱和对美锲而不舍的追求。“作家一分钟都不能向苦难屈服、在障碍面前退缩，作家的工作不是手艺，也不是职业，而是一种使命。不仅仅要响应内心的召唤，更要响应自己的时代、自己的人民的召唤，人类的召唤。有了使命的驱使，人就能创造奇迹，经受种种沉重的考验。”因此，巴乌斯托夫斯基被很多作家称为“我们的良心”。

巴乌斯托夫斯基性好流浪，用他自己的话说，“漫游之神”常常支配着他。到20世纪30年代初，他已游历了苏联和波兰的许多地方。他把这种漫游视作“到生活里去，以便熟悉生活、体验生活、了解生活”的一种方式。他认为，没有生活经验，写作这条路是根本走不通的，应该打开你的心扉，让你的灵魂去自由地翱翔，你会大吃一惊的，生活中原来有这么多诗意。

巴乌斯托夫斯基告诉我们要想从事文学创作不仅需要灵感，更需要从生活中收集含有金屑的珍贵尘土，才能提炼出金锭，打造出美丽的金蔷薇。

荐读理由

《金蔷薇》属于大器晚成之作，是作者用自己毕生的阅历、经验和灵感、才智交融凝聚而成的，作者用几十年的辛勤劳动，从珍贵的尘土中收集细沙，熔成合金，锻成自己的“金蔷薇”，它是巴氏的心灵之旅。从书中，我们了解了什么是对文学事业最深刻的理解、对作家劳动的最诚实的忠告。那是注入了作家自己的切身体验的最宝贵的经验。这一切首先都是通过一种充满诗意的语言呈现的，生动雀跃的文字流淌出动人的故事。书中以一种纯洁的笔调，赞美和讴歌了生活中的一切具有诗意本质的存在：温柔、善良、怜悯和爱，梦想之于人生的价值，大自然和艺术的无与伦比的美，为正义和理想而献身的崇高情怀。通过《金蔷薇》，我们仿佛领悟到了一种对美好事物的虔敬，诗意的精神注定要在内心生根发芽，让你仿佛如沐浴花香一样，清新、通透。

作者不仅总结了自己的写作经验，而且还研究了其他许多大作家（如雨果、福楼拜、莫泊桑、契诃夫、高尔基等）的创作活动，探讨了写作上一系列的重要问题：作品构思的产生过程，作家应如何培养观察力、提炼素材、磨炼语言，想象的必要性，细节描写的功能，人物性格本身的逻辑性，灵感等等。对于这些重要的创作理论问题的探讨，作者不是用大段大段纯理论文字来进行，而是采用了朴素、优美的散文形式，有些甚至采用了讲故事的形式，娓娓道来，引人入胜，使人感到特别亲切动人。

“构思是如何产生的”，作者把“构思”比拟为“闪电”，构思的产生需要刺激，最初的构思常常是模糊朦胧的，为使构思成熟，作家需要不断地接触现象，构思才会开花，吸取泥土的浆汁而丰硕。

“灵感来时，正如绚烂的夏日的清晨降临，它刚刚赶散静夜的轻雾；四下是缀满露珠的簇叶丛。它小心翼翼地向我们的面孔吹来它于健康有益的清凉”，“灵感，恰如初来，人在那个时候预感到神奇的邂逅，难以言说的迷人的眸子，娇笑和半吞半吐的隐情，心灵强烈地跳动着”。

这些奇妙的感受，让读者在愉悦的阅读中获得知识和启迪，提高欣赏力。

这是一本让人受益匪浅的书，书中为我们指明了太多文学的道路，无论朝着哪一条，都会通往成功。

先睹为快

记不起来了，这段关于一个巴黎清洁工约翰·沙梅的故事是怎样得来的。沙梅是靠打扫区里几家手工艺作坊维持生活的。沙梅住在城郊的一间草房里。本来可以把这个郊区大加描绘一番，以使读者离开故事的本题。不过，也许值得提一笔：直到现在巴黎城郊仍然还留存着一些古老的碉堡。在这个故事发生的时候，这些碉堡还被金银花和山楂子等杂草所覆盖着，一些野鸟就在这里造了巢。

沙梅的草房便在靠北面一个堡垒的脚下，与洋铁匠、鞋匠、捡烟头的和乞丐们的破房子为邻。

要是莫泊桑曾经对这些草棚住房的生活发生过兴趣的话，那他或许会再写出几篇出色的短篇小说来。说不定，它们还会在他的永恒的光荣上添上新的桂冠呢。

可惜除了暗探以外，谁也没来瞻望过这些地方。就是那些暗探，也仅仅在搜索贼赃的时候才会光临。

邻居们管沙梅叫“啄木鸟”，从这里，可以想象得出他是瘦瘦的，鼻子尖尖的，帽子底下总是翘出一绺头发，好像一簇鸟雀的冠毛。

以前，沙梅也过过好日子。在墨西哥战争的时候，他在“小拿破仑”军团里当过兵。

沙梅福星高照。他在维拉克鲁斯得了很重的热病。于是这个害病的兵，没上过一次阵，就给遣送回国了。团长借这个便，把他的女儿苏珊娜，一个8岁的女孩子，托付沙梅带回法兰西去。

团长是个鳏夫，所以到哪儿都不得不把自己的女儿带在身边。但是这一次，他决定和女儿分手，把她送到在里昂的妹妹家里去。墨西哥的气候会夺去欧洲孩子的生命。况且混乱的游击战，造成了许多难以预料的危险。

在沙梅的归途上，大西洋蒸散着暑气。小姑娘终日沉默着。甚至看着从油腻腻的海水里飞跃出来的鱼儿，都没有一点笑容。

沙梅照顾苏珊娜无微不至。当然他也明白，她期望他的不仅是照顾，而且还要温柔。可是他，一个殖民军团的大兵，能想得出什么温柔来呢？他有什么办法使她快活呢？掷骰子吗？或者唱些兵营里粗野的小调吗？

但总不能老是这样沉默下去。沙梅越来越频繁地感到小姑娘用困惑的目光望着他。最后他决定把自己一生的经历片片断断地讲给她听，把英吉利海峡沿岸一个渔村的极琐碎的小事情都回想了起来：那里的流沙、落潮后的水洼、有一口破钟的小礼拜堂、给邻居们医治胃病的他的母亲。

在这些回忆里，沙梅找不出任何能使苏珊娜快活的有趣的东西。但是叫他奇怪的是，小姑娘却贪婪地倾听着这些故事，甚至常常逼他翻来覆去地讲，在一些新的小事情上追根问底。

延展阅读

《一生的故事》

本书是巴乌斯托夫斯基的一部自传体纪实长篇小说，由《遥远的岁月》《动荡不安的青年时期》《一个未知时代的开始》《怀着巨大希望的时期》《投向南方》《漫游的书》六部分组成，可以看做是作者的回忆录，从作者的中学时代一直到20世纪30年代中期，以一个个生活片断串连起来，讲述作者的成长、行迹、见闻、心境、交往以及从事文学活动的历程。文笔不脱一贯的散文诗风格，既有很高的文学价值，也有很高的史料价值，为苏联文学回忆录的扛鼎之作。《一生的故事》是巴乌斯托夫斯基毕生的心血之作，在苏联文学退烧的21世纪，《一生的故事》中译本的出版给中国的巴乌斯托夫斯基爱好者带来了意外的惊喜。

《美丽新世界》

〔英〕赫胥黎　著

八十多年前的一本预言小说，对人类的未来提出了警告。随着时间的流逝，书中的预言变得更有现实意义了。

关于作者

1931年的欧洲正处在经济大萧条的高峰期，整个社会相当混乱，大街上到处是找不到工作的穷人，就连中产阶级也面临着破产，各国政府的统治都处在极度不安定的状态中。此时，各种极左或极右的思潮纷纷出笼，越来越多的人相信出现一个拥有更大权力的政府将是非常必要的。这种蓬勃涌现的民众思潮让一个37岁的英国人感到很担忧，他从飞速发展的汽车工业身上，预感到将来一旦这样的政府上台，国家将不再用专政和军队来维持统治，取而代之的是各种高科技手段；统治的目标将是经济繁荣，所有不利于实现这个目标的东西都将被取缔，大规模生产和提倡消费将成为国策；人这个物种也将被改造，从而来符合“新型社会”的需要。在这种预感的驱使下，他提笔写了一本预言小说，对人类的未来提出了一个警告。这本薄薄的十多万字的小说一经发表，就轰动了世界。随着时间的流逝，其中的预言不仅没有过时，反而历久弥新，变得更有现实意义了。这个英国人就是小说家赫胥黎，这本小说就是著名的《美丽新世界》。

赫胥黎（1894—1963）是英国著名生物学家、《天演论》作者老赫胥黎的孙子，一生创作了大量的小说和散文，也曾出版过短篇小说、游记、电影故事和剧本。我们通过阅读他的作品，不难发现他是一个对当今社会道德、标准和理想的考问者和反思者。他怀着满腔的人文主义情怀，对现代工业文明在经济高速发展的时候进行深刻的精神检讨。在晚年，他又通过对心理学、哲学和神秘主义等理论的研究学习，成为学术界公认的现代思想领导者，位列当时最杰出的知识分子行列。

《美丽新世界》是赫胥黎在1932年发表的重要著作，这部书的出版为他赢得了世界性的赞誉，小说是从赫胥黎熟悉的生物学角度把未来社会描绘成“共有、划一、安定”的孵化室，全体社会成员一律由试管统一孵化而出，千人一面、万众一心，而主人公却是一个因孵化事故制造出来的异类——一位到处碰壁的倒霉蛋，由此发生种种令人啼笑皆非的故事。所以，有人说《美丽新世界》比卓别林的电影深刻，却又不乏卓别林式的喜剧性。

荐读理由

《美丽新世界》曾被评为20世纪十大小说之一，它也是20世纪最经典的反乌托邦文学之一，与乔治奥威尔的《1984》、扎米亚京的《我们》并称为反乌托邦三书，在国内外思想界影响深远。

《美丽新世界》之所以比其他两本反乌托邦作品影响更深远，是因为书中引用了广泛而博大的生物学、心理学知识，笔调清醒地为我们描绘了一个虚构的600年后的社会，这是一个有阶级、有社会分工的社会，人类经基因控制孵化，被分为五个阶级，分别从事劳心、劳力、创造、统治等不同性质的社会活动。控制并安排这一切的都是美国汽车大亨亨利·福特而非上帝，因为福特发明的生产汽车流水线，使生产力飞速发展，从而使这种生产方法终于统治了整个世界，因此福特也代替了上帝，公元也变成了“福元”。

在“福元”生活的人们都已习惯于自己从事的任何工作，视恶劣的生活和工作环境与极高的工作强度为幸福。所以，这是一个“快乐”的社会。这种快乐还有别的措施保障，比如睡眠教学——催眠术被广泛用来校正人的思维；国家还每天给人们免费享用一种定量配给的“索麻”——能够让人忘掉七情六欲的药品，这种药品被认为“有鸦片之益而无鸦片之害”，可以让人忘掉所有不愉快的事情。

可是，偏偏在这个“快乐”“幸福”的社会中，有一个来自保留区内的“野人”——他来到了盼望已久的“新世界”后，开始时为物质环境的改变而涕零，欢呼到达了真正的“美丽新世界”。可惜，终究因为他还有血性和善良的本性，让他无法适应在流水生产的社会中白蚁式的生活，加上他认为自己的心上人放荡而无法忍受（新世界的名言：每一个人属于每一个人。故无所谓“放荡”可言），使他最后的精神寄托破灭，终于在孤独、绝望中自尽身亡。

因此，这个“新世界”也即这个“福元”的年代，由于社会与生物控制技术的发展，人类已经沦落为垄断基因公司和政治人物手中的玩偶，所以，“新世界”里社会安定就是一切，影响安定的思想、艺术、宗教、家庭、情绪及各种差异荡然无存。而作者精心塑造的“野人”形象就是今天人类的化身，他的处境和悲剧结局令人不寒而栗，也留给我们足够多的反省与深思。

先睹为快

一幢灰白色的大楼，矮矮的，只有三十四层。门口大书：中央伦敦孵化与条件设置中心，盾式的图案上是世界国的格言：社会，本分，稳定。底楼的巨大厅堂面对着北方。尽管对夏天而言窗户外已经很冷，室内却热得像赤道。薄薄一道森严的光耀眼地射进了窗户，渴望搜索出什么苍白的、长鸡皮疙瘩的穿便衣的非专业人员的形象，却只找到了实验室的玻璃器、镀镍柜橱和闪着凄凉的光的陶瓷。

对荒凉的反应还是荒凉。工人穿的大褂是白色的，手上戴的橡胶手套死尸般煞白。光线冻住了，冻死了，成了幽灵，只有在显微镜黄色的镜头下，才找到了某种丰腴的有生命的物质。那东西在镜头下浓郁得像奶油，躺在实验桌一排排擦得银亮的漂亮的试管里，向辽远处伸展开去。

“这里，”主任开了门说，“就是孕育室。”

孵化与条件设置中心主任进屋时三百个孕育员身子都俯在仪器上。有的不声不气，全神贯注，几乎大气不出；有的则心不在焉地自语着，哼着，吹着口哨。一群新来的学生低声下气地跟在主任身后，有些紧张。他们全都非常年轻，红扑扑的脸蛋，乳臭未干。每个人都拿着一个笔记本，那大人物说一句他们就拼命地记一句——从大人物那里直接受教是一种难得的特权。中央伦敦孵化与条件设置中心主任对亲自带领新生参观各个部门特别重视。

“这只是给你们一个全局的印象。”他向他们解释。因为既然需要他们动脑筋工作，就得让他们了解一些全局，尽管他们如果想成为良好的社会成员过幸福的日子，还是知道得越少越好。具体细节通向品德与幸福，而了解全局只是必不可少的邪恶，这个道理凡是聪明人都是明白的。因为形成社会脊梁的并不是哲学家，而是细木工和玩集邮的人。

“明天，”主任总对他们微笑，亲切而略带威胁地说，“你们就要安下心来做严肃的工作了。你们不会有多少时间了解全局的。而同时……”而同时，从大人物的嘴直接到笔记本也是一种特权。孩子们发狂地记着笔记。

主任往屋里走去。他身材修长，略显瘦削，身板挺直。长长的下巴，相当突出的大门牙，不说话时两片嘴唇勉强能包住，嘴唇丰满，曲线好看。他究竟是老还是年轻？是三十岁还是五十岁？或是五十五岁？很难讲。不过，在这个安定的年代，福帝纪元六三二年，并没有谁会想到去问一问。

延展阅读

《1984》

本书是英国作家奥威尔的传世之作，堪称世界文坛最著名的反乌托邦、反极权的政治讽喻小说。作者在小说中创造的“老大哥”“双重思想”“新话”等词汇都已收入权威的英语词典，甚至出现了由他的姓衍生出“奥威尔式”“奥威尔主义”这样的通用词汇，不断出现在报道国际新闻的记者笔下，足见其作品在英语国家影响之深远。与赫胥黎的《美丽新世界》相比，本书更有独特的风韵，作者在作品中巧妙地叙述当今时事，好像映射到很多人，又好像谁都没有映射到，不能不说是“一支神笔，巧夺天工”！

《我们》

本书是世界三大反乌托邦作品中的一部，作者是生活在俄罗斯白银时代的扎米亚京，他本人被称为“语言大师”“新现实主义小说的一代宗师”。《我们》的作者怀着对这个世界的挚爱，既超越而又贴近这个世界，多维地、动态地看待这个世界的深层问题，从而使小说富有了象征主义绘画般的浓烈感觉色彩——救世主暗如深洞的眼睛、I—330那火红的嘴唇、号码们蓝色的制服、出入于守卫局身形如S的家伙……通过这些形象，作者形象深刻地和读者沟通他对于这个世界的观点。作品中流露着作者独特的语言风格——辛辣尖刻而又深邃幽默，让人为之叹服！

《侠盗罗宾汉》

〔美〕霍华德·派里　著

在英国的传说中，罗宾汉的名字是响当当的。小读者不妨将他率领的绿林好汉与《水浒传》中的梁山泊好汉作一对比，看看有何异同。

关于作者

霍华德·派里（1853—1911）出生于美国特拉华州的威尔明威市，是美国著名的插画家、作家。他在文字写作和绘画方面都拥有着难得的造诣。他写作方面的天赋源于母亲悉心的教育，他的母亲颇有修养，在派里年少时就让他接触了许多民间故事和传说。少年时代，派里就表现出超人的绘画才能，进入学校之后便开始为一些杂志定期绘制插图。他的插图摆脱了欧洲的传统画法，凸显了活泼明快的插图风格，为美国儿童文学的发展作出了不可磨灭的贡献，被誉为“美国插图之父”。他创作了一系列骑士和英雄人物的历险记，并配有精美的插图在其间，作品发表后好评如潮。

派里的主要作品有《侠盗罗宾汉》《银手奥托》《海盗传说》（又译为《海盗集》）、《骑士麦尔斯》（又译为《铁人》）等。这些故事大多取材于中世纪的神话或殖民地时期历史，再现了那个时代特殊的社会风貌。派里的作品在英文领域一直有着良好的口碑，被列为世界名著。由于他的作品情节性强，所表现的故事比较有张力，吸引了众多读者的兴趣，具有较强的阅读性和较高的受欢迎度。

荐读理由

罗宾汉是英国民间传说中的侠盗式的英雄人物，相传他活跃在1160年至1247年间的英国，人称汉丁顿伯爵。关于他的故事很早就在英国民间流传，受到了民众的热烈欢迎，在流传过程中也引起众多作家的兴趣，对这一题材进行加工与创作，例如法国文豪大仲马就曾创作过关于罗宾汉的小说作品。

然而罗宾汉究竟何许人也？为什么他能够得到了全世界人民的喜爱？他有什么独特的魅力呢？在英国的传说中，罗宾汉的名字是响当当的。虽然有关他的故事并非史实，颇多夸张或者虚构，但是丝毫不影响他在民间的受欢迎程度。罗宾汉以夏伍德为大本营，联合小约翰、温里奥等人劫富济贫，整治路德曼贵族、官吏，并把得来的钱财用于救助贫苦百姓。这种侠肝义胆一扫英美传统小说的缠绵温柔，体现了中世纪英国人民反抗封建压迫的精神。《侠盗罗宾汉》就是以这些题材作为延展的基础，讲述罗宾汉为了保卫自家领地，拯救查理王以及心上人玛丽安，与绿林大盗群居在舍伍德森林并且领导他们劫富济贫，最终成功赎回查理王，粉碎了约翰王子等人的阴谋的故事。

善良勇敢的罗宾汉奇遇连连、技艺高超，他的射箭术尤其出众。射箭比赛有一个术语“RobinHood”，意为“射中另一支已射中靶心的箭，并且将箭身一分为二”，就是对罗宾汉精湛技艺的写照。阅读《侠盗罗宾汉》不仅可以见识到罗宾汉超凡的射箭术，还可以跟着他的足迹感受英国侠盗的别致风采。如果要做生活的有心人，不妨将罗宾汉率领的绿林好汉与我国的《水浒传》中的梁山泊好汉作一对比，看看他们有什么相似和不同。

先睹为快

罗宾汉准备上路找那位修士。他头戴钢盔，腰间系着蓝色的剑，独特的绿色披风下还套了一件上等材质的甲胄。

“头子，别忘了你的号角。”威尔在一旁叮咛，“泉源修道院离这儿不远，要是遇上什么麻烦尽管吹号角，弟兄们立刻赶过去。”

“你的意思是这个修士比5个诺丁安郡长还厉害喽！”罗宾汉虽不屑还是把号角揣进怀里。

他轻快地吹着口哨，沿着河岸一路前进。突然河对岸传来说话的声音，罗宾汉赶紧打住脚步，躲进高大的芦苇丛。

仔细一听，发现是两个人在对话，但两个声音太相似了，他实在想不透原因，世界上竟有这等奇怪的事，莫非——是孪生子。

一个声音说：“馅饼一定得加些洋葱才好吃，如果光是肉馅儿，就太油腻、难吃了。”

“话是不错，要是少了酒，再多的洋葱也没用啊！嚼起来还不是像团白面。”答话的声音，不论腔调或速度都和先前的一模一样。

“说得好，咱们干一杯。”

“嗯，好酒！该吃馅饼了。”

四周突然安静下来，想必那两人已经吃了起来。阵阵饼香、酒香扑鼻而来，这时候罗宾汉才发觉自己也饥肠辘辘，不但肚子叽里咕噜直叫，连口水也滴下来了。

一阵强风吹得河边芦苇弯了腰，罗宾汉趁机向说话的方向探看。咦？怎么只有一个人？他再看清楚，的确只有一个人哪！那人一手抓着馅饼，一手抓着酒瓶，模样非常滑稽。

看他浑圆、厚实的身材，和一身酱黄色、松垮垮的粗布衣裳，就知道是个地地道道的修士。他的头顶光秃秃、圆乎乎的，四周却留了一环棕色的卷发，一双炯炯有神的蓝色眸子，比夜空里的星星还明亮。

“喂，好心的修士。”罗宾汉隔着河大喊，“刚才八成是你在跟风说话吧？是不是太无聊了，想找位同伴陪你共享大餐？现在站在你面前的，可是有血有肉、活生生的人物喔！”

罗宾汉才开口说话，那个修士立刻纵身跳了起来，戴上钢盔，涉水过河。不一会儿工夫，他已经来到罗宾汉面前，自腰间抽出一把又长又锋利的剑，直指对方。

“好大胆，竟敢偷看我用餐！”修士严厉地斥责。

“没那么严重吧？我只不过赶着渡河，碰巧路过此地，想跟你要点馅饼充饥罢了。”罗宾汉理直气壮地回答。

“赶着渡河？要不要我狠狠踢你一脚，把你送得远远的？我警告你，最好在我吃完这块馅饼之前，从我面前消失。”

看到最后一块馅饼也被他吃了，又饿又渴的罗宾汉，简直快气炸了。

延展阅读

《绿林英雄罗宾汉》

本书是罗斯玛丽·撒克利夫的经典代表作，故事精彩至极，语言通俗易懂。讲述在古代的英国，巴纳斯黛尔的森林中一个著名的侠盗，名叫罗宾汉。他箭法娴熟，为人仗义，与他的100多名手下一起劫富济贫，过着逍遥自在的生活……这个令人震惊的故事给几个世纪的年轻读者带来了快乐。

《欧·亨利短篇小说选》

〔美〕欧·亨利　著

短短的篇幅里包含了许多值得读者深省的细节，令人一咏三叹，反复思量。

关于作者

还记得关于一把梳子、一条手表链的故事吗？还记得有个叫作麦琪的女子吗？下面要介绍的就是创作这些故事的欧·亨利（1862—1910）。这位美国著名的批判现实主义作家、世界短篇小说大师于1862年9月11日出生在美国北卡罗来纳州的一个小镇，15岁在叔父的药房里当学徒，五年后去得克萨斯州一个牧场放牛，1884年后做过会计员、土地局办事员和银行出纳员。1896年，他工作的银行发现少了一小笔款，因涉嫌被传讯，他取道新奥尔良去拉丁美洲避难。1897年，他回国探望妻子，却遭到逮捕，被判处五年徒刑。在狱中他曾担任药剂师，并开始以欧·亨利为笔名写作短篇小说，作品发表于《麦克吕尔》杂志。1901年，他因“行为良好”提前获释，来到纽约专事写作。因而，有人称他为“狱中文学家”。

他一生创作的短篇小说共有300多篇，收入《白菜与国王》（1904）、《四百万》（1906）、《西部之心》（1907）、《市声》（1908）、《滚石》（1913）等集子，其中以描写纽约曼哈顿市民生活的作品为最著名，他把那儿的街道、小饭馆、破旧公寓的气氛渲染得十分逼真，故有“曼哈顿的桂冠诗人”之称。他曾以骗子的生活为题材，写了不少短篇小说，企图表明道貌岸然的上流社会里，有不少人就是高级的骗子、成功的骗子。但是由于他对社会与人生的观察和分析并不深刻，因而有些作品比较浅薄，可是又因为他一生困顿，常与失意落魄的小人物同甘共苦，所以，又能以别出心裁的艺术手法表现他们复杂的感情。因此，他最出色的短篇小说如《爱的牺牲》《警察与赞美诗》《带家具出租的房间》《麦琪的礼物》《最后的常春藤叶》等都可列入世界优秀短篇小说之中。

从艺术手法上看，欧·亨利非常善于捕捉生活中令人啼笑皆非而富于哲理的戏剧性场景，然后用漫画般的笔触勾勒出人物的特点。他的作品情节一般发展较快，在结尾时突然出现一个意料不到的结局，使读者惊愕之余，不得不承认故事合情合理，进而赞叹作者构思的巧妙。而他生动活泼的文字更是为作品增色不少，他极善于利用双关语、谐音和旧典新意，使得文章妙趣横生。

荐读理由

欧·亨利的作品构思新颖，语言诙谐，结局常常出人意料。他善于捕捉细微的生活场景、描述人物的喜怒哀乐。其笔下的小市民、商人、强盗、警察、流浪汉等人物，无不栩栩如生。他以幽默的手法化解笔下人物的悲情，用“含泪微笑”嘲讽当时的资本主义社会。本书从欧·亨利近300篇作品中选取40篇，其中包括让“欧·亨利”这个名字响遍世界的《口哨大王迪克的圣诞长袜》，试图从各个角度让读者对欧·亨利的作品有一个大致的了解。

本书收录的《没有完的故事》《最后的常春藤叶》《警察与赞美诗》《我们选择的道路》等，都是脍炙人口的名篇。有无数的人为吉姆和德拉、乔和迪莉娅之间相濡以沫的爱情感动过，为付出生命画了他一生最后一片、也是最美的一片藤叶的老贝尔曼震撼过、流泪过，也为索比种种荒唐的把戏微笑过，也为他最后试图改邪归正却功亏一篑叹息过。短短的篇幅里包含了许多值得读者深省的细节，令人一咏三叹，反复思量。

先睹为快

一块八毛七分钱。全在这儿了。其中六毛钱还是铜子儿凑起来的。这些铜子儿是每次一个、两个向杂货铺、菜贩和肉店老板那儿死乞白赖地硬扣下来的；人家虽然没有明说，自己总觉得这种掂斤播两的交易未免太吝啬，当时脸都臊红了。德拉数了三遍。数来数去还是一块八毛七分钱，而第二天就是圣诞节了。

除了倒在那张破旧的小榻上号哭之外，显然没有别的办法。德拉就那样做了。这使一种精神上的感慨油然而生，认为人生是由啜泣、抽噎和微笑组成的，而抽噎占了其中绝大部分。

这个家庭的主妇渐渐从第一阶段退到第二阶段，我们不妨抽空儿来看看这个家吧。一套连家具的公寓，房租每星期八块钱。虽不能说是绝对难以形容，其实跟贫民窟也相去不远。

下面门廊里有一个信箱，但是永远不会有信件投进去；还有一个电钮，除非神仙下凡才能把铃按响。那里还贴着一张名片，上面印有“詹姆斯·迪林汉·杨先生”几个字。

“迪林汉”这个名号是主人先前每星期挣三十块钱得法的时候，一时高兴，回姓名之间的。现在收入缩减到二十块钱，“迪林汉”几个字看来就有些模糊，仿佛它们正在考虑，是不是缩成一个质朴而谦逊的“迪”字为好。但是每逢詹姆斯·迪林汉·杨先生回家上楼，走进房间的时候，詹姆斯·迪林汉·杨太太——就是刚才已经介绍给各位的德拉——总是管他叫作“吉姆”，总是热烈地拥抱他。那当然是好的。

德拉哭了之后，在脸平面上扑了些粉。她站在窗子跟前，呆呆地瞅着外面灰蒙蒙的后院里，一只灰猫正在灰色的篱笆上行走。明天就是圣诞节了，她只有一块八毛七分钱来给吉姆买一件礼物。好几个月来，她省吃俭用，能攒起来的都攒了，可结果只有这一点儿。一星期二十块钱的收入是不经用的。支出总比她预算的要多。总是这样的。只有一块八毛七分钱来给吉姆买礼物。她的吉姆。为了买一件好东西送给他，德拉自得其乐地筹划了好些日子。要买一件精致、珍奇而真有价值的东西——够得上为吉姆所有的东西固然很少，可总得有些相称才成呀。

（摘自《麦琪的礼物》）

延展阅读

《最后的常春藤叶》

这是作者的另一部精品。

经过一夜凄风苦雨的吹打，第二天，常春藤上只剩下了一片叶子，那是最后的一片叶子了。忧郁无助的她凄凉地说，当最后的那片叶子凋落时，她也就死了。为了唤起她战胜疾病的自信，她的另一位穷画家朋友鼓励她、无微不至地关怀她，但都无济于事。因为她将自己的精神和希望寄托在最后的那片叶子上。在接下来那个风雨交加的夜里，她们楼下的一个穷苦的老画家不顾年迈体弱，冒雨在常春藤下的墙上画了一片藤叶。这位老画家一生不得意，但他总是说他会画一幅杰作的，就是这幅杰作——那片永不凋零的常春藤叶增强了她的精神力量，当年轻画家慢慢康复时，老画家却不幸染病身亡。

《老人与海》

〔美〕欧内斯特·海明威　著

一场人与自然搏斗的惊心动魄的悲剧，被誉为“影响历史的百部经典之一”。

关于作者

美国文学史上有一个真正在战场上出生入死八次的硬汉——欧内斯特·海明威（1899—1961），他是1954年度（第54届）的诺贝尔文学奖获得者、“新闻体”小说的创始人，被称为“20世纪最伟大的作家之一”。

海明威一生的创作皆与战争相关，他本人也多次参加战争，尽管在战场上他屡次负伤，却也屡出新作：西班牙内战时，他以记者身份前往西班牙，这段经历和感受使他获得了巨大的创作动力，他的思想和创作进入了一个崭新的阶段，同时发表三幕话剧《第五纵队》和长篇小说《丧钟为谁而鸣》（又译《战地钟声》）；第二次世界大战时，他又以记者身份活跃在欧、亚战场；1941年他来中国采访，在重庆秘密会见周恩来，写了6篇有关中国抗日战争的报道；珍珠港事件后，他曾驾驶着自己的摩托艇在海上巡逻以监视敌人潜艇的活动；他还曾率领一支游击队参加了解放巴黎的战斗，一直到战争结束，他才定居古巴。但是1961年7月2日，他却用自己的猎枪结束了自己的生命，让整个世界都为此震惊，因而有人评价他是文学史上最富有男子血性气概的作家。

自从1926年发表成名作《太阳照样升起》，作品表现战后青年人的幻灭感，成为“迷惘的一代”的代表作后，1929年海明威又发表了代表作——长篇小说《永别了，武器》，这是一部出色的反战小说，标志着海明威在艺术上的成熟。用动作和形象表现情绪、以电文式的对话展开情节、简洁真切的内心独白，以及经过锤炼的日常用语构成了作品独特的艺术风格。而他在1952年发表的中篇小说《老人与海》则是他“硬汉”精神的终结，在这部极具寓言色彩的小说中，主人公圣地亚哥是整个人类的化身，他与鲨鱼的搏斗，是人与命运搏斗的象征。而这个老人所代表的“硬汉”形象则成了海明威式的英雄代表，象征着人类不可摧毁的精神力量。

此外，海明威还是一位具有独创性的小说家。他的最大贡献在于创造了一种洗练含蓄的新散文风格，这种风格对欧美作家产生了很大影响。

荐读理由

这本被誉为“影响历史的百部经典之一”“美国历史上里程碑式的32本书之一”的《老人与海》在1953年获普利策奖，1954年获诺贝尔文学奖，成为1986年法国《读书》杂志推荐的理想藏书，在出版的48小时内就卖出530万本，销量排名第一！

书中描绘了一场人与自然搏斗的惊心动魄的悲剧。老渔夫圣地亚哥每取得一点胜利都付出了惨重的代价，最后遭到无可挽救的失败。但是，从另外一种意义上来说，他又是一个胜利者。因为，他不屈服于命运，无论在怎样艰苦卓绝的环境里，他都凭着自己的勇气、毅力和智慧进行着奋勇的抗争。大马林鱼虽然没有保住，但他捍卫了“人的灵魂的尊严”，显示了“一个人的能耐可以达到什么程度”，他是一个胜利的失败者，一个失败的英雄。这样一个“硬汉子”形象，正是典型的海明威式的小说人物。

虽然在20世纪30年代后海明威发表的一些短篇小说里，描写了一些拳击师、斗牛士、猎人等下层人物，在这些人物身上，他塑造了一种百折不挠、坚强不屈、敢于面对暴力和死亡的“硬汉子”性格，但是《老人与海》中圣地亚哥的形象却是这种性格的发展与升华，老人在与大海、鲨鱼进行殊死搏斗中，表现了无与伦比的力量和勇气，不失人的尊严，虽败犹荣，而这样一个形象的塑造则正好完美地体现了作者所说的“你尽可把他消灭掉，可就是打不败他”的思想，也是历来被称赞为最鼓舞人心的奋进精神。

先睹为快

他是个独自在湾流中一条小船上钓鱼的老人，至今已去了八十四天，一条鱼也没逮住。头四十天里，有个男孩子跟他在一起。可是，过了四十天还没捉到一条鱼，孩子的父母对他说，老人如今准是十足地“倒了血霉”，这就是说，倒霉到了极点，于是孩子听从了他们的吩咐，上了另外一条船，头一个礼拜就捕到了三条好鱼。孩子看见老人每天回来时船总是空的，感到很难受，他总是走下岸去，帮老人拿卷起的钓索，或者鱼钩和鱼叉，还有绕在桅杆上的帆。帆上用面粉袋片打了些补丁，收拢后看来像是一面标志着永远失败的旗子。

老人消瘦而憔悴，脖颈上有些很深的皱纹。腮帮上有些褐斑，那是太阳在热带海面上反射的光线所引起的良性皮肤癌变。褐斑从他脸的两侧一直蔓延下去，他的双手常用绳索拉大鱼，留下了刻得很深的伤疤。但是这些伤疤中没有一块是新的。它们像无鱼可打的沙漠中被侵蚀的地方一般古老。他身上的一切都显得古老，除了那双眼睛，它们像海水一般蓝，是愉快而不肯认输的。

“圣地亚哥，”他们俩从小船停泊的地方爬上岸时，孩子对他说。“我又能陪你出海了。我家挣到了一点儿钱。”

老人教会了这孩子捕鱼，孩子爱他。

“不，”老人说，“你遇上了一条交好运的船，跟他们待下去吧。”

“不过你该记得，你有一回八十七天钓不到一条鱼，跟着有三个礼拜，我们每天都逮住了大鱼。”

“我记得，”老人说，“我知道你不是因为没把握才离开我的。”

“是爸爸叫我走的。我是孩子，不能不听从他。”

“我明白，”老人说，“这是理该如此的。”

“他没多大的信心。”

“是啊，”老人说，“可是我们有。可不是吗?”

“对，”孩子说，“我请你到露台饭店去喝杯啤酒，然后一起把打鱼的家什带回去。”

“那敢情好，”老人说，“都是打鱼人嘛。”

他们坐在饭店的露台上，不少渔夫拿老人开玩笑，老人并不生气。另外一些上了些年纪的渔夫望着他，感到难受。不过他们并不流露出来，只是斯文地谈起海流，谈起他们把钓索送到海面下有多深，天气一贯多么好，谈起他们的见闻。当天打鱼得手的渔夫都已回来，把大马林鱼剖开，整片儿排在两块木板上，每块木板的一端由两个人抬着，摇摇晃晃地送到收鱼站，在那里等冷藏车来把它们运往哈瓦那的市场。逮到鲨鱼的人们已把它们送到海湾另一边的鲨鱼加工厂去，吊在复合滑车上，除去肝脏，割掉鱼鳍，剥去外皮，把鱼肉切成一条条，以备腌制。

刮东风的时候，鲨鱼加工厂隔着海湾送来一股气味；但今天只

有淡淡的一丝，因为风转向了北方，后来逐渐平息了，

饭店露台上可人心意、阳光明媚。

延展阅读

《永别了，武器》

本书是海明威早期代表作，被誉为现代文学的经典名篇。此书以爱情与战争两条主线，阐述了作者对战争及人生的看法和态度。主要内容为：美国青年费瑞德里克·亨利在第一次世界大战后期志愿参加红十字会，在意大利北部战线驾驶救护车抢救伤员，与英国籍护士凯瑟琳·巴克莱结识并相恋。在一次执行任务时，亨利被炮弹击中受伤，在米兰医院养伤期间得到了凯瑟琳的悉心护理，两人陷入了热恋。亨利伤愈后重返前线，随意大利部队撤退时目睹战争的种种残酷景象，毅然决定脱离部队，和凯瑟琳会合后逃往瑞士。结果凯瑟琳在难产中死去，留下亨利一个人活在世上。

《野性的呼唤》

这是美国著名现实主义作家杰克·伦敦的长篇小说。小说的主角是一只名叫巴克的狗。巴克原是米勒法官家的一只爱犬，后被盗卖到美国北部寒冷偏远、盛产黄金的阿拉斯加，成了一只拉雪橇的狗。狗队每天拉雪橇在雪地上行走 40 英里，而每只狗所得的食物是根本吃不饱的一磅半鱼干。狗统统被累倒拖垮后就被主人卖掉，来榨取最后一滴油水。为了生存，巴克学会了只求活命、不顾道义的处世原则，变得凶悍、机智而狡诈。最后，在森林中狼群的呼唤下，巴克狼性复萌，逃入丛林，重归荒野。在小说中，杰克·伦敦运用拟人手法，把狗眼中的世界及人类的本质刻画得淋漓尽致。巴克渴望并奔向自由，这也正是作家追求和理想的体现。

《偷书贼》

〔澳〕马克斯·苏萨克　著

这是一本关于文字饲养人类灵魂的奇书，它永不会被忘记。

关于作者

当代澳大利亚小说界获奖最多、著作最丰、读者群最广的作家应该就是马克斯·苏萨克了。这位于1975年出生在悉尼的作家，父母分别为奥地利及德国后裔。迄今为止，他已经出版《传信人》（澳大利亚儿童图书协会年度选书）、《败犬》、《拳师鲁宾》（ALA青少年类最佳图书）、《得到那女孩》等书。但是中国人开始认识他，是通过2007年由孙张静翻译的《偷书贼》。

据说苏萨克从小就喜欢写故事，他说自己的脑海里永远有好几个故事在打转。大学毕业后他当了老师，后来专心投入写作。《偷书贼》的故事源自他幼年时父母讲述的情节，第二次世界大战时他的父母年纪还小，曾经亲眼目睹盟军轰炸汉堡之后的惨状，也看过纳粹押解犹太人前往死亡集中营的悲剧。苏萨克说，父母讲述的情景他一直记在心里，也晓得自己总有一天会把这些故事写成书，于是这部《偷书贼》应运而生了。

目前他除了写作之外，还经营写作工作坊，并应邀赴各地演讲。

我们现在就为大家推荐他进入中国读者视野的开山作《偷书贼》。

荐读理由

这是个讲述书如何振奋灵魂的故事：1939 年的德国，9 岁的小女孩莉赛尔和弟弟被迫送往慕尼黑远郊的寄养家庭。6 岁的弟弟不幸死在了路途中，被埋在火车铁轨旁。在冷清的丧礼后，莉赛尔意外得到她的第一本书《掘墓人手册》。这将是 14 本给她带来无限安慰的书之一。她是个孤苦的孩子，父亲被打上了共产主义者的烙印，被纳粹带走了；母亲随后也失踪了。在弹奏手风琴的养父的帮助下，她学会了阅读。尽管生活艰苦，她却发现了一个比食物更难以抗拒的东西——书。她忍不住开始偷书。莉赛尔，这个被死神称为“偷书贼”的可怜女孩，在战乱的德国努力地生存着，并不可思议地帮助了周围同样承受苦难的人：她读书给躲在她家地下室的犹太人听，在空袭时为躲入防空洞中的街坊邻居朗读故事，安慰了战火下一颗颗惶惶不安的心。

在这部书中，叙事者以死神的角色—— 一个会喊累也会抱怨的死神，以理智、冷静、幽默却又温暖的口吻，娓娓道出一个与他相遇三次的女孩的故事。他既不煽情，也非全然冷酷，反而是用尖锐的观察力与一点点嘲讽，看着世上的人群相互残杀，又相互扶持。最后，死神不得不承认，人心之复杂，是无法猜透的。

此外，吸引读者读下去的原因还在于作者在情节当中充分展现了文字的力量。作者本身简约的文字风格，赋予这部小说一种冷峻、抽离的情感，加上死神的口吻，让读者不断感叹于人性的光辉与险恶。

这部书自打出版，就获得《纽约时报》青少年文学排行榜第一名，美国亚马逊网络书店畅销书榜第一名，英国文学图书排行榜第一名，爱尔兰、巴西畅销书榜第一名，澳大利亚年度文学类图书第五名的傲人成绩，迄今已经售出英国、德国、意大利、法国、西班牙、巴西、韩国、日本、丹麦、荷兰、中国、以色列、塞尔维亚、芬兰、挪威等国版权。

众多媒体推荐评论道：“这个故事会改变你的生命。（主角）莉赛尔展现了一种无可置疑的人性希望，在战火、贫困、残酷的环境中可以仰赖的希望。——美国《纽约时报》”“本书足以和冯内古特的《第五号屠宰场》里面肃穆、安慰人心的黑色幽默相提并论。——《时代杂志》”“一大成就，不论是篇幅或主题，都在挑战读者。——美国《出版人周刊》”“年度最值得期待的作品。——美国《华尔街日报》”“这是一本关于文字饲养人类灵魂的奇书，它永不会被忘记。——《书述》”……

如果你也喜欢接受挑战，也希望从奇妙的文字中饲养出伟大的灵魂，那么就抓紧时间去读这本书吧，相信它会带给你比想象中更多的东西！

先睹为快

到1939年年底时，莉赛尔已经适应了在莫尔钦的生活。她仍然会做有关弟弟的噩梦，仍然思念她的妈妈，可是她的生活中也有了慰藉。

她爱爸爸汉斯·休伯曼，甚至也爱她的养母，虽然养母让她干家务，还喜欢骂人。她对好友鲁迪·斯丹纳是又爱又恨，这十分正常。还有，尽管她在教室里的测试课上栽了跟头，可是她的读写水平取得了明显进步，很快就会让人刮目相看了，这一点也让她高兴。所有这些或多或少给她带来了某种满足，快乐就是建立在这种满足的基础之上的。

几件快乐的事：

1. 读完了《掘墓人手册》。

2. 躲开了怒火冲天的玛丽亚修女。

3. 收到了圣诞节礼物——两本书。

12 月 17 日。她清楚地记得这一天，因为它恰好是在圣诞节前一周。

和往常一样，午夜噩梦再次出现，然后汉斯·休伯曼把她唤醒。他的手摸着她那被汗水打湿的上半截睡衣，低声问：“梦到火车了？”

莉赛尔承认：“是的。”

她深吸了一口气，做好学习的准备。他们开始阅读《掘墓人手册》的第十一章。三点刚过，他们就学完了这一章，只剩下最后一章“对墓地的尊重”没有读了。爸爸那双银色的眼睛因为疲倦而浮肿了，下巴上也冒出了胡楂，他合上书，想再睡上一会儿，可惜他的这个愿望没能实现。

刚刚关灯不到一分钟，莉赛尔就在黑暗中对爸爸说：

“爸爸？”

他只在喉咙里哼了哼。

“你没睡着吧，爸爸？”

“对。”

一只胳膊碰碰他。“我们能把那本书读完吗？求你了。”

屋里传来一声长长的呼吸声，爸爸伸手挠挠胡楂，打开灯。他翻开书，开始读起来：“第十二章：对墓地的尊重。”

天亮前的几个小时里，他们都在读书，把她不认识的生词圈出来，写下来，再继续翻到下一页。有几回，爸爸的上下眼皮直打架，头也垂了下来，他差点就睡着了。他每次打瞌睡的时候莉赛尔都瞧在眼里，可她既没有无私地让他继续睡，也没有感到不愉快。现在的她是个一心要读书识字的女孩。

当黎明的曙光划破黑暗的时候，他们终于读完了这本书。书的最后一段是：我们——巴伐利亚公墓协会，希望能通过本书，对掘墓工作和安全措施及掘墓人的职责进行充分的解释和说明，祝你们在殡葬行业取得成功，希望本书能给予你们一些帮助。

他们合上书，对视了一眼。爸爸说："我们学完了，嗯？"

莉赛尔的身体半裹在毯子里。她在研究着手里的这本黑色的书和书上银光闪闪的字母。她点点头，觉得口干舌燥，饥肠辘辘。这会儿他们疲倦到极点了，不仅是因为刚刚攻克了手中的书本，还因为他们熬了整整一个通宵。

延展阅读

《传信人》

本书是苏萨克继《偷书贼》后又一得奖力作，书中描述了一趟神秘诡谲的传信之旅，沿途有笑容，有血泪，还有爱……19 岁的出租车司机艾德和一条嗜好咖啡、臭气熏天的老狗住在廉租的窝棚里，前途无望，爱情无望。艾德一直过着百无聊赖的日子，直到有一天，一次完全像闹剧般的银行抢劫案改变了他的生活……当笨得要命的倒霉蛋劫匪企图携款逃跑时，艾德阴差阳错阻止了他。于是，这个往日静悄悄的窝棚里接二连三地出现扑克牌，扑克牌上要么写着地址，要么写着姓名，每一个地址或姓名都是一个线索，指引艾德踏上了悬念丛生、充满变数的冒险之旅。他帮助需要帮助的人，伤害需要伤害的人，成为神秘的"传信人"。而最终，绕回圆心，他拯救了自己。到最后，作者还给读者留下一个天大的问题：是谁派艾德传信的？为什么要派他传信？

《飞鸟集》

〔印〕泰戈尔　著

泰戈尔的诗是从他心底里流出来的，是他对人生深层领略的真诚感受，而《飞鸟集》就是他真诚心灵的一个真实反映。

关于作者

许多评论家说，诗人是“人类的儿童”，因为他们都很天真、善良，不受一点世俗的污染，而印度有位诗人更是一位“孩子的天使”，因为他的诗正如天使般天真烂漫，读他的诗就“能知道一切事物的意义”，感知得到和平与安慰，明白真相和爱。

这位伟大的诗人就是泰戈尔（1861—1941），生于印度孟加拉。他的文学天赋在很早的时候就崭露头角，显示出他过人的聪颖。他 8 岁开始写诗、12 岁写剧本、15 岁发表第一首长诗《野花》、17 岁发表叙事诗《诗人的故事》，19 岁开始专事写作后，一生中共创作了 50 多部诗集、12 部中长篇小说、100 余篇短篇小说、20 多部剧本，以及大量关于文学、哲学、政治方面的论著，还创作了1500 余幅画和2000 余首歌曲，其中一首歌曲后来被印度政府定为印度国歌。

1913 年，他以宗教抒情诗《吉檀迦利》获得诺贝尔文学奖，成为首位获得诺贝尔文学奖的亚洲人，与黎巴嫩诗人纪·哈·纪伯伦齐名，并被称为“站在东西方文化桥梁的两位巨人”。当然，这位文化巨人还是一个十足的社会活动家。早在1881年，也就是他刚20岁的时候，就写了《死亡的贸易》一文，谴责英国向中国倾销鸦片、毒害中国人民的罪行。后来当中日战争爆发，他又屡次发表公开信、谈话和诗篇，斥责日本帝国主义，同情和支持中国人民的正义斗争。

对于中国人民来说，这已是足够的国际人道主义支持。然而，他带给中国的不仅仅是道义上的援助，在文学上更是给中国文人以极大的指引和帮助。1915年，陈独秀于《青年杂志》第2期上首次发表泰戈尔的《赞歌》4首，诗中洋溢的“信爱、童心、母爱”思想、博大仁慈的胸怀与独具魅力的人格，瞬时赢得了无数中国读者的敬仰。众多中国的作家也由此深受启发，如著名作家郭沫若、郑振铎、冰心、徐志摩等人的早期诗作，大多有泰戈尔的痕迹。

尤其是在1924年，泰戈尔应孙中山先生之邀访华，将“泰戈尔热”推向高潮。当他在徐志摩家乡做客时，“观者如堵，各校学生数百名齐奏歌乐，群向行礼，颇极一时之盛”。在这个时期，他还会见了梁启超、沈钧儒、梅兰芳、梁漱溟、齐白石、溥仪等各界名流。后来，周恩来总理回忆道：“泰戈尔是对世界文学作出卓越贡献的天才诗人……”由此可见，他在中国读者心中的位置有多么重要。

当然，如此一位博大胸怀的诗人，在关注中国的同时也不能不关注世界的其他角落。第一次世界大战爆发后，他先后10余次远涉重洋，访问几十个国家和地区，传播和平友谊，从事文化交流。他还谴责意大利法西斯侵略埃塞俄比亚，支持西班牙共和国政府反对法西斯头子佛朗哥。第二次世界大战爆发后，他又写文章斥责希特勒的不义行径。在他的世界里，他始终把关心世界政治和人民命运，支持人类的正义事业放在首位。因此，说他是天使并不过分，而且他不仅仅是儿童的天使，还是人类正义和平的天使。

荐读理由

《飞鸟集》英文本题名为 *Stray Birds*，其中 Stray 为漂泊的意思，Birds 是鸟，有时还可指人。这是一部富于哲理的英文格言诗集，也是中国读者最熟悉的泰戈尔作品。在这部诗集里共收录诗 325 首，其中一部分由诗人译自本人的孟加拉文格言诗集《碎玉集》，另一部分则是诗人于 1916 年造访日本时的即兴英文诗作。由于诗人在日本居留三个多月，对日本俳句简洁的特点十分赞赏，因而他的《飞鸟集》就以类似俳句的简短篇幅阐述一个个深刻的智慧。这种独特的风格被美籍华人学者周策纵先生认为，“这些小诗真像海滩上晶莹的鹅卵石，每一颗自有一个天地。它们是零碎的、短小的，却是丰富的、深刻的”。

诚如周先生所言，《飞鸟集》的译者郑振铎在译完泰戈尔的这部散文诗集后，也曾深情地称它“包含着深邃的大道理”，并形象地指出，泰戈尔的这部散文诗集“像山坡草地上的一丛丛的野花，在早晨的太阳光下，纷纷地伸出头来。随你喜爱什么吧，那颜色和香味是多种多样的”。可谓英雄所见略同。

我们在读他的诗时也能够清晰感知他是以一颗赤子之心，来表达对人民真挚的爱，抒发对整个大自然、整个人类以及整个宇宙间美好事物的赞颂。因而他的诗像珍珠一般闪耀着深邃的哲理光芒，不仅唤起人们对大自然、对人类、对世界上一切美好事物的爱心，而且也启示着人们如何执着于现实人生的理想追求，让整个人生充满欢乐与光明。

他会在诗中告诉你——不要因为错过了太阳而去流泪，错过了今天的太阳，只要你能正视黑夜，并执着于黑夜的追求，那么，闪烁在夜空中的群星，仍然会给你力量，给你信心，去勇敢地迎接或追逐明天的太阳。否则，如果你一味地去感叹自己的命运，那么，你不仅得不到群星的启示，也会失去明天以至更久远的太阳——这就是泰戈尔诗歌的魅力。它告诉读者该如何去做生活的强者，去对待人生中所遇到的种种困难。

不仅如此，他还通过对一些无名小卒、无名花朵的礼赞，来倡导一种为创造美好生活而默默献身的人生精神。就拿无名的花朵来说，比起萧萧的树叶来，它没有那暴风雨般的声响，但是它不卑不亢，反而以自己质朴、华丽的沉默，显示出内在的美，用自己有限的力量装点着大千世界，给人们带来芬芳，这不就是默默地为人生献身的精神吗？也是因为这种无畏的献身精神和不息的奋斗精神，才使整个人生显示出它非凡的价值和意义，从而使人们增强生活的信念和对生活的热爱之情。

当然，他的诗给人的哲理启示远不止这一点，郑振铎就曾说："泰戈尔的歌声虽有时沉寂，但是只要有人类在世上，他的微妙幽宛之诗，仍将永远是由人的心中唱出来的。"即泰戈尔的诗是从他心底里流出来的，是他对人生深层领略的真诚感受，而《飞鸟集》就是他真诚心灵的一个真实反映。

先睹为快

1

夏天的飞鸟，飞到我的窗前唱歌，又飞去了。

秋天的黄叶，它们没有什么可唱，只叹息一声，飞落在那里。

2

世界上的一队小小的漂泊者呀，请留下你们的足印在我的文字里。

3

世界对着它的爱人，把它浩瀚的面具揭下了。

它变小了，小如一首歌，小如一回永恒的接吻。

4

是大地的泪点，使她的微笑保持着青春不谢。

5

无垠的沙漠热烈追求一叶绿草的爱，她摇摇头笑着飞开了。

6

如果你因失去了太阳而流泪，那么你也将失去群星了。

16

我今晨坐在窗前，世界如一个路人似的，停留了一会，向我点点头又走过去了。

17

这些微风，是树叶的簌簌之声呀；它们在我的心里欢悦地微语着。

18

你看不见你自己，你所看见的只是你的影子。

19

神呀，我的那些愿望真是愚傻呀，它们杂在你的歌声中喧叫着呢。让我只是静听着吧。

20

我不能选择那最好的。是那最好的选择我。

延展阅读

作者还有下列精品：

《新月集》

本书是泰戈尔一部著名的儿童散文诗集，也是他众多散文诗的第一本。诗集里着力描绘的是一个个天真可爱的儿童。诗人致力于讴歌的是人类生活中最为宝贵的东西——童真。他以天才之笔塑造了一批神形兼备、熠熠闪光的天使般的儿童艺术形象。泰戈尔也因此被誉为“儿童诗人”“孩子的天使”。

《园丁集》

本书是泰戈尔的另一部重要的代表作，它是一部“生命之歌”。这部诗集中更多地融入了诗人青春时代的体验，细腻地描述了爱情的幸福、烦恼与忧伤，可以视为一部青春恋歌。诗人在回首往事时吟唱出这些恋歌，在回味青春心灵的悸动时，无疑又与自己的青春持有一定距离，并进行理性的审视与思考，使这部恋歌不时地闪烁出哲理的光彩。阅读这些诗篇，如同漫步在暴风雨过后的初夏里，一股挡不住的清新与芬芳扑鼻而来，仿佛让我们看到一个亮丽而清透的世界，一切都是那样的纯净、美好，使人在不知不觉中体味爱与青春的味道。

《吉檀迦利》

本书是泰戈尔中期诗歌创作的高峰，也是最能代表他思想观念和艺术风格的作品。这部宗教抒情诗集，是一份“奉献给神的祭品”。诗人以轻快、欢畅的笔调歌唱生命的枯荣、现实生活的欢乐和悲哀，表达了自己对祖国前途的关怀。

《追风筝的人》

〔美〕卡勒德·胡赛尼　著

因为《追风筝的人》，全世界以全新的眼光再次关注阿富汗。

关于作者

2003年，全世界因为一部小说而以全新的眼光再次关注阿富汗，这部小说就是卡勒德·胡赛尼的《追风筝的人》。1965年，胡赛尼生于喀布尔，父亲为外交官，母亲是喀布尔女子学校的教师。1970年，全家随父亲外派到伊朗的德黑兰，在1973年，全家又搬回喀布尔。同年，他母亲生下了他最小的弟弟。这一年也是阿富汗政权维持稳定的最后一年，之后便是无休止的政变与外侵，结束了胡赛尼在阿富汗美好的童年。

1976年，胡赛尼的父亲在法国巴黎找到了工作，于是全家搬迁到巴黎居住，由于阿富汗政权极不稳定，全家就再也没有回国了。1980年，苏联入侵阿富汗，他的父亲决定向美国申请政治庇护，就举家移民到美国加州的圣荷西。初到那里时他们一度十分贫困，曾向美国政府领取福利金与食物券。1984年，胡赛尼高中毕业，申请到圣塔克拉拉大学念生物，毕业后在加州大学圣地亚哥分校的医学系就读，1993年取得了MD（行医执照）证，1996年在加州洛城的锡安山医学院完成实习工作。目前他是一位内科医师，已婚并育有两个孩子。

引起世界轰动的《追风筝的人》是他的第一部小说，虽然是他的处女作，但是一经问世就大获成功，成为近年来国际文坛最大的黑马，屡屡斩获各项新人奖，并蝉联亚马逊排行榜131周之久，全球热销600万册，创下出版奇迹。胡赛尼本人更因小说的巨大影响力，获得联合国人道主义奖，受邀担任联合国难民署亲善大使，促进难民救援工作。

此后，他的第二部小说《灿烂千阳》在美国首发，赢得评论界一致好评，使胡赛尼由新人作家一跃成为受到广泛认同的成熟作家，也成为阿富汗作家中的传奇人物。

荐读理由

12岁的阿富汗富家少爷阿米尔与仆人哈桑原本友情笃厚，情同手足。然而，在一场风筝比赛后，发生了一件悲惨不堪的事，阿米尔为自己的懦弱感到自责和痛苦，逼走了哈桑，不久，自己也跟随父亲逃往美国。成年后的阿米尔始终无法原谅自己当年对哈桑的背叛。为了赎罪，阿米尔再度踏上暌违二十多年的故乡，希望能为不幸的好友尽最后一点心力，却发现一个惊天谎言，儿时的噩梦再度重演……

作者以温暖细腻的笔法让小说残忍而美丽，《出版商周刊》曾对它作出高度评价："这不仅是一部政治史诗，也是一个关于童年选择如何影响我们成年生活的极度贴近人性的故事。单就书中的角色刻画来看，这部初试啼声之作就已值得一读。从敏感、缺乏安全感的阿米尔到他具有多层次性格的父亲，直到阿米尔回到阿富汗之后才逐步揭露父亲的丑闻，也才了解历史在美国和中东的分岔……这些内容缔造了一部完整的文学作品，将这个过去不引人注意、在新千年却成为全球政治焦点的国家的文化呈现在世人面前。同时兼具时代感与高度文学质感，极为难能可贵。"

《华盛顿邮报》也认为："极为动人的作品……没有虚矫赘文，没有无病呻吟，只有精练的篇章……细腻勾勒家庭与友谊、背叛与救赎，无须图表与诠释就能打动并启发吾人。作者对祖国的爱显然与对造成它今日沧桑的恨一样深……故事娓娓道来，轻笔淡描，近似川端康成的《千羽鹤》，而非马哈福兹的《开罗三部曲》。作者描写缓慢沉静的痛苦尤其出色。"

当然，也不乏其他媒体对它的盛赞："敏锐，真实，能引起人们的共鸣。《追风筝的人》最伟大的力量之一是对阿富汗人与阿富汗文化的悲悯描绘。作者以温暖、令人欣羡的亲密笔触描写阿富汗和人民，一部生动且易读的作品。——《芝加哥论坛报》""一鸣惊人之作。一对阿富汗朋友的故事，也是关于文化的不可思议的故事。真正让人荡气回肠的古典小说。——《旧金山纪事报》"……

而真正让它吸引读者的或许就是《科克斯书评》所提及的："这部缠绕着背叛与赎罪的小说以阿富汗近代的悲剧为骨架，不仅仅是一个关于成长或移民的辛酸故事，作者把这两个元素都融入得之不易的个人救赎宏景之中。所有的这些，加上丰富的阿富汗文化风情：魅力难挡。"

先睹为快

人人都说我父亲的房子是瓦兹尔·阿克巴·汗区最华丽的屋宇，甚至有人认为它是全喀布尔最美观的建筑。它坐落于喀布尔北部繁华的新兴城区，入口通道甚为宽广，两旁种着蔷薇；房子开间不少，铺着大理石地板，还有很大的窗户。爸爸亲手在伊斯法罕选购了精美的马赛克瓷砖，铺满四个浴室的地面，还从加尔各答买来金丝织成的挂毯，用于装饰墙壁，拱形的天花板上挂着水晶吊灯。

楼上是我的卧房，还有爸爸的书房，它也被称为"吸烟室"，总是弥漫着烟草和肉桂的气味。在阿里的服侍下用完晚膳之后，爸爸跟他的朋友躺在书房的黑色皮椅上。他们填满烟管——爸爸总说是“喂饱烟管”，高谈阔论，总不离三个话题：政治，生意，足球。有时我会求爸爸让我坐在他们身边，但爸爸会堵在门口。“走开，现在就走开，”他会说，“这是大人的时间。你为什么不回去看你自己的书本呢？”他会关上门，留下我独自纳闷：何以他总是只有大人的时间？我坐在门口，膝盖抵着胸膛。我坐上一个钟头，有时两个钟头，听着他们的笑声，他们的谈话声。

楼下的起居室有一面凹壁，摆着专门定做的橱柜。里面陈列着镶框的家庭照片：有张模糊的老照片，是我祖父和纳迪尔国王在1931年的合影，两年后国王遇刺，他们穿着及膝的长靴，肩膀上扛着来复枪，站在一头死鹿前。有张是在我父母新婚之夜拍的，爸爸穿着黑色的套装，朝气蓬勃；面带微笑的妈妈穿着白色衣服，宛如公主。还有一张照片，爸爸和他最好的朋友和生意伙伴拉辛汗站在我们的房子外面，两人都没笑，我在照片中还是婴孩，爸爸抱着我，看上去疲倦而严厉。我在爸爸怀里，手里却抓着拉辛汗的小指头。

凹壁可通往餐厅，餐厅正中摆着红木餐桌，坐下三十人绰绰有余。由于爸爸热情好客，确实几乎每隔一周就有这么多人坐在这里用膳。餐厅的另一端有高大的大理石壁炉，每到冬天总有橙色的火焰在里面跳动。

拉开那扇玻璃大滑门，便可走上半圆形的露台；下面是占地两英亩的后院和成排的樱桃树。爸爸和阿里在东边的围墙下辟了个小菜园，种着西红柿、薄荷和胡椒，还有一排从未结实的玉米。哈桑和我总是叫它“病玉米之墙”。

花园的南边种着枇杷树，树阴之下便是仆人的住所了。那是一座简陋的泥屋，哈桑和他父亲住在里面。

在我母亲因为生我死于难产之后一年，也即1964年冬天，哈桑诞生在那个小小的窝棚里面。

我在家里住了十八年，但进入阿里和哈桑房间的次数寥寥无几。每当日落西山，玩了一天的哈桑和我就分开了。我穿过那片蔷薇，回到爸爸的广厦去；哈桑则回到他的寒庐，他在那儿出世，在那儿度过一生。我记得它狭小而干净，点着两盏煤油灯，光线昏暗。屋里两端各摆着一床褥子，一张破旧的赫拉特出产的地毯四边磨损，摆在中间。屋角还有一把三脚凳，一张木头桌子，哈桑就在那上面画画。

延展阅读

《灿烂千阳》

本书是胡赛尼继《追风筝的人》后的第二部作品，在美国上市四天销量就突破105册，成为纽约时报榜首图书，亚马逊小说类销售冠军。作者在书中再次以阿富汗战乱为背景，时空跨越30年，用细腻感人的笔触描绘了阿富汗旧家族制度下苦苦挣扎的妇女，以及她们所怀抱的希望、爱情、梦想与所有的失落，被西方评论界认为是“阿富汗30年历史的揪心记录，一部关于家庭、友谊、信念和自我救赎的动人故事”。

《庄子》

庄子守护着心灵的月亮，我们则可以通过阅读《庄子》与他一起欣赏这美丽的明月。

关于作者

庄子是中华民族知识分子心中的一轮明月，踌躇满志却又似是而非，螳臂当车却又游刃有余，千百年来以其独特的行文风格与人格魅力感动着中国人。然而，有谁看不出他满纸“荒唐言”中的一把“辛酸泪”呢？对这种充满血泪的怪诞与孤傲，我们怎能不肃然起敬？

庄子（约前369—前286），名周，字子休（一说子沐）。他是战国时期宋国蒙人，曾作过漆园吏。他生活困顿却鄙弃富贵名利，向往精神的逍遥与自由，力图在乱世保持独立的人格。他是战国时期著名的思想家、哲学家、文学家，也是道家学派的代表人物，是先秦庄子学派的创始人。他继承和发展了老子的思想，后世将他与老子并称为“老庄”，把他们的哲学称为“老庄哲学”。庄子在后世拥有巨大的影响力，他在我国文学史和思想史上的贡献为封建帝王所重视，唐代开元二十五年庄子被诏号为“南华真人”，后人即称之为“南华真人”，《庄子》一书也被称为《南华真经》。

庄子对后世的影响一方面体现在其文学价值上，仅以第一流作家而论，就有阮籍、陶渊明、李白、苏轼、辛弃疾、曹雪芹等深受其影响。刘熙载《艺概·文概》中就称其为“意出尘外，怪生笔端”。鲁迅高度评价庄子散文说：“汪洋辟阖，仪态万方，晚周诸子之作，莫能先也。”阅读庄子的文字，有一种自由翱翔的怡然之感。他的文字汪洋恣肆，呈现出来的意象雄浑飞越，再加上他想象的奇特丰富、情致的滋润旷达，都给人以超凡脱俗与崇高美妙的感受，在中国的文学史上独树一帜。庄子的文章富有浪漫主义色彩，那种寓言故事的形式以及贯穿其间的幽默与讽刺，都对后世文学语言有很大影响。他的文章体制脱离了先秦语录体形式，标志着先秦散文已经发展到成熟的阶段，可以说，《庄子》代表了先秦散文的最高成就。

庄子对后世的影响的另一方面则是对后人思想的影响。庄子在哲学上继承发扬了老子思想，形成了自己独特的哲学思想体系与文风特色。老庄哲学在中国影响巨大，是哲学思想中唯一能与儒家和佛家学说分庭抗礼的学说。经过魏晋南北朝的演变，老庄哲学成为道家思想的核心内容。庄子在政治上主张无为而治，在人类生存方式上主张返璞归真，提出了“圣人不死，大盗不止”“窃钩者诛，窃国者为诸侯”的精辟见解。而在人类生存方式上，他崇尚自然，提倡“天地与我并生，万物与我为一”，并且认为人生的最高境界是逍遥自得，是绝对的精神自由，而不是虚名微利。他的这些思想和主张对后世影响深远，是人类思想史上一笔宝贵的精神财富。庄子甚至被人神化，奉为神灵。

荐读理由

《庄子》共33篇，分为“内篇”“外篇”“杂篇”三个部分。一般认为，“内篇”7篇文字是庄子所写；“外篇”15篇是庄子的弟子们所写，或者是庄子与弟子一起合作写成，它反映的是庄子真实的思想；而“杂篇”11篇的情形较为复杂些，应当是庄子学派或者后学者所写。内篇包括：《逍遥游》《齐物论》《养生主》《人间世》《德充符》《大宗师》《应帝王》，一般认定为庄子所作，集中表现了他的哲学思想。

《庄子·寓言》称《庄子》一书“寓言十九，重言十七，危言日出，和以天倪”。司马迁也说《庄子》“大抵率寓言也”（《史记·老庄申韩列传》）。因此，《庄子》可以说是寓言体的代表作。

了解庄子，就是要了解他的“天道自然无为”，了解他的“至人无己，神人无功，圣人无名”，了解“庄周梦蝶”以及他所选择的“曳尾于涂”。《逍遥游》是庄子作品中很有特色的一篇，充满奇特的想象和浪漫的色彩，寓说理于寓言和生动的比喻中。“逍遥游”的意义所在，就是没有任何束缚地、自由自在地活动。《齐物论》包含了齐物与齐论两个意思，是庄子哲学思想的又一重要方面，与“逍遥游”一并构成庄子哲学思想体系的主体。《人间世》讨论处世之道，既表述了庄子所主张的处人与自处的人生态度，也揭示出庄子处世的哲学观点。《大宗师》中，“宗”指敬仰尊崇，“大宗师”就是指最值得敬仰、尊崇的老师。而这里的老师指的是什么呢？那就是“道”。自然和人是浑然一体的，人的生死变化是没有什么区别的。庄子主张心斋坐忘，离形去智，忘却生死，顺应自然。此乃“道”之真谛也。

庄子守护着心灵的月亮，我们则可以通过阅读《庄子》与他一起欣赏这美丽的明月。

先睹为快

北冥有鱼，其名曰鲲。鲲之大，不知其几千里也；化而为鸟，其名为鹏。鹏之背，不知其几千里也；怒而飞，其翼若垂天之云。是鸟也，海运则将徙于南冥。——南冥者，天池也。《齐谐》者，志怪者也。《谐》之言曰：“鹏之徙于南冥也，水击三千里，抟扶摇而上者九万里，去以六月息者也。”野马也，尘埃也，生物之以息相吹也。天之苍苍，其正色邪？其远而无所至极邪？其视下也，亦若是则已矣。且夫水之积也不厚，则其负大舟也无力。覆杯水于坳堂之上，则芥为之舟，置杯焉则胶，水浅而舟大也。风之积也不厚，则其负大翼也无力。故九万里，则风斯在下矣。而后乃今培风；背负青天，而莫之夭阏者，而后乃今将图南。蜩与学鸠笑之曰：“我决起而飞，抢榆枋而止，时则不至，而控于地而已矣，奚以之九万里而南为？”适莽苍者，三餐而反，腹犹果然；适百里者，宿舂粮；适千里者，三月聚粮。之二虫又何知！

小知不及大知，小年不及大年。奚以知其然也？朝菌不知晦朔，蟪蛄不知春秋，此小年也。楚之南有冥灵者，以五百岁为春，五百岁为秋；上古有大椿者，以八千岁为春，八千岁为秋，此大年也。而彭祖乃今以久特闻，众人匹之，不亦悲乎！

延展阅读

于丹创作的《〈庄子〉心得》，是一本适合现代人阅读理解庄子的书。通过“庄子何其人”“境界有大小”“感悟与超越”来阐释阅读《庄子》之后的心之所想，值得一读。了解庄子，还有一篇不可错过的文章，就是鲍鹏山创作的《庄子：在我们无路可走的时候》，语言简洁优美而又富有哲理，将庄子的难得之处从容道来，耐人寻味。

《论语》

《论语》中反映的是古代著名思想家和教育家孔子的主要思想，语言简洁，富含哲理，发人深省。

关于作者

2008年8月8日，气势磅礴的北京奥运会开幕式隆重上演。在开幕式上，2008名演员击缶而歌，不断吟诵着孔子的那句千古名言“有朋自远方来，不亦乐乎”，欢迎来自全世界的朋友。

“有朋自远方来，不亦乐乎”出自《论语》一书。《论语》记载的是孔子及其弟子的言行，是我国第一部语录体著作。《论语》的内容非常丰富，包括哲学、政治、道德、伦理、教育、文学等多个方面，记录了孔子及儒家学派的许多重要思想，对后世产生了极为深远的影响。可以说，它是中华民族的灵魂之作，是人类历史与世界各国共同的宝贵财富。

孔子，名丘，字仲尼，春秋时期鲁国人，是我国古代著名的思想家和教育家。他幼年生活艰难，但他勤奋好学，终于学业有成。孔子在30岁左右就开始兴办私学，收徒讲学，结束了此前只有贵族子弟才有受教育权利的局面。他的弟子很多，据说有3000人，其中著名的有颜回、子路、曾参等72人。孔子想实现自己的政治理想，因此积极寻求从政的机会。为了寻求贤明的君主，他周游列国，途中受过围攻，挨过饿，却始终没有机会实践自己的政治主张。后来，孔子看到自己的政治理想难以实现，就把主要精力放在了整理古代文献上。但是，无论他在做什么，都没有停止教育事业，许多学生也始终跟随着他，向他讨教。孔子在世时并没有留下自己创作的作品，《论语》是孔子的弟子及再传弟子在他死后辑录编撰的。

孔子对后世有着深远的影响，在两千多年的封建社会中，他被尊为“至圣先师”，成为封建礼教的象征。孔子可谓生不逢时矣。他不知道，在他去世几百年后，儒家学说竟然成了统治阶级独尊的治国理念，传承了两千余年，自己也因此被奉为圣人。

当前，孔子的影响已遍及全球，自2004年11月全球首家孔子学院在韩国成立以来，全球已有近300家孔子学院，孔子的思想越来越受到世人的重视。据《堪培拉时报》报道，在1988年1月第一届诺贝尔奖获得者国际大会的新闻发布会上，诺贝尔奖获得者汉内斯·阿尔文表示：“人类要生存下去，就必须回到25个世纪前，去汲取孔子的智慧。”

荐读理由

《论语》在宋代与《大学》《中庸》《孟子》一起被合称为“四书”，是那个时代儒生必读的经典。明朝以后，“四书”更是被规定为科举考试的唯一内容。

《论语》共20篇，分别为《学而》《为政》《八佾》《里仁》《公冶长》《雍也》《述而》《泰伯》《子罕》《乡党》《先进》《颜渊》《子路》《宪问》《卫灵公》《季氏》《阳货》《微子》《子张》《尧曰》，篇名取自每篇前面的两三个字。

《论语》的内容以伦理教育为主，包括哲学、历史、政治、经济、艺术、宗教等方面，反映了孔子的政治抱负、社会思想、教育理念等，从中也可看出孔子及其弟子们的人格修养、治学态度和处世方法。《论语》中反映的是孔子的主要思想“仁”，即忠恕之道，但在《论语》中，他还提出了自己的其他主张。例如：他重视人的力量，在生活、学习、事业上采取积极的态度，即“知之为知之，不知为不知”；在认识问题和教书育人上，主张实事求是的态度，对于老师讲的，也不要全面接受，老师不对，学生也可以明确地指出来，所谓“当仁不让于师”；注重“学”与“思”的结合，即“学而不思则罔，思而不学则殆”；他坚决反对苛政和任意刑杀，主张以“仁”、以“德”教化天下，即用王道治理天下。

《论语》语言简洁，富含哲理，发人深省。书中的不少语句，经历代沿用，已成为格言或成语，如吾日三省吾身、见义勇为、既往不咎、不耻下问、三思而后行、举一反三、任重而道远、后生可畏、欲速则不达等。当然，书中的部分主张是与马克思主义唯物观相违背的。我们要以唯物和历史的观点对待孔子学说，对待儒家思想。对于糟粕，要加以剔除；对于积极方面，要加以有效的利用。

先睹为快

子曰：“我未见好仁者，恶不仁者。好仁者，无以尚之；恶不仁者，其为仁矣，不使不仁者加乎其身。有能一日用其力于仁矣乎？我未见力不足者。盖有之矣，我未之见也。”

子曰：“人之过也，各于其党。观过，斯知仁矣。”

子曰：“朝闻道，夕死可矣。”

子曰：“士志于道，而耻恶衣恶食者，未足与议也。”

子曰：“君子之于天下也，无适也，无莫也，义之与比。”

子曰：“君子怀德，小人怀土；君子怀刑，小人怀惠。”

子曰："放于利而行，多怨。"

子曰："能以礼让为国乎？何有！不能以礼让为国，如礼何！"

子曰："不患无位，患所以立；不患莫己知，求为可知也。"

子曰："参乎！吾道一以贯之。"曾子曰："唯。"

子出。门人问曰："何谓也？"曾子曰："夫子之道，忠恕而已矣。"

子曰："君子喻于义，小人喻于利。"

子曰："见贤思齐焉，见不贤而内自省也。"

子曰："事父母几谏。见志不从，又敬不违，劳而不怨。"

子曰："父母在，不远游。游必有方。"

子曰："三年无改于父之道，可谓孝矣。"

子曰："父母之年，不可不知也；一则以喜，一则以惧。"

子曰："古者言之不出，耻躬之不逮也。"

子曰："以约失之者，鲜矣。"

子曰："君子欲讷于言，而敏于行。"

子曰："德不孤，必有邻。"

子游曰："事君数，斯辱矣，朋友数，斯疏矣。"

延展阅读

《论语通译》

徐志刚著。和其他的《论语》注释本相比，该书以较客观的立场仅对原文作了译白的工作，并作一些历史背景介绍，内容浅显，适合中小学生阅读。

《西游记》

吴承恩　著

在中国四大古典名著中，青少年最早接触到的可能就是《西游记》了。

关于作者

吴承恩（约1506—1582），明代小说家，字汝忠，号射阳山人，怀安山阳（江苏淮安）人。他的曾祖父和祖父曾做过小官，但到他父亲这一代家境已经没落了。吴承恩自幼聪明过人，《淮安府志》里说他“性敏而多慧，博极群书，为诗文下笔立成”。吴承恩生活的年代，正是明王朝由盛转衰、日趋腐败的时期，宦官刘瑾及严嵩父子先后擅权。吴承恩虽满腹经纶，才华过人，却饱受挫折与埋没，科考不利，至中年才补上“岁贡生”。他厌恶腐败的官场，不愿违背本心，对黑暗的现实持否定态度。他曾当过一段时间的小官吏，由于看不惯官场的黑暗，不久愤而辞官，靠卖文补贴家用，贫老以终。由于妻儿早逝，晚景凄凉，在贫病交加中离开人世。

吴承恩自幼喜欢看神仙鬼怪、狐妖猴精之类的书籍，特别喜欢搜奇猎怪，小时候他常常瞒着家人到市上买一些野史、志怪小说看。后来他年龄大了，对这方面的兴趣更浓了，到处收集有关这方面的书籍和资料，从而积累了丰富的知识。他的家乡淮安地处淮河下游，淮河的水神传说说的是一只力大无比的神猴，名叫无支祁，在大禹治水时被压在洪泽龟山下（至今仍有支祁井等遗迹）。这些都对他创作《西游记》有着重大的影响。

科场的失意，生活的困顿，加深了吴承恩对封建科举制度、黑暗社会现实的认识，促使他运用志怪小说的形式来表达内心的不满和愤懑。他自言："虽然吾书名为志怪，盖不专明鬼，实记人间变异，亦微有鉴戒寓焉。"最终，他完成了不朽神话小说《西游记》。

吴承恩是一个伟大的文学家，他一生的著作极其丰富，但是因为"家贫无子"，除了驰名世界的《西游记》和一部诗文集《射阳先生存稿》存世外，其他均已散佚。

荐读理由

在四大古典名著中，青少年最早接触到的可能就是《西游记》了，因为它有神话、童话性质，可读性很强。《西游记》在中国文学史上被誉为"四大奇书"之一，也是世界文坛的瑰宝。《美国大百科全书》认为它是"一部具有丰富内容和光辉思想的神话小说"，《法国大百科全书》说："全书故事的描写充满幽默和风趣，给读者以浓厚的兴味。"从 19 世纪开始，它就被翻译介绍到国外，目前已有 20 多个译本，外国翻译家把《西游记》的书名翻译得五花八门，有的译为《猴与猪》，有的译为《神魔历险记》，有的译为《中国的仙境》，有的就直接译为《猴子》。他们认为《西游记》里的孙悟空、猪八戒写得生动有趣，并对这两个人物情有独钟，而唐僧、沙僧写得苍白无力，所以对这两个人物不屑一顾。

《西游记》取材于唐代高僧玄奘到印度求法取经这一历史上的真实事件。吴承恩在前代多年积累下来并在民间流传的有关唐僧取经的文学作品和故事的基础上进行艺术再创造，并且把原来的以唐僧取经为主的故事，改为以孙悟空为主的战天斗地史。《西游记》以丰富瑰奇的想象描写了师徒四人在遥远的西方之途和穷山恶水中冒险斗争的历程，并将所经历的千难万险形象化为妖魔鬼怪所设置的八十一难，生动地表现了无情的山川的险阻，并以降妖伏怪表现了取经人排除艰难的战斗精神。

孙悟空无疑是全书中最为耀眼的人物。作者以孙悟空的经历将全书分为两大部分，即前面的“大闹天宫”和后面的“西天取经”。从取经起，孙悟空开始了新的征程，这时候他要对付的已不是天兵天将，而是形形色色的妖魔鬼怪。他们有的面目狰狞，穷凶极恶；有的却化为和蔼的老人、可爱的儿童或清纯的女子，但这些都逃不出孙悟空的火眼金睛。在降魔的过程中，孙悟空顽强斗争，不屈不挠，被别人误会也在所不惜，表现出一种除恶务尽的精神，他是取得真经最大的功臣。唐僧是全书中第二号重要人物，他意志坚定，经得住诱惑。但是，他既有佛教信徒的虔诚，也有封建儒生的迂腐。一路上，他人妖不分，受尽了磨难，对于仙佛却一概顶礼膜拜，有时候显得十分可笑。他还听信八戒谗言，时不时念念紧箍咒，把悟空折腾得够呛。八戒是四人中最具戏剧色彩的一个人物，他贪财好色，取经的决心最不坚定，一遇到困难就嚷嚷着散伙。他极其自私，爱贪小便宜，一路上出了不少洋相。但是，八戒粗鲁憨直，取经路上脏活儿、累活儿干了不少，而且还是师兄降魔的好帮手。沙僧吃苦耐劳，老实肯干，一路上默默无闻，好像作用不大，但是在取经路上当大家意见不统一或是师兄孙悟空遭大家误解时，沙僧往往能看清真相，坚定地站在正确的一方，而且苦口婆心劝解师父等人化解矛盾，确保了这个团队的和谐。

《西游记》在艺术上最突出的是浪漫的想象，八十一难，七十二变，各种神魔的本领都充满着幻想色彩。此书问世后，引起了人们对神魔小说的兴趣，在它之后人们又创作了《三宝太监西洋记通俗演义》《封神演义》等小说。

先睹为快

却说那呆子被一窝猴子捉住了，扛抬扯拉，把一件直裰子揪破，口里唠唠叨叨的，自家念诵道："罢了，罢了！这一去有个打杀的情了！"不一时，到洞口。那大圣坐在石崖之上，骂道："你这馕糠的劣货！你去便罢了，怎么骂我？"八戒跪在地下道："哥啊，我不曾骂你，若骂你，就嚼了舌头根。我只说哥哥不去，我自去报师父便了，怎敢骂你？"行者道："你怎么瞒得过我？我这左耳往上一扯，晓得三十三天人说话；我这右耳往下一扯，晓得十代阎王与判官算帐。你今走路把我骂，我岂不听见？"八戒道："哥啊，我晓得你贼头鼠脑的，一定又变作个什么东西儿，跟着我听的。"行者叫："小的们，选大棍来！先打二十个见面孤拐，再打二十个背花，然后等我使铁棒与他送行！"八戒慌得磕头道："哥哥，千万看师父面上，饶了我罢！"行者道："我想那师父好仁义儿哩！"八戒又道："哥哥，不看师父啊，请看海上菩萨之面，饶了我罢！"

行者见说起菩萨，却有三分儿转意道："兄弟，既这等说，我且不打你，你却老实说，不要瞒我。那唐僧在那里有难，你却来此哄我？"八戒道："哥哥，没甚难处，实是想你。"行者骂道："这个好打的劣货！你怎么还要者嚣？我老孙身回水帘洞，心逐取经僧。那师父步步有难，处处该灾，你趁早儿告诵我，免打！"八戒闻得此言，叩头上告道："哥啊，分明要瞒着你，请你去的，不期你这等样灵。饶我打，放我起来说罢。"行者道："也罢，起来说。"众猴撒开手，那呆子跳得起来，两边乱张。行者道："你张什么？"八戒道："看看那条路儿空阔，好跑。"行者道："你跑到那里？我就让你先走三日，老孙自有本事赶转你来！快早说来，这一恼发我的性子，断不饶你！"

八戒道："实不瞒哥哥说，自你回后，我与沙僧保师父前行。

只见一座黑松林，师父下马，教我化斋。我因许远，无一个人家，辛苦了，略在草里睡睡。不想沙僧别了师父，又来寻我。你晓得师父没有坐性，他独步林间玩景，出得林，见一座黄金宝塔放光，他只当寺院。不期塔下有个妖精，名唤黄袍，被他拿住。后边我与沙僧回寻，止见白马行囊，不见师父，随寻至洞口，与那怪厮杀。师父在洞，幸亏了一个救星，原是宝象国王第三个公主，被那怪摄来者。他修了一封家书，托师父寄去，遂说方便，解放了师父。到了国中，递了书子，那国王就请师父降妖，取回公主。哥啊，你晓得，那老和尚可会降妖？我二人复去与战。不知那怪神通广大，将沙僧又捉了，我败阵而走，伏在草中。那怪变做个俊俏文人入朝，与国王认亲，把师父变作老虎。又亏了白龙马夜现龙身，去寻师父。师父倒不曾寻见，却遇着那怪在银安殿饮酒。他变一宫娥，与他巡酒舞刀，欲乘机而砍，反被他用满堂红打伤马腿。就是他教我来请师兄的，说道：'师兄是个有仁有义的君子，君子不念旧恶，一定肯来救师父一难。'万望哥哥念一日为师、终身为父之情，千万救他一救！"

行者道："你这个呆子！我临别之时，曾叮咛又叮咛，说道：'若有妖魔捉住师父，你就说老孙是他大徒弟。'怎么却不说我？"八戒又思量道："请将不如激将，等我激他一激。"道："哥啊，不说你还好哩。只为说你，他一发无状！"行者道："怎么说？"八戒道："我说：'妖精，你不要无礼，莫害我师父！我还有个大师兄，叫做孙行者。他神通广大，善能降妖。他来时教你死无葬身之地！'那怪闻言，越加忿怒，骂道：'是个什么孙行者，我可怕他？他若来，我剥了他皮，抽了他筋，啃了他骨，吃了他心！饶他猴子瘦，我也把他剁碎着油烹！'"行者闻言，就气得抓耳挠腮，暴躁乱跳道："是那个敢这等骂我！"八戒道："哥哥息怒，是那黄袍怪这等骂来，我故学与你听也。"行者道："贤弟，你起来。不是我去不成，既是妖精敢骂我，我就不能不降他，我和你去。老孙五百年前大闹天宫，普天的神将看见我，一个个控背躬身，口口称呼大圣。这妖怪无礼，他敢背前面后骂我！我这去，把他拿住，碎尸万段，以报骂我之仇！报毕，我即回来。”八戒道：“哥哥，正是，你只去拿了妖精，报了你仇，那时来与不来，任从尊意。”

延展阅读

《〈西游记〉的秘密（外二种）》

本书的作者是长期从事中国古典文学和中国思想文化研究和著述活动的日本学者中野美代子。你很难说这是一本文学专论集、东亚神学研究札记，还是一本动物手册。它有点含混，但确实好看。从《西游记》这个文本出发，日本人的岛屿想象力扩展到了猴子、五行等有趣的东西，深入但不发散。它的优点是浅显好看。

《叶圣陶儿童文学全集》

叶圣陶　著

叶圣陶先生用散文的形式来写童话，诗意盎然，富有听觉、视觉的美和冲击力，能给孩子以爱的熏陶和美的享受。

关于作者

叶圣陶（1894—1988），原名叶绍钧，字秉臣，江苏苏州人，著名作家、教育家、编辑家、文学出版家和社会活动家。新中国成立后，叶圣陶曾担任出版总署副署长、人民教育出版社社长、教育部副部长。

在中国新文学史上，叶圣陶是一个具有独特风格的作家、一个优秀的语言艺术家，以平实、质朴、凝练、精粹的文学语言著称。客观、冷静地谛视人生，细密、精确地观察生活，按照生活的本来面目真实地再现生活，亦庄亦谐、庄谐结合的笔法，是叶圣陶艺术风格最突出的特点。他长于用摇曳多变、密枝繁叶的细节来塑造人物形象，充实故事的发展。细节描写在他的创作中起着重要的作用，叶圣陶丰富的生活体验为他的细节描写提供了广阔的天地，庄严严谨与轻快幽默兼而有之，并能使两者和谐地交融在一起，熔铸于自己的创作中。知名作家赵景深盛赞叶圣陶是写作界的异数，拥有着杰出且惊人的才能，“他的优美文章持久而韵美地留存于世。他表达的情感和感觉构筑了真相与现实的基础，也使他的文章充满无穷的力量”。

现实主义是叶圣陶另一个鲜明的特点，叶圣陶是现实主义写作的先驱之一。他的作品如同一面镜子，反映了社会的阴暗面和人性。他认为文学作品不仅是用来供人消遣的，而且也是反映生活和鼓舞读者思考现实的工具，应该让读者知道在他们周围真实发生的事情，文学作品应该被用来唤醒青年对社会的关心与敏感。

叶圣陶还是我国首屈一指的教育家，他一生从事语文教育与研究70年，教过小学、中学、大学，积累了丰富的教学经验，总结了深刻的教育思想。在语文课程名称、语文学科性质、语文教学任务、语文教学目的、语文教学原则、语文教学步骤、语文教材及教法等方面独树一帜，形成了全面的教育理论。“教是为了不教”是叶圣陶最著名的理论，是他大半个世纪中对语文教育的真切体认与深刻感悟，是其教育思想的高度浓缩，他以此为纲构建了一个完整的体系，蕴含着十分丰富的内容。今天的教学理论也深受其影响。

荐读理由

叶圣陶是中国20世纪第一位写童话的作者，是中国现代童话创作的拓荒者。鲁迅先生说，“叶圣陶给中国的童话开了一条自己创作的路”。

叶圣陶童话是我国现代儿童文学经典宝库中的珍品，在海内外享有很高的声誉，不少作品被收入中小学课本，影响了几代人；他的童话集中反映了当时的时代脉搏以及少年儿童和作家本人在那个时代的生活、理想和追求，至今仍有重要的现实意义和教育价值，对今天的少年儿童来说仍有很强的新鲜感。

叶圣陶先生用散文的形式来写童话，诗意盎然，富有听觉、视觉的美和冲击力，震撼力强，能给孩子以爱的熏陶和美的享受。这些童话中既包括童话固有的奇幻色彩，同时多数细节描写又都以写实为主，故事中的幻想往往是在写实基础上产生的，这样的写实，在一般童话中很难找到。而且最令人惊叹的就是旁敲侧击式的讽刺手法，妙笔横生，对黑暗现实进行了无情的嘲讽和抨击。

叶圣陶先生的作品，构思往往非常奇特新颖。《稻草人》中对农妇的悲惨遭遇怀有同情感的稻草人，《火车头》中坚决支持爱国学生去南京请愿的火车头，《小燕子》中想念妈妈的小燕子，《古代英雄的石像》中骄傲自满的石像，《含羞草》中为社会不平感到害羞的含羞草……都是通过这种大胆的想象和构思，赋予自然界的动植物、景物以思想情感，增强了作品的艺术感染力，使故事绽放不平凡的奇异色彩。这些童话能够启迪人们对社会更多的思考。

先睹为快

稻草人非常尽责任。要是拿牛跟他比，牛比他懒怠多了，有时躺在地上，抬起头看天。要是拿狗跟他比，狗比他顽皮多了，有时到处乱跑，累得主人四处去找寻。他从来不嫌烦，像牛那样躺着看天；也从来不贪玩，像狗那样到处乱跑。他安安静静地看着田地，手里的扇子轻轻摇动，赶走那些飞来的小雀，他们是来吃新结的稻穗的。他不吃饭，也不睡觉，就是坐下歇一歇也不肯，总是直挺挺地站在那里。

这是当然的，田野里夜间的风景和情形，只有稻草人知道得最清楚，也知道得最多。他知道露水怎么样凝在草叶上，露水的味道怎么样香甜；他知道星星怎么样眨眼，月亮怎么样笑；他知道夜间的田野怎么样沉静，花草树木怎么样酣睡；他知道小虫们怎么样你找我、我找你，蝴蝶们怎么样恋爱。总之，夜间的一切他都知道得清清楚楚。

一个满天星斗的夜里，他看守着田地，手里的扇子轻轻摇动。

新出的稻穗一个挨一个，星光射在上面，有些发亮，像顶着一层水珠，有一点儿风，就沙拉沙拉地响。稻草人看着，心里很高兴。他想，今年的收成一定可以使他的主人——一位可怜的老太太——笑一笑了。她以前哪里笑过呢？八九年前，她的丈夫死了。她想起来就哭，眼睛到现在还红着；而且成了毛病，动不动就流泪。她只有一个儿子，娘儿两个费苦力种这块田，足足有三年，才勉强把她丈夫的丧葬费还清。没想到儿子紧接着得了白喉，也死了。她当时昏过去了，后来就落了个心痛的毛病，常常犯。这回只剩她一个人了，老了，没有气力，还得用力耕种。又挨了三年，总算把儿子的丧葬费也还清了。可是接着两年闹水，稻子都淹了，不是烂了就是发了芽。她的眼泪流得更多了，眼睛受了伤，看东西模糊，稍微远一点儿就看不见。她的脸上满是皱纹，倒像个风干的橘子，哪里会露出笑容来呢！可是今年的稻子长得好，很壮实，雨水又不多，像是能丰收似的。所以稻草人替她高兴：想到收割的那一天，她看见收下的稻穗又大又饱满，这都是她自己的，总算没有白受累，脸上的皱纹一定会散开，露出安慰的满意的笑容吧。如果真有这一笑，在稻草人看来，那就比星星月亮的笑更可爱，更可珍贵，因为他爱他的主人。

稻草人正在想的时候，一只小蛾飞来，是灰褐色的小蛾。他立刻认出那小蛾是稻子的仇敌，也就是主人的仇敌。

（摘自《稻草人》）

延展阅读

《严文井童话》

严文井不仅是成就卓越的作家、文学评论家、编辑出版家，又是一位儿童文学大家。本书是严文井先生的童话作品精选本，选入了他不同时期创作的许多童话名作。这些童话风格明快，充满单纯和快乐的童趣，也不乏幽默和智慧的游戏精神。就像乐观、自信、永不言败、勇往直前的“小溪流”一样，他的童话里，也充满了阳光、乐观、高尚和智慧的底色。

在《小溪流的歌》中，一条快活的小溪流，从山上流下来，克服种种困难，永不停息地前进着，在前进中小溪流变成了小河，又慢慢变成大江、大海。作家以小溪流象征孩子，满怀激情地赞美他们不畏崎岖曲折，勇敢而又乐观的积极进取精神。轻快而富有节奏感的语言，浓浓的儿童情趣和诗的意境，以及通篇作品里自始至终激荡着的一种蓬勃活力和进取精神，构成了这篇童话的特殊魅力。

《一只想飞的猫》

本书收录了中国著名儿童文学作家、翻译家、出版家、教育家陈伯吹先生的多篇经典之作。

《一只想飞的猫》通过一系列生动有趣的情节，成功地塑造了一只“想飞的猫”的形象。这只猫骄傲自大、目空一切，只因抓住了几只老鼠就到处自吹自擂，说什么“我一伸爪子就逮住了十三个耗子”。他盲目地逞强好胜，吹嘘自己是赛跑健将、歌唱家和打渔专家，甚至幻想能够飞上天去，可他却不愿学习，“认为我飞，就能飞！只有那条笨驴子，不论做什么事，总得先刻苦学习一番，我可用不到！”作者将幻想和现实和谐地结合起来，在这只顽皮的猫身上非常巧妙地表现了淘气儿童的性格。由于作者熟悉儿童，作品中的许多细节，准确细致地表现了儿童在特定状态下的微妙心理。通过一系列生动有趣的细节，这只“想飞的猫”骄傲虚荣、好逸恶劳的心理被表现得淋漓尽致。

《猫城记》

老舍　著

《猫城记》可以称得上是当时一部异类的作品，就连备受世界瞩目的诺贝尔文学奖也曾经为之侧目。

关于作者

在中国现代文坛上，有一位作家以他独有的创作风格与深切的关爱之情感动着文学世界与人民之心。他的幽默与讽刺，他的京味和调侃，含泪与微笑，同情与无奈，构成了其人其作独特的艺术魅力，他就是老舍。

老舍（1899—1966），原名舒庆春，字舍予，满族人。他是我国现代著名小说家，戏剧作家。他出身寒苦，自幼丧父，北京师范学校毕业，1924 年赴英在伦敦大学东方学院教中文，并开始写作，期间创作了《老张的哲学》《赵子曰》《二马》等作品，为我国现代小说的发展起到了重要的奠基作用。归国后老舍先生先后在齐鲁大学、山东大学任教，作品有长篇小说《猫城记》《离婚》《骆驼祥子》，中篇小说《月牙儿》《我这一辈子》，短篇小说《微神》《断魂枪》等。抗日战争期间他创作了长篇小说《四世同堂》，并对现代曲艺进行了改良。他的后期代表作有《龙须沟》《茶馆》。他曾任全国文学艺术界联合会副主席、全国作家协会副主席及北京文联主席。然而比这些荣誉更重要的，是老舍先生获得了人民的认可，被称为“人民艺术家”，还被誉为语言大师。他独特的创作风格与作品内涵也走出了国门，得到了世界的关注与认同，代表世界文坛最高荣誉的诺贝尔文学奖就曾经钟情于他。

老舍先生以其特有的幽默面对人生，却从心底里严肃对待世事。然而寄情于祖国、于文学的他面对“文化大革命”的迫害却不得不作出自沉于太平湖中的选择。他身后留下的《老舍全集》19 卷，值得身为中国人的我们仔细阅读，阅读他微笑之中的眼泪与真诚。

荐读理由

《猫城记》创作完成于 1932 年，它横空出世，可以称得上是当时一部异类的作品，就连备受世界瞩目的诺贝尔文学奖也曾经为之侧目。《猫城记》不仅是老舍先生的一部不同于其他作品的力作，在当时的中国文坛上独具特色，它的题材及风格也同样深受西方读者的喜爱。从某种意义上，《猫城记》可以算得上是一部超越时代的作品。

书中，主人公乘坐飞机来到火星，飞机与火星相撞刹那机毁人亡，“我”幸存下来后遇到当地的猫人并被带到了猫城。猫人拥有两万多年的文明，在古代曾与外国人打过胜仗，可是最近 500 年中他们却把打外国人的观念忘掉，自相残杀而导致文明的退化。在与矮子兵的战争中，猫城全城覆没，私欲日益膨胀的外星文明古城从此灭亡。经历了这一切的主人公乘坐法国探险飞机回到地球。整篇小说是构筑在一个科学幻想式的背景上，主人公的离奇遭遇充满了梦幻戏剧性，却无不符合社会科学逻辑。

故事发生在猫城，读者却可以看到象征讽刺在这部作品里贯穿始终。猫城是火星上的国家，影射的却是历经文明而千疮百孔的旧中国社会。迷叶是猫人片刻都离不开的粮食替代品，它的毒害作用却不容置疑，医好了个人却治死了国家，难道这不是隐隐指向让中国人心痛的鸦片吗？猫人的全族毁灭，似乎也暗示着作者对于民族前途展望所具有的悲观色彩……老舍先生在自序里说：“猫人是猫人，与我们不相干，管它悲观不悲观。”像是在调侃，像是在解释，然而也恰恰说明他幽默之余的隐痛，读者若有心，便能看到其中的隐情，看到寻求真理过程的曲折与痛苦。《猫城记》的深意实乃人间际遇！

先睹为快

我一直的睡下去，若不是被苍蝇咬醒，我也许就那么睡去，睡到永远。原谅我用“苍蝇”这个名词，我并不知道它们的名字；它们的样子实在像小绿蝴蝶，很美，可是行为比苍蝇还讨厌好几倍；多的很，每一抬手就飞起一群绿叶。

身上很僵，因为我是在“地”上睡了一夜，猫人的言语中大概没有“床”这个字。一手打绿蝇，一手磨擦身上，眼睛巡视着四围。屋里没有可看的。床自然就是土地，这把卧室中最重要的东西已经省去。希望找到个盆，好洗洗身上，热汗已经泡了我半天一夜。没有。东西既看不到，只好看墙和屋顶，全是泥作的，没有任何装饰。四面墙围着一团臭气，这便是屋子。墙上有个三尺来高的洞，是门；窗户，假如一定要的话，也是它。

我的手枪既没被猫人拿去，也没丢失在路上，全是奇迹。把枪带好，我从小洞爬出来了。明白过来，原来有窗也没用，屋子是在一个树林里——大概就是昨天晚上看见的那片——树叶极密，阳光就是极强也不能透过，况且阳光还被灰气遮住。怪不得猫人的视力好。林里也不凉快，潮湿蒸热，阳光虽见不到，可是热气好像裹在灰气里；没风。

我四下里去看，希望找到个水泉，或是河沟，去洗一洗身上。找不到；只遇见了树叶，潮气，臭味。

猫人在一株树上坐着呢。当然他早看见了我。可是及至我看见了他，他还往树叶里藏躲。这使我有些发怒。哪有这么招待客人的道理呢：不管吃，不管喝，只给我一间臭屋子。我承认我是他的客人，我自己并没意思上这里来，他请我来的。最好是不用客气，我想。走过去，他上了树尖。我不客气的爬到树上，抱住一个大枝用力地摇。他出了声，我不懂他的话，但是停止了摇动。我跳下来，等着他。他似乎晓得无法逃脱，抿着耳朵，像个战败的猫，慢慢的下来。

我指了指嘴，仰了仰脖，嘴唇开闭了几次，要吃要喝。他明白了，向树上指了指。我以为这是叫我吃果子；猫人们也许不吃粮食，我很聪明的猜测。树上没果子。他又爬上树去，极小心的揪下四五片树叶，放在嘴中一个，然后都放在地上，指指我，指指叶。

这种喂羊的办法，我不能忍受；没过去拿那树叶。猫人的脸上极难看了，似乎也发了怒。他为什么发怒，我自然想不出；我为什么发怒，他或者也想不出。我看出来了，设若这么争执下去，一定没有什么好结果，而且也没有意味，根本谁也不明白谁。

……

树林绿得多了。四围的灰空气也正不冷不热，不多不少的合适。灰气绿树正有一种诗意的温美。潮气中，细闻，不是臭的了，是一种浓厚的香甜，像熟透了的甜瓜。“痛快”不足以形容出我的心境。“麻醉”，对，“麻醉”！那两片树叶给我心中一些灰的力量，然后如鱼得水的把全身浸渍在灰气之中。

我蹲在树旁。向来不喜蹲着；现在只有蹲着才觉得舒坦。

开始细看那个猫人；厌恶他的心似乎减去很多，有点觉得他可爱了。

所谓猫人者，并不是立着走，穿着衣服的大猫。他没有衣服。我笑了，把我上身的碎布条也拉下去，反正不冷，何苦挂着些零七八碎的呢。下身的还留着，这倒不是害羞，因为我得留着腰带，好挂着我的手枪。其实赤身佩带挂手枪也未尝不可，可是我还舍不得那盒火柴；必须留着裤子，以便有小袋装着那个小盒，万一将来再被他们上了脚镣呢。把靴子也脱下来扔在一边。

延展阅读

作者还有下列精品：

《骆驼祥子》

本书是老舍的一部重要作品。祥子来自乡间，带着中国农村破败凋敝的大背景，也带着农民的质朴和固执。他勤劳、坚韧，想要通过自食其力成为上等车夫。然而社会却给予他一次又一次的打击和捉弄，他开始游戏、开始沉沦，吃喝嫖赌，变成一具失去灵魂的行尸走肉。

《茶馆》

老舍作品带有浓烈的京味色彩，《茶馆》是其戏剧创作的代表作。几十年的辛酸悲苦，成就了一部画卷般的笔墨人生，非常值得阅读。

《宋词三百首》

上彊村民　编选

《宋词三百首》浓缩了宋词精华，成为中华文化的传世经典。

关于作者

唐诗宋词是中华文化的传世经典，是国人的骄傲。同《唐诗三百首》一样，宋词也有三百首的版本。其最初的版本由晚清四词人之一的上彊村民（另三位词人为王鹏运、郑文焯、况周颐）编制，其编选的词文笔优美，意境幽雅，意味深长，很快就成为人们了解宋词的必读书籍之一。后来的各种宋词三百首的版本，基本上都是在这个版本的基础上编选的。

上彊村民，即朱祖谋（1857—1931），浙江归安人，原名孝臧，字藿生，号沤尹，上彊村民为其别号。他为光绪年间进士，官至礼部侍郎。著有词集《彊村语业》，辑录唐、宋、金、元词一百六十余家为《彊村丛书》，后从中精选部分内容编为《宋词三百首》。

荐读理由

唐诗宋词，是中国文学史上的两大高峰。在璀璨的中华文明长卷中，唐诗宋词堪称其中最为绚丽的华章，而《唐诗三百首》和《宋词三百首》更是浓缩了唐诗宋词精华，成为中华文化的传世经典。自书成以来，伟人英雄，歌以咏志；达官巨贾，诵以怡情；家家户户，诗书传家。凡中国文化影响的地方，都有《唐诗三百首》和《宋词三百首》的诵读声，而且还将伴着时代的风雨继续传诵。

词是诗歌的一种，因是配乐歌唱的诗体，故又称曲子词、乐府、乐章、长短句、琴趣等。最初的词多由绝句变来，故又称诗余。词始于唐，定型于五代，盛于宋，衍于明，复盛于清。直到今天，它仍在陶冶着人们的情操，给人们带来很高的艺术享受。

词是宋代文学的灵魂，历来与唐诗并称双绝。宋朝开国后宽松的政治、经济环境，文强武弱的情势促成了宋代文化的大发展，造就了一批文化名人，有仕途坎坷的苏东坡，有命运多舛的女强人李清照，有郁郁不得志的爱国词人辛弃疾……宋词由原来仅适合二八娇女执红牙拍板，唱杨柳岸晓风残月的低声软语，发展到须关西大汉，执铁板，唱大江东去的时代强音。这不能不说是时代造就了宋词，宋词又还时代一个奇迹，宋词无论在内容上还是在形式上，都形成了一个前无古人、后无来者的历史高峰，可与唐诗争奇，与元曲斗艳，代表一代文学之盛。

宋词最初继承晚唐五代绮靡婉约的文风，初期的词人如晏殊、欧阳修等，还是沿着南唐词人的道路发展，创新意识不强。柳永的慢词创作给宋词带来了根本性的变化，使宋词的题材得到扩大，内容得到充实，词牌得到丰富，从晚唐五代艳情的樊笼里挣脱出来，焕发出无穷的活力和光彩，宋词从此开始显示出自己的风格。伟大文学家苏轼的词是宋词发展的一座里程碑，他的词以豪放著称。在苏轼以后，北宋词坛出现了以周邦彦为代表的格律词派，而女词人李清照又更是独树一帜。南宋词坛以辛弃疾为代表，著名的词人还有陆游、文天祥、刘克庄……耳熟能详的词人太多太多，相传的词人佳话源远流长，让人不得不爱，让人无法不倾倒。宋词来自民间，反映的主要是生活，包括风前月下、羁旅愁叹、伤春惜别等等。读宋词，读者有一种个人的渺小与国家弱败的苍凉与悲伤，有一种性格坚强与命运无情抗争的感动，有一种唇亡齿寒、国破家亡的壮烈与沉痛。

近些年，很多出版社专门为小学生编辑了小学生版的《宋词三百首》，这些书和本文推荐的延边大学出版社出版的《宋词三百首》一样，在选材上大同小异，都精选了300首左右易学易懂的宋词，涵盖教育部“新课程标准”所推荐的背诵篇目，以小学生古诗词必须学习和背诵的篇目为主。为了帮助小读者阅读，大部分版本还给每首词加了注音，用简洁通俗的语言对词作了翻译，使全书图文并茂、生动有趣、寓教于乐，非常适合小学生课外阅读。

先睹为快

寒蝉凄切。对长亭晚，骤雨初歇。都门帐饮无绪，留恋处、兰舟催发。执手相看泪眼，竟无语凝噎。念去去、千里烟波，暮霭沉沉楚天阔。

多情自古伤离别，更那堪冷落清秋节！今宵酒醒何处？杨柳岸、晓风残月。此去经年，应是良辰好景虚设。便纵有千种风情，更与何人说？

（《雨霖铃》柳永）

明月几时有？把酒问青天。不知天上宫阙，今夕是何年。我欲乘风归去，又恐琼楼玉宇，高处不胜寒。起舞弄清影，何似在人间。

转朱阁，低绮户，照无眠。不应有恨，何事长向别时圆？人有悲欢离合，月有阴晴圆缺，此事古难全。但愿人长久，千里共婵娟。

（《水调歌头》苏轼）

怒发冲冠，凭栏处、潇潇雨歇。抬望眼，仰天长啸，壮怀激烈。

三十功名尘与土，八千里路云和月。莫等闲、白了少年头，空悲切。

靖康耻，犹未雪。臣子恨，何时灭！驾长车，踏破贺兰山缺。壮志饥餐胡虏肉，笑谈渴饮匈奴血。待从头收拾旧河山，朝天阙。

（《满江红》岳飞）

延展阅读

《唐诗三百首》

说到《宋词三百首》，就不得不说说《唐诗三百首》。唐诗是我国优秀的文学遗产之一，也是全世界文学宝库中的一颗灿烂的明珠。尽管离现在已有一千多年了，但许多诗篇仍然广为流传。清朝人蘅塘退士有感于《千家诗》选诗标准不严，体裁不备，体例不一，希望以新的选本取而代之，成为合适的、流传不废的家塾课本，于是编选了《唐诗三百首》。选诗标准是“因专就唐诗中脍炙人口之作，择其尤要者”。《唐诗三百首》以成功务实的编法、简易适中的篇幅成为少儿读者了解中国文化的模范读本。

《我愿意活在宋朝》

作者唐欣。本书汇集了余秋雨等 37 位名家的 100 多篇宋词鉴赏文章，阅读这一篇篇新意迭出的赏评文章，我们会发现宋词不再是那么曲高和寡，品读宋词也不是文人雅士的专利品，原来宋词就是生活！

《朱自清散文》

朱自清　著

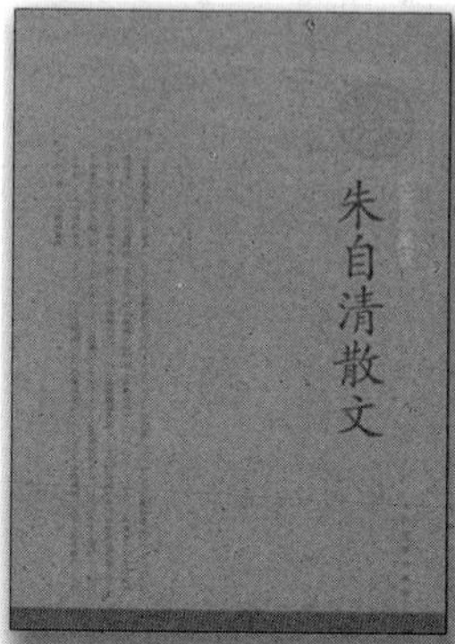

朱自清给散文界带来一股别开生面的清新气息，为后世留下众多赞不绝口、耳熟能详的作品。

关于作者

20 世纪 20 年代，是中国现代散文兴起和繁荣的重要时期，涌现出一大批重要的散文家，诸如俞平伯、周作人、冰心、许地山、叶圣陶、朱自清等等，其中，朱自清（1898—1948）以其“大俗大雅大凡大土”的创作风格，给散文界带来一股别开生面的清新气息，为后世留下众多赞不绝口、耳熟能详的作品。

朱自清出生在江苏东海县，后随父定居扬州。他的散文一向直面人生，在 1922 年《背影 · 序》中他讲到散文有“种种的样式，种种的流派，表现着、批评着、解释着人生的各面”。而他自己的散文创作也从未与时代隔绝，他一生都在用文学写人生。

我们可以在他 1924 年出版的诗文合集《踪迹》、1928 年出版的散文集《背影》、1936 年出版的散文集《你我》中窥探到他确实是用文学来关注着周边的社会。《执政府大屠杀记》揭露军阀屠戮爱国人民的血腥暴行，是批判“三一八”惨案散文中的名篇；《白种人上帝的骄子》写在自己国家的电车头等车厢里，受西洋小孩凶恶目光的逼视而生的屈辱、愤怒和“迫切的国家之念”；《生命的价格——七毛钱》《阿河》写农村底层普通儿童和妇女遭受的非人“人生”……

这种对社会生活急切的关注，正体现了朱先生“用文学来写生活、写人生”的宗旨。此外，他的散文在关注现实的同时还充满了浓重的人文气息，而“重情”也是他散文创作的另一个重要特色。他的散文不论是叙事、记人，还是写景、说理，都会贯注一个“情”字，而这一个“情”字又蕴含着丰富的内涵——或朴素，或丰腴，或端庄严肃，或诙谐幽默，或忧郁惆怅，或积极进取——因“情”而生的诸多景象又展示了朱先生丰富的精神世界、深厚的文化底蕴和高雅的审美品格。这也是我们熟知的《背影》为什么会因短短几千字却感动几代读者的原因。

当然，在朱先生的笔下，人世之情皆朴素归真，处处流露出来的平实，很容易激起读者的共鸣。但是，能让朱先生在20世纪20年代的散文界留下不绝于耳的赞誉的，还是源于他满腔的爱国热忱。1945年，全国人民都处在抗战胜利后的喜悦中，身为清华大学、西南联大教授的他积极支持反抗蒋介石独裁统治的学生运动；随后他又带领学生抗议美国扶持日本；他自己也因拒绝接受“美援”面粉，于1948年8月在北京病逝。因此，我们与其说要推崇朱先生的作品，不如说是朱先生文如其人的高贵品质值得所有的人学习。

荐读理由

《朱自清散文》精选了代表朱自清散文创作特色的经典作品。

我们知道，朱自清一生创作作品达20余种，近200万字。而他的散文创作也因表达的思想内容不同而分为多种类别：有描写社会群体人生的，如《阿河》《生命的价格——七毛钱》；有描写个人家境和生活艰难的，如《儿女》《背影》；还有描写景物的，如《桨声灯影里的秦淮河》《荷塘月色》《绿》等。

在这些类别里，写景篇出彩于记人叙事篇，这不仅是因为朱自清作文时重情，而且他擅长运用寓情于景、情景交融的手法，在描写山水的同时，往往寄予着他个人的人生态度，反映着他的某种人生追求。如《桨声灯影里的秦淮河》，作为写景名篇，它的魅力不只是将秦淮河的桨声、灯影、薄霭和微漪栩栩如生地描述，更在于它会让人联想起《桃花扇》及《板桥杂记》所记载的明末秦淮河的艳迹。秦淮河的船之所以雅丽于他处，也实在是因为历史记载的影像太多了。

但是，秦淮河的热闹景象中不免夹杂着歌姬的卖笑生涯，纵然"卖笑和卖淫不同"，对她们的身世我们"究竟应该同情的"，所以当听到"一只载姬的板船"经过时传来的响亮而圆转的轻歌，清游中的作者却感到了落寞。所以，作者在散文的结尾用繁笔抒写了游后船里满载的惆怅和心里充满幻灭的情思——今日的秦淮河繁华、哀伤，一如明末。繁华的景象是留给作者的哀愁，而这哀愁又来自于对繁华背后不幸人生的同情。

诸如这般的借景抒情，在朱自清的散文里随处可见。但是，所抒性情并没有淹没他对景物观察细致、描写精确的特点。有人将朱自清的散文比作中国画中的工笔画，不虚此名，朱自清在写景描形、摹声、敷色、设喻、拟想等方面均做到精益求精，将人人眼中见、心中有、笔下无的景色闲闲叙来，细细描出，勾勒出赏心悦目的图景，领略并沉醉于情、理、趣、景相融为一的艺术境界，从而造成一种"诗中有画、画中有诗"的意境，完全体现了中国文人笔下的中国作风。

如此说来，要让散文具有中国的骨气和作风，就定要学习朱自清的散文。所以"道听途说不如眼见为实"，让我们现在就抓紧时间来读一读朱自清的散文，共同领略一代文人与民族传统文化合二为一的魅力。

先睹为快

秦淮河里的船，比北京万生园、颐和园的船好，比西湖的船好，比扬州瘦西湖的船也好。这几处的船不是觉着笨，就是觉着简陋，局促；都不能引起乘客们的情韵，如秦淮河的船一样。秦淮河的船约略可分为两种：一是大船；一是小船，就是所谓“七板子”。大船舱口阔大，可容二三十人。里面陈设着字画和光洁的红木家具，桌上一律嵌着冰凉的大理石面。窗格雕镂颇细，使人起柔腻之感。窗格里映着红色蓝色的玻璃；玻璃上有精致的花纹，也颇悦人目。“七板子”规模虽不及大船，但那淡蓝色的栏杆，空敞的舱，也足系人情思。而最出色处却在它的舱前。舱前是甲板上的一部，上面有弧形的顶，两边用疏疏的栏杆支着。里面通常放着两张藤的躺椅。躺下，可以谈天，可以望远，可以顾盼两岸的河房。大船上也有这个，但在小船上更觉清隽罢了。舱前的顶下，一律悬着灯彩；灯的多少，明暗，彩苏的精粗，艳晦，是不一的，但好歹总还你一个灯彩。这灯彩实在是最能勾人的东西。夜幕垂垂地下来时，大小船上都点起灯火。从两重玻璃里映出那辐射着的黄黄的散光，反晕出一片朦胧的烟霭；透过这烟霭，在黯黯的水波里，又逗起缕缕的明漪。在这薄霭和微漪里，听着那悠然的间歇的桨声，谁能不被引入他的美梦去呢？只愁梦太多了，这些大小船儿如何载得起呀？我们这时模模糊糊的谈着明末的秦淮河的艳迹，如《桃花扇》及《板桥杂记》里所载的。我们真神往了。我们仿佛亲见那时华灯映水，画舫凌波的光景了。于是我们的船便成了历史的重载了。我们终于恍然秦淮河的船所以雅丽过于他处，而又有奇异的吸引力的，实在是许多历史的影象使然了。

（摘自《桨声灯影里的秦淮河》）

延展阅读

作者还有下列精品：

《朱自清说诗》

本书是朱自清的诗论巨作，作者从“诗是语言”“诗与文的分界”“诗缘情”“组织”与“传达与了解”五个方面探讨了诗歌的发展及诗歌的特殊性和结构，是诗歌爱好者、文学爱好者探求诗歌和文学的渊源之重要资料。

《朱自清游记——欧游杂记》《朱自清游记——伦敦杂记》

这两部散文集中的文章结构格外严谨，无论是绘景状物还是抒情写意，无论是结构谋篇还是文字技巧都是苦用诗心。它们确实是现代游记中的典范性作品，尤其在语言方面，作者在自话口语的基础上提炼出富有表现力的艺术语言，从而创造出一种流畅自如的旋律，而夹杂在其中的精致选词与灵活句型又如锦上添花。因此，在文体革新与语言创造方面，这两部游记文集达到了中国现代文学历史的崭新高度。

图书在版编目（CIP）数据

一生读书计划. 小学生书架 / 主编潞潞；编著孙俊峰.
-- 太原：山西教育出版社, 2016.7
ISBN 978-7-5440-8264-8

Ⅰ. ①一… Ⅱ. ①潞… ②孙… Ⅲ. ①小学生—推荐书目
—世界 Ⅳ. ①Z835

中国版本图书馆CIP数据核字(2016)第010423号

yishengdushujihua xiaoxueshengshujia
一生读书计划·小学生书架

主　编　潞　潞　孙俊峰
编　著　孙俊峰

出 版 人　雷俊林
选题策划　孙　铁
出版统筹　魏雪萍
责任编辑　樊丽娜
排版统筹　许艳秋
装帧设计　后声 HOPESOUND Pankouyugu@163.com 小海馬·书装

出版发行　山西出版传媒集团·山西教育出版社
（太原市水西门街馒头巷7号　邮编　030002）
印　　装　山东临沂新华印刷物流集团有限责任公司
开　　本　787×960　1/16
印　　张　23.25
字　　数　280千字
版　　次　2016年7月第2版　2016年7月第1次印刷
书　　号　ISBN 978-7-5440-8264-8
定　　价　38.90元